工业和信息化普通高等教育
"十三五"规划教材立项项目

数据分析与应用新形态系列教材

U0734395

Business Data
Analysis and Visualization

商务数据
分析与可视化

吴功兴　孙兆洋◎主编

马芳芳　邹慧媛◎副主编

微课版

人民邮电出版社

北　京

图书在版编目（C I P）数据

商务数据分析与可视化：微课版 / 吴功兴，孙兆洋
主编. -- 北京：人民邮电出版社，2023.5
数据分析与应用新形态系列教材
ISBN 978-7-115-61145-1

Ⅰ. ①商… Ⅱ. ①吴… ②孙… Ⅲ. ①商业统计－统
计数据－统计分析－教材 Ⅳ. ①F712.3

中国国家版本馆CIP数据核字(2023)第023245号

内 容 提 要

本书通过借鉴和吸收商务数据分析与可视化的最新内容，系统介绍了在电子商务环境下进行数据分析与可视化的各种思路和方法。本书共 8 章，包括商务数据分析概述、商务数据分析的思路、商务数据分析方法、商务数据挖掘技术、商务数据可视化、商务数据分析应用场景、电商平台数据分析、商务模型综合案例。

本书为用书教师提供教学课件、习题答案、教学大纲、模拟试卷等资源，用书教师可在人邮教育社区（www.ryjiaoyu.com）注册账户后下载并使用。

本书既可作为高等院校电子商务、市场营销、统计学等专业相关课程的教材，也可作为对商务数据分析与可视化感兴趣人士的自学用书。

◆ 主　　编　吴功兴　孙兆洋
　　副 主 编　马芳芳　邹慧媛
　　责任编辑　孙燕燕
　　责任印制　李　东　胡　南
◆ 人民邮电出版社出版发行　　北京市丰台区成寿寺路 11 号
　　邮编　100164　电子邮件　315@ptpress.com.cn
　　网址　https://www.ptpress.com.cn
　　固安县铭成印刷有限公司印刷
◆ 开本：787×1092　1/16
　　印张：13　　　　　　　　　　　2023 年 5 月第 1 版
　　字数：365 千字　　　　　　　　2025 年 1 月河北第 2 次印刷

定价：49.80 元

读者服务热线：(010)81055256　印装质量热线：(010)81055316
反盗版热线：(010)81055315
广告经营许可证：京东市监广登字 20170147 号

党的二十大报告中指出，加快发展数字经济，促进数字经济和实体经济深度融合。数字化能够有效牵引生产和服务体系智能化升级，促进产业链、价值链延伸拓展、融合发展，是实体经济转型升级的必然选择。

在数字经济时代，数据分析在各个行业的重要性日益凸显。数字经济时代要求经济管理人才具有极广的"数据视野"、极强的"数据意识"和"数据能力"，即对所处行业数据的形式、种类详尽掌握，对数据作用深刻理解，对数据分析方法和分析软件熟练运用。其中"数据能力"是现代经济管理人才的重要素养和技能。在数字经济时代，社会对具有商务数据分析能力的经济管理类人才的需求极大增加，行业发展趋势也体现出越来越重视数据分析的特点。

在当前大力发展数字经济的新形势下，电子商务、网络经济、大数据领域有着很大的发展潜力，商务数据分析人才成为紧缺人才。近年来，电子商务普遍受到高度重视，但目前商务数据分析人才匮乏、人才培养数量不足、产业能力薄弱等问题突出。而很多学校及社会培训机构的人才培养速度远远满足不了企业的需求，商务数据分析人才建设亟待政府、产业界和高校的联合完成。编者希望能以本书为商务数据分析人才培养贡献力量。

本书由商务数据分析原理、商务数据可视化原理、商务数据分析应用、商务模型综合案例分析 4 篇组成，以商务问题为背景，重点讲解商务数据分析方法及其实际应用。商务数据分析原理篇从整体上介绍商务数据的定义、商务数据采集的方法、商务数据分析的流程以及商务数据分析方法和商务数据挖掘技术；商务数据可视化原理篇介绍商务数据可视化的分类及综合案例；商务数据分析应用篇从用户画像、推荐系统、社交商务分析等展开商务数据分析应用场景并介绍电商平台数据分析；商务模型综合案例分析篇从网店商品分析、客户行为分析、订单数据分析这3个方面开展数据分析。

通过阅读本书，读者既能学到商务数据分析的分析方法、应用场景，又能掌握如何在电商平台进行商务数据分析，还能懂得如何通过数据分析工具对商务数据进行分析并以可视化方式展示。

本书由吴功兴、孙兆洋担任主编，马芳芳、邹慧媛担任副主编。本书编写具体分工如下：吴功兴负责编写第2章、第3章；孙兆洋负责编写第1章、第5章；马芳芳负责编写第4章、第6章；邹慧媛负责编写第7章、第8章。在本书的编写过程中，编者借鉴了国内外许多专家和学者的观点，参考了许多报刊等媒体和专业网站上的资料。同时，浙江工商大学等机构的领导和同事都给予了不遗余力的帮助，在此表示感谢。

本书难免存在不妥之处，敬请读者斧正。建议与意见可反馈至邮箱：ywwgx@mail.zjgsu.edu.cn。

吴功兴

2023年2月 于钱塘江畔

目　　录

第1篇　商务数据分析原理

微课扫一扫

第 1 章　商务数据分析概述

本章学习目标

- 掌握商务数据的定义、主要应用领域以及作用。
- 理解商务数据的来源与采集流程。
- 熟悉商务数据的采集方法与清洗方法。

1.1　商务数据分析的概念

1.1.1　商务数据的定义

1. 商务数据定义

数据是对客观事件进行记录并可以鉴别的符号，是对客观事物的性质、状态及相互关系等进行记载的物理符号或这些物理符号的组合，是构成信息或知识的原始材料。

数据并不是单纯地指各种 Excel 表格或数据库，图书、图片、视频、报表、短信等都属于数据的范畴，如通过搜索引擎所做的图片识别、音频识别等都是数据的表现形式。因此，数据不仅指狭义上的数字，还可以是具有一定意义的文字、字母、数字等符号的组合，如图形、图像、视频和音频等。其中，商务数据主要是记载商业、经济等活动的符号。当然，不同数据的获取途径、分析目的、分析方法不尽相同，不同行业、不同企业在数据分析中也都各有偏好。

在电子商务领域，商务数据可以分为两大类：前端行为数据和后端商业数据。前端行为数据是指访问量、浏览量、点击流及站内搜索等反映用户行为的数据；而后端商业数据更侧重于交易量、投资回报率及全生命周期管理等。

2. 数据与信息的联系与区别

数据与信息既有联系，又有区别。数据是符号，是物理性的；而信息是对数据进行加工得到的，是逻辑性和观念性的。

数据与信息不可分离：数据是信息的表达与载体，信息是数据的内涵，数据与信息两者的关系是形与质的关系。数据本身并没有价值，有价值的是从数据中提取出来的信息。因此，数据分析的目的就是通过对相关数据进行分析，解决现实中的某个问题或者满足某种需求。

3. 数据与大数据的区别

大数据在物理学、生物学、环境生态学等学科，以及军事、金融、通信等领域已存在有些时日，其由于近些年在互联网和信息行业的快速发展与应用而备受人们关注。大数据与数据的主要区别体现在"大"上，主要表现为数据量、数据范围和数据类型，如图1-1所示。

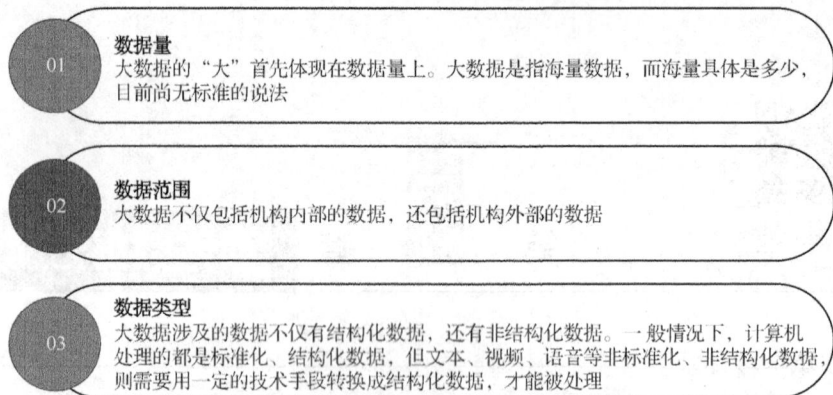

01 数据量
大数据的"大"首先体现在数据量上。大数据是指海量数据，而海量具体是多少，目前尚无标准的说法

02 数据范围
大数据不仅包括机构内部的数据，还包括机构外部的数据

03 数据类型
大数据涉及的数据不仅有结构化数据，还有非结构化数据。一般情况下，计算机处理的都是标准化、结构化数据，但文本、视频、语音等非标准化、非结构化数据，则需要用一定的技术手段转换成结构化数据，才能被处理

图1-1 大数据与数据的区别

1.1.2 商务数据的分类

商务数据比传统零售业数据要复杂很多，总体来说，商务数据包括以下几类。

1. 营销数据

营销数据包括营销费用、覆盖用户数、到达用户数、打开或点击用户数等，由这些数据衍生出人均费用、营销到达率、打开率等指标。

2. 流量数据

流量数据包括页面访问数（Page View，PV）、独立访客数（Unique Visitor，UV）、登录时间、在线时长等基础数据，其他与流量相关的数据指标，如人均流量、人均浏览时长等基本是由这些数据衍生出来的。

3. 会员数据

会员数据包括会员的姓名、出生日期、真实性别、网络性别、地址、手机号、微博号、微信号等基础数据，以及登录记录、交易记录等行为数据。

4. 交易及服务数据

交易及服务数据包括交易金额、交易数量、交易人数、交易商品、交易场所、交易时间、供应链服务等数据。这类数据在线上、线下差异不大，主要差异在数量级和数据收集的方法上，线上的交易数据更大、更零散一些。如果不是自建的交易平台而是第三方交易平台，就需要定期将第三方交易平台的交易数据下载后自建数据库，因为一般平台商都不支持3个月以上的交易数据下载。

5. 行业数据

做电子商务，了解行业数据是非常有必要的，这样有利于掌握整个行业与竞争对手的发展变化。淘宝的"数据魔方"产品可提供行业品牌的关键字搜索、店铺排名、销售、会员等数据查询，一些专业的第三方交易平台也会通过"爬虫"等工具获取一些行业数据。

1.1.3 商务数据分析的作用

大数据时代，什么最宝贵？电影《天下无贼》中的黎叔说过这样一句话："21世纪什么最贵？人才。"而在今天，大数据时代带来的价值不断翻番的各种数据似乎显得更为重要。急速拓展的网络带宽及各种可穿戴设备所带来的大量数据表明，数据的增长从未停歇，甚至呈井喷式增长。

对利用大数据进行商品关联、挖掘营销来说，通过大数据挖掘技术保证数据得到有效的关联，才能在具体运用过程中保证在有效分析原有数据的基础上建立起相关的数据联系。

对利用大数据进行社交网络营销来说，当前社会化媒体的高度发展已经使海量的人群被网络覆盖，并且社会网络营销的传播速度正在加快。

对利用大数据进行地理营销来说，利用大数据的技术优势能够充分地对网站的交易数据进行有效的分析，以便在进行商品的地理营销时，决策者能够根据特定区域中用户的不同喜好有效地开展不同类型的营销活动。

对利用大数据进行用户行为分析营销来说，主要分析用户的历史消费记录和涉及的购买行为，这样就能知道用户的消费习惯，有效地开展用户行为分析营销活动。

对利用大数据实现个性化推荐的营销来说，在实际市场分析过程中，满足用户的个性化要求显得越来越重要。根据大数据环境的发展特点，电子商务企业应该根据用户的个性化要求来进行商品的推荐活动。

1.1.4 商务数据分析的主要应用领域

数据是反映产品和用户状态的十分真实的一种物理符号。数据化运营已经广泛应用于电子商务、互联网金融、消费电子、移动出行、企业服务、视频直播、游戏、在线教育和医疗健康等领域。通过数据指导运营决策、驱动业务增长，是数据化运营的精髓。

常见的商务数据分析应用领域主要分为勾勒用户画像、提升营销转化、精细化运营和优化产品4个方面，如图1-2所示。

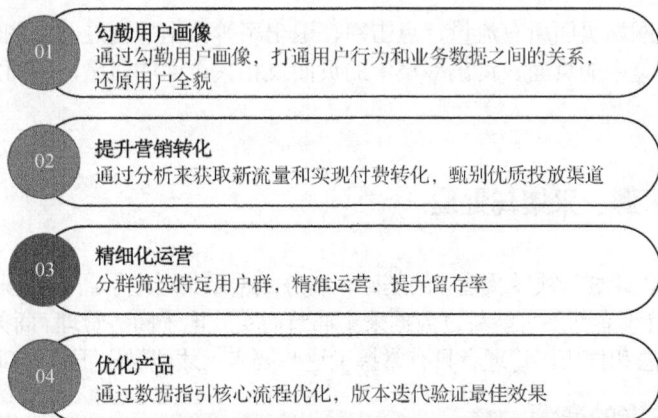

01 勾勒用户画像
通过勾勒用户画像，打通用户行为和业务数据之间的关系，还原用户全貌

02 提升营销转化
通过分析来获取新流量和实现付费转化，甄别优质投放渠道

03 精细化运营
分群筛选特定用户群，精准运营，提升留存率

04 优化产品
通过数据指引核心流程优化，版本迭代验证最佳效果

图1-2 商务数据分析的主要应用领域

下面从人、货、场3个维度出发进行数据分析。第一是以人为维度的用户分析，它是指基于用户在站内的各项浏览行为数据来分析用户对什么感兴趣、用户的偏好，进而为其提供偏爱的产品和服务，最终实现用户转化。用户分析被很多企业所重视，它通过数据分析揣摩用户的心理和习惯，呈现用户真实的需求。比如了解用户的活跃情况、活跃时段分布、渠道来源、地域分布及

启动激活情况等。可通过对用户的行为进行分析，研究用户的访问焦点，挖掘用户的潜在需求。如果是以交易为导向的电子商务网站，就需要研究如何高效地促成交易、是否能出现连单。第二是以货为维度的产品分析，可通过产品分析了解产品的浏览量、点击量、订单量、购买用户数等信息，帮助企业了解产品的点击是否顺畅、功能展现是否完美以及不同产品、不同品牌的用户关注度和购买力等信息，为企业研究产品生命周期、调整产品推广策略提供有力的数据支撑。比如酒类行业分析酒类产品的特性数据后通常能够精准推荐给有需求的用户。第三是以场为维度的场景运营分析，它是指从用户体验的角度，对各个营销场景进行优化，提升用户的体验，增强用户联系。例如营销场景中的购物场景，对其进行的分析旨在优化产品的购买流程，让用户对产品产生使用黏性和高频购买意愿，以及提升用户的购物体验等。

场景运营分析以充分尊重用户网络体验为先，围绕用户输入信息、搜索信息、获得信息的行为路径和上网场景进行优化，从而让用户对产品产生使用黏性和高频购买意愿。场景运营分析主要涵盖以下5个方面。

（1）页面项目分析

页面项目分析指对每一个页面做详细统计，了解页面的流量、用户数、页面点击的热点等指标，进而对页面的流量、质量进行分析，以便对页面的布局做出进一步的调整。

（2）内部检索分析

分析用户的内部检索行为，统计用户搜索最多的内容和搜索的频率，以及对搜索结果的点击情况，可以为运营人员补充小程序内容或品类、优化搜索结果页结构及相应的搜索词以提供数据支撑。

（3）专题页面分析

通过促销活动页的浏览量、点击量、二次跳转、转化率、转化数等数据，商家可以分析用户对哪些活动感兴趣，对哪些商品感兴趣，从而根据这些数据对活动页面进行调整和优化。

（4）站内广告分析

通过对站内广告的点击量、转化量进行分析，商家可以了解站内重点活动的用户参与度，了解用户对站内广告是否感兴趣，从而为优化站内广告位、广告创意提供数据支撑。

（5）页面流量分析

页面流量可展现网站页面所有流量、点击率、退出率等数据。通过对这些数据进行分析，商家可以了解网站流量集中的页面、退出率集中的页面及相关页面的质量，从而发现重点页面或异常情况。

1.2 商务数据的来源、采集与处理

数据采集是组织、计划、领导及管理的基础。商务数据采集对电子商务管理者来说具有重要的意义，任何电子商务管理者都不可能跳过数据采集环节而实施电子商务管理。商务数据有多种来源，其采集也有不同的方法和技巧，管理者只有掌握了这些要点，才能做出正确的商务决策。

1.2.1 商务数据的来源

目前，微博、天猫、淘宝、微信等平台都会直接产生包括定位、消息记录、消费记录、评价等大量信息。换句话说，互联网企业都自然地带有数据企业的标签。然而，对数据分析而言，目前还存在许多基础层面的问题，例如，不知道从哪里获取数据，不知道用什么数据分析工具，不清楚数据分析的方法论和框架等，以致大部分的数据分析都流于形式。

下面将从数据资料的性质、数据来源的范围、数据来源的对象3个方面对数据来源进行划分。

1. 按照数据资料的性质划分

按照数据资料的性质可以将数据来源分为一手资料与二手资料。一手资料主要是经过自己直接收集、整理及从直接经验中所获得的资料，而二手资料主要是他人的经验或成果。一手资料来源主要包括图 1-3 所示的 4 个。二手资料来源主要包括研究报告和文献资料。

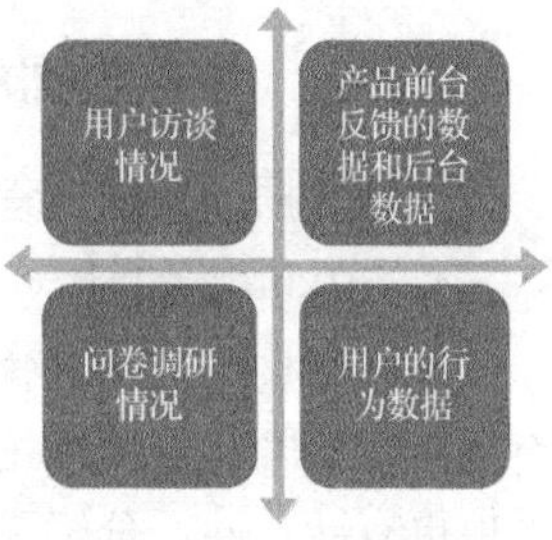

2. 按照数据来源的范围划分

按照数据来源的范围可以将数据来源分为外部数据和内部数据。下面以互联网企业为例来进行说明，其外部数据包括以下 4 类。

图 1-3　一手资料来源

（1）社会人口数据：人口的概况、人口的分布、人口的素质、民族的构成等。

（2）宏观经济数据：生产总值、国民生产总收入、消费水平等。

（3）新闻舆论数据：新闻的广告、舆论的监测等。

（4）市场调研数据：渠道、广告、产品及价格方面的调研数据。

内部数据包括用户行为数据、服务端日志数据、客户关系管理（Customer Relationship Management，CRM）数据和交易数据等。其中，用户行为数据指用户在网站的停留时间、跳出率及回访率等。

3. 按照数据来源的对象划分

按照数据来源的对象可以将数据来源分为日常采集数据、专题获取数据及外部环境数据。

（1）日常采集数据。日常采集数据主要包括点击流数据和业务运营数据，如图 1-4 所示。

图 1-4　点击流数据和业务运营数据

（2）专题获取数据。专题获取数据包括实验测试数据和用户调研数据，如图 1-5 所示。

图 1-5　实验测试数据和用户调研数据

（3）外部环境数据。外部环境数据主要包括行业发展数据和竞争对手数据，如图 1-6 所示。

图 1-6　行业发展数据和竞争对手数据

1.2.2　商务数据的采集流程

商务数据的采集流程主要分为以下 3 个步骤。

1. 识别信息需求

识别信息需求既是管理者的职责，也是确保数据分析过程有效的首要条件。数据采集切忌大而全，管理者应根据决策和过程控制的需求提出对信息的长远和当前阶段的需求，从而让数据的采集更有针对性，分析更有目的性，执行更加高效。

要准确地识别信息需求，管理者需要运用各种指标。指标常被用来衡量具体的运营效果，如浏览量、销售额、转化率等指标。指标的选择源于具体的业务需求，类似于杜邦分析法，首先要找到分析的核心指标，然后在此基础上将其与关键事件或行为结合，逐级分解为多项指标的乘积，以此来分析企业的经营绩效。

下面以电商网站为例来说明指标的构建过程。

首先，要明确核心指标。电商网站的主要业务是销售商品，希望通过数据分析来提升网站的销售额，所以核心指标就是销售额。其次，要找到用户的关键购买行为，包括访问网站、浏览商品、注册账号、加入购物车、结算支付等，然后基于用户的关键购买行为进行指标分解，找到对应的指标，如访客流量、下单转化率、支付转化率、客单价等。

2. 明确分析对象

无论是哪种运营岗位，都需要明确其目标用户的特征，目标用户关注的重点及痛点，也就是需要明确具体的分析对象（即分析维度）。维度可以用来对指标进行细分，运营人员在具体选择维度时，应遵循的原则是选择那些可能对指标产生影响的维度。

分析维度包括图 1-7 所示的 4 个方面。

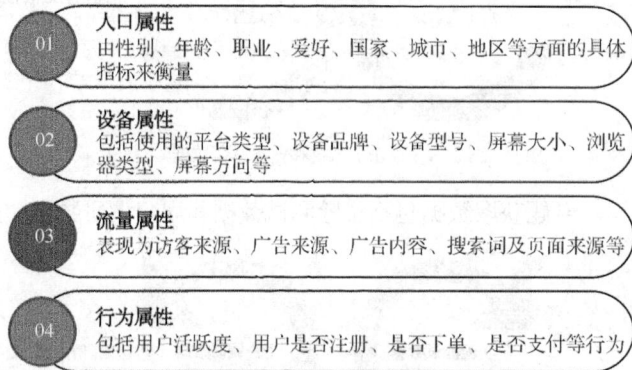

图 1-7　分析维度

3. 按需求采集数据

明确分析对象以后，接下来的工作就是按需求采集数据。首先，由数据需求人员整理出需求的数据指标和分析的维度，然后由技术人员带着需求和分析目标来采集数据。这样不仅能避免因为数据冗余而无从下手，也能避免全量采集数据之后却不知道要分析什么的尴尬。数据需求人员和技术人员的协同，能够有效地提升后期数据分析的效率。

1.2.3　商务数据的采集方法

凯文·凯利曾经说过："不管你现在从事什么工作，未来都是数据的生意。"尽管如此，目前在国内也只有 BAT（百度、阿里巴巴、腾讯）这类有强大技术团队的企业才能"玩转"数据。

很多中小型企业或者个人想要"拥抱"大数据时代带来的福利，往往很难。

一般，企业获得数据大多是采用网络爬虫技术，或者通过人工解决，但这耗时、耗力。下面将对常见的数据采集方法进行介绍，主要针对定性数据和定量数据进行采集，如图1-8所示。

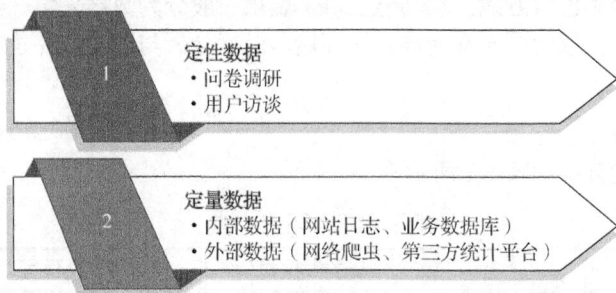

> **1** 定性数据
> • 问卷调研
> • 用户访谈

> **2** 定量数据
> • 内部数据（网站日志、业务数据库）
> • 外部数据（网络爬虫、第三方统计平台）

图 1-8　数据采集方法

定性数据主要通过问卷调研和用户访谈的方法来获取。而定量数据又分为内部数据和外部数据两种，其中内部数据可以通过网站日志、业务数据库来获取，外部数据则主要采用网络爬虫抓取的方法来获得，即通过编写脚本语言，按照一定的规则来抓取网络上的信息。当然，外部数据的采集也可以借助第三方统计平台来实现。从某种意义上来说，第三方统计平台可以降低中小型企业数据采集的门槛。

1. 问卷调研

一般在做用户画像时，我们都会用到问卷调研工具。在进行问卷调研时，调研者需要首先考虑样本的容量，然后是内容的设计，并按照"确定调研目标→设计问卷→投放问卷→问卷收集汇总→调研结果分析"的步骤展开调研。

2. 用户访谈

在访谈之前，我们首先要确定访谈目标，然后设计访谈提纲，接着选择访谈对象，并对访谈及相应的情况进行记录，最后对访谈结果进行分析。在分析访谈结果时，我们可以采用关键提炼法针对每个用户对每个问题的回答进行关键词的提炼，并按照关键词的频次进行排序，将共性词进行汇总。

3. 网站日志

使用网站日志对用户数据及相应行为进行分析的优点是能够保证用户的使用行为可查询。例如，用户访问数、页面浏览数、停留时长等点击流数据均可通过网站日志来获得。同时，针对用户的一些失误操作，我们也可以通过日志文件进行恢复。在实际运用中，由于从输出日志到处理日志，再到输出统计结果，整个过程很容易出错，所以经常出现业务运行和统计分析两种数据流分离的情况。

4. 业务数据库

互联网产品后端大都有业务数据库，其中存储了销售量、订单量、购买用户数等指标数据。一般通过这种方式获得的数据都是实时的、准确的，可以直接用于衡量网站的绩效和目标。但是，业务数据库设计的初衷是支持企业正常的业务运转，用于机器读写访问，所以为了提升性能，我们往往会进行一些分表操作。一般一个正常的业务会被分在几十张甚至上百张业务数据表中，这些表格之间有着复杂的依赖关系，这就可能导致业务分析人员很难理解业务数据表的含义。另外，业务数据表的设计在于实现高并发、低延迟的小操作，而数据分析常常是针对大数据进行的批量操作，这是导致其性能差的一个重要因素。

5. 网络爬虫

网络爬虫（简称爬虫），是一种按照一定的规则自动抓取万维网信息的程序或脚本，被广泛应用于互联网搜索引擎或其他类似网站。它可以自动采集所有其能够访问到的页面内容，以获取或更新这些网站的内容和检索方式。从功能上讲，爬虫一般分为数据采集、数据处理与数据存储3个部分。所有被爬虫抓取的页面都会被系统存储，进行分析与过滤，并建立索引，以便之后查询和检索。

6. 第三方统计平台

第三方统计平台的分类如表1-1所示。

表1-1 第三方统计平台的分类

采集技术手段	平台名称	采集的数据类型	操作的复杂程度	采集的数据质量
无埋点（嵌入SDK）	百度统计等	前端数据	较简单	数据较粗糙
有埋点（自己写代码）	神策数据等	前、后端数据均可	较复杂	数据更细致
有埋点+无埋点	数极客等	前、后端数据均可	有引导和自由度	数据更细致

（1）数据埋点

数据埋点是一种良好的私有化部署数据采集方式，需要在用户企业的网页或者客户端内写入相应的代码。一般通过数据埋点捕捉到的数据有以下3层。

第一层是基础层，如活跃用户量、新增注册用户数等前端数据。

第二层是页面统计。其本质是监控页面加载的行为，可以帮助数据分析人员了解某个页面被访问的次数。除此之外，它还可以监控用户在某个页面的停留时长，这对统计诸如微博、微信"朋友圈"等追求停留时间的信息流产品页面中的信息而言具有非常重要的意义。

第三层是行为统计，通常也被称为"事件统计"。以App为例，一般可以将App网络架构分为4个层级，表层是表现层，其次是手机层，然后是服务器层，底层是数据表层和日志层。数据埋点场景发生在表现层中，其作用是监控用户在表现层产生的行为，也就是用户对界面的操作。对用户交互界面响应事件的捕捉，可以帮助数据分析人员了解某个按钮的点击量及其对应的点击率。

（2）无埋点的第三方统计平台——百度统计等

以百度统计、友盟、TalkingData等为代表的无埋点的第三方统计平台，通过嵌入相关的SDK（Software Development Kit，软件开发工具包），利用其前端技术进行用户数据统计。该方式操作简便，因此普及率高，但通过SDK只能采集到前端数据，也就是只能采集到一些诸如网站访问量、活跃用户量、新增注册用户数等宏观的基础数据。

另外，无埋点的第三方统计平台对前端数据的采集也是粗糙的。例如，对提交订单的操作，订单的运费、成本价格、折扣情况等维度的信息均没有采集，只采集了"提交"这一个行为类型。那么，要做与订单相关的深度分析，如用户渠道转化、留存、多维度交叉分析等，通过以上方式就很难实现。

（3）有埋点的第三方统计平台——神策数据等

为了满足现在电商企业要求获得更细致、更为全面的数据，以及实时的统计分析需求，市场上出现了许多数据采集和分析服务商，例如以神策数据为代表的有埋点的第三方统计平台。它们除了能够提供用户基本属性信息、访问渠道等数据，还可以根据企业的需求对用户的行为进行更为细致的数据采集。

使用有埋点技术需要自己编写代码，操作过程相对复杂，但优势是前、后端数据均可采集。例如，当用户提交一个订单时，有埋点技术不仅可以采集到"提交订单"这一行为事件，还可以获取该订单的具体商品类别信息。所以相比无埋点技术，有埋点技术采集的数据更细致。但是，有埋点技术也存在不足，因为目前大多数企业在采集数据前缺少科学的规划，往往在提出一个需求之后再写入代码，这很容易造成埋点铺设混乱，后期容易出现故障。

（4）有埋点+无埋点的第三方统计平台——数极客等

还有一种是以数极客为代表的，同时支持有埋点和无埋点两种技术采集数据的第三方统计平台。目前，数极客已经能够采集上百个维度的数据，在客户制定的不同维度的数据采集和分析的自由度上，它处在有埋点的平台和无埋点的平台之间，既给了用户一定的自由度，也没有忽略对用户的引导。当然，通过这种方式采集的数据也是更细致的。

1.2.4 商务数据的清洗方法

通过数据分析获得结果不仅依赖算法，还依据数据的质量。正所谓"磨刀不误砍柴工"，好数据胜过复杂的模型，所以在进行数据分析之前对采集的数据进行清洗显得尤为重要。

数据清洗是发现并纠正数据中可识别的错误的最后一道程序，是对数据的完整性、一致性和准确性进行重新审查和校验的过程。一般不符合要求的数据主要有缺失数据、重复数据和错误数据3类，也就是所谓的"脏数据"。数据清洗的任务就是按照一定的规则把"脏数据"洗掉，目的在于删除重复信息，纠正存在的错误，并保证数据的一致性。

下面围绕数据清洗的目的，从缺失数据、重复数据和错误数据3个方面出发，通过运用一些简单的统计学方法和Excel表格工具来发现"脏数据"，并对其进行处理。

1. 缺失数据的清洗

在实际的数据采集过程中，缺失数据常常表示为空值或者错误标识符（#DIV/0!）。为了保证数据的完整性，我们可以运用一些统计学方法查找缺失数据并对其进行处理。在查找缺失数据时，我们可以直接使用【Ctrl+G】组合键调出Excel表格中的定位功能，选择其中的错误标识符或空值，就可以进一步查找到数据表中的错误标识符和空值。那么，面对缺失数据，应该如何进行处理呢？对缺失数据的处理，一般可以采用图1-9所示的方法。

下面通过采用样本统计量代替缺失数据的方法进行说明，如图1-10所示。在实际操作中，如果样本较大，缺失数据较多，可以先利用【Ctrl+G】组合键功能定位出样本中的所有空值，然后利用【Ctrl+Enter】组合键在选中的空值单元格中一次性输入样本平均值。当缺失数据较少时，我们也可通过选取缺失数据前后若干的数据取平均值作为缺失数据进行填充。

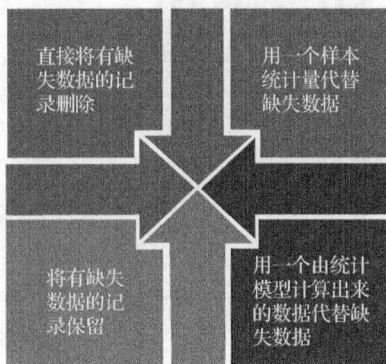

图1-9 对缺失数据的处理

图1-10 缺失数据的清洗示例

仍以图 1-10 为例，图中显示的是 3 月某几天网站的销售情况，人均消费额由"总销售额/购买用户数"计算得到。由于 3 月 16 日总销售额缺失，因此人均消费额无法计算得到，考虑到每天的人均消费额相对稳定，所以可以使用 3 月的人均消费额 33 元来进行填充，进而可以得出该日的总销售额约为 54219 元。也可以简单地使用 16 日前后两天的总销售额数据取平均值来进行填充，首先得出 16 日的总销售额约为 61329 元，进而计算出人均消费额约为 37.33 元。

2. 重复数据的清洗

重复数据一般可以分为两类，如图 1-11 所示。

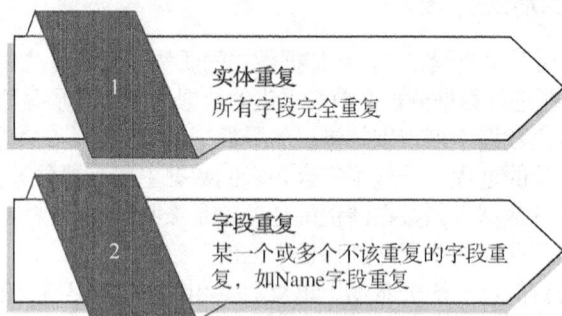

图 1-11 重复数据的类型

为了保证数据的一致性，我们需要对重复数据进行处理。以 Excel 为例，对重复数据的查找一般采用 4 种方法，如图 1-12 所示。

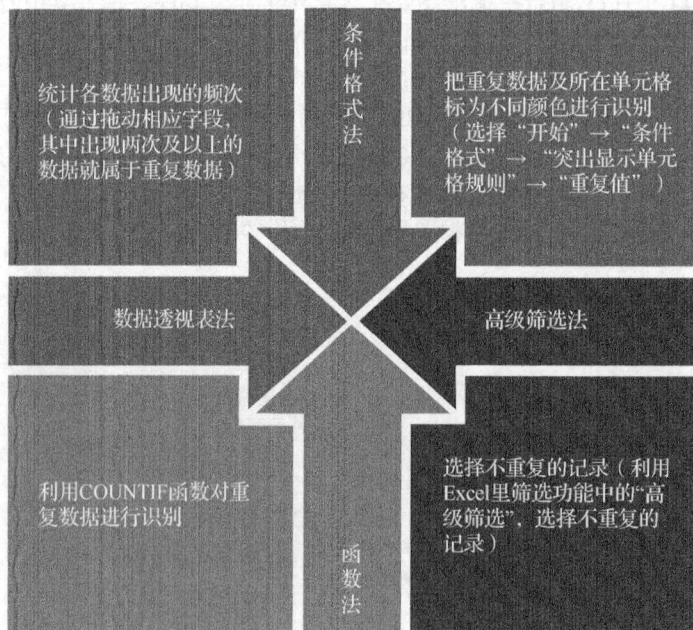

图 1-12 重复数据的查找

在完成重复数据的查找后，即可删除重复数据。删除重复数据主要有 3 种方法，如图 1-13 所示。

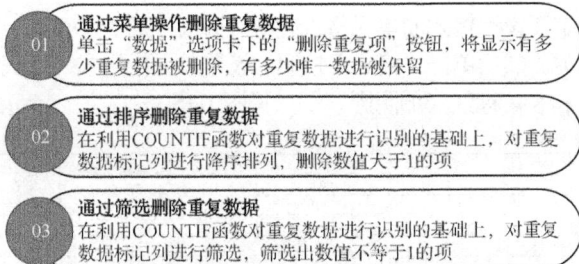

图1-13　删除重复数据的方法

3. 错误数据的清洗

除了缺失数据及重复数据外，其他可能出现数据不规范的现象还有很多，如存在错误数据。为了保证数据的准确性，我们需要对错误数据进行处理。一般情况下，错误数据常常出现在以下两种情况中。

（1）被调查者输入的信息不符合要求。

在进行问卷调查时，涉及多项选择题最多可选3项，被调查者却选择了4项或4项以上。对于这种情况，我们可以结合COUNTIF函数，根据指定的条件利用IF函数来判断其真假，然后根据逻辑计算的真、假值（TRUE或FALSE）返回相应的内容。

IF函数的语法规则为：IF(logical_test,value_if_true,value_if_false)。

- logical_test：表示计算结果为TRUE或FALSE的任意值（或表达式），该参数可以使用各种比较运算符（数学、比较、逻辑和引用运算符等）。
- value_if_true：logical_test为TRUE时返回的值。
- value_if_false：logical_test为FALSE时返回的值。

下面以客户满意度调查中的多项选择题（见表1-2）为例进行说明。从表1-2中可以看出，"题目1"设置了A、B、C、D、E、F、G共7个选项，围绕这7个选项共有4条记录，这4条记录分别代表4个不同客户对"题目1"的回答。很明显，第二条记录中有超过3项记录。可通过应用函数"IF(COUNTIF(B3：H3,"<>0")>3,"错误","正确")"判断客户是否选择了3项以上。如果超过3项，表达式即TRUE，返回"错误"；否则为FALSE，返回"正确"。

表1-2　　　　　　　　　客户满意度调查中的多项选择题

序号	题目1							检查结果
	A	B	C	D	E	F	G	
1	0	0	1	1	0	0	0	正确
2	1	1	1	1	0	0	0	错误
3	0	0	1	1	0	0	0	正确
4	1	0	1	0	1	0	0	正确

（2）人工录入错误。

在使用二分法录入多选题时，出现了0和1之外的数据。对于这种情况，我们可以通过条件格式，利用OR函数标记错误。该函数的语法规则为：OR(logical1,logical2,...)。在其参数组中，任何一个参数逻辑值为TRUE时返回TRUE；所有参数的逻辑值为FALSE时才返回FALSE。

那么，从人工录入数据怎样才能找出错误的数据呢？

试找出"题目1"中除了0和1之外的数据，如图1-14所示。可以很明显地看到，在E4和D6单元格中出现了2和8这样的数字。首先选中所需的单元格区域，在"开始"选项卡下单击"条件格式"下拉按钮，选择"新建规则"选项，系统会弹出"新建格式规则"对话框，在"选择规则类型"

列表中选择"使用公式确定要设置格式的单元格"选项，输入公式"=OR(B3=1,B3=0)=FALSE"（B3为所判断区域的第一个值）。然后单击"格式"按钮，设置单元格格式为红底白字，单击"确定"按钮，最终结果显示数字2和8被标红（加阴影）了（见图1-15）。

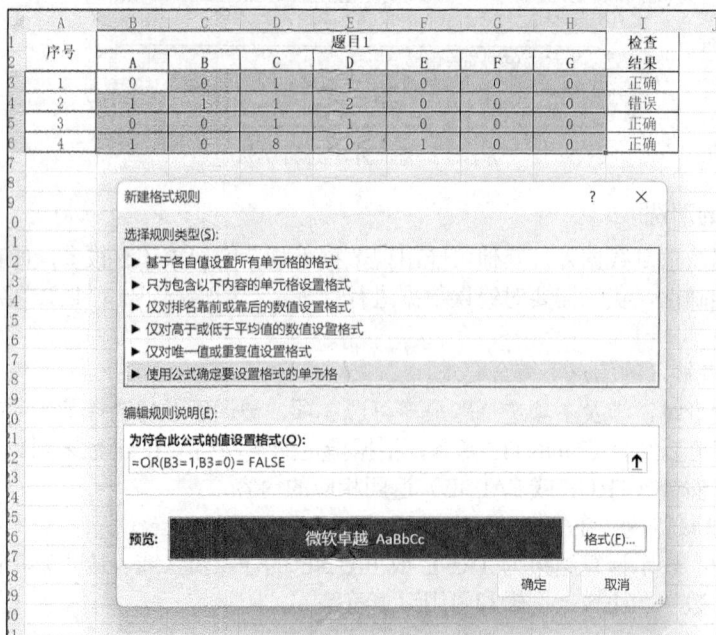

图1-14　找出人工录入错误的数据

图1-15　标出人工录入错误的数据

习题

1. 试列举出你身边的大数据例子。
2. 简述商务数据的定义。
3. 阐述商务数据的采集方法。
4. 试用书中相关方法采集你所在城市的奶茶店数据，并按照城区、口味进行分类和数据统计。

第 2 章　商务数据分析的思路

本章学习目标

- 理解商务数据分析的目标和流程。
- 熟悉商务数据的挖掘建模工具。
- 了解探索性数据分析的含义。

2.1　商务数据分析的目标

做商务数据分析必须有一个明确的目标，知道自己为什么要做商务数据分析，想要达到什么效果。比如为了评估产品改版后的效果比之前有所提升、找到产品迭代的方向等。明确商务数据分析的目标后，接下来需要确定应该收集的商务数据都有哪些。商务数据分析的目标是希望从商务数据中获取有价值的商业信息，而评判该信息是否有价值在于该信息是否能对业务的发展起到积极正面的作用。

（1）数据监控与诊断，帮助企业快速发现经营问题，"早发现早治疗"，避免拖到最后才暴露出问题。

（2）市场分析，帮助企业占领市场，掌握市场并预测市场行情，及时有效地调整市场或品牌战略。了解市场结构，随势而动，最大概率获得经济收益。

（3）竞争分析，帮助企业打赢竞争战，掌握市场竞争情况以及产品与市场的差异，优化企业在竞争策略方面的决策。

（4）货品分析，帮助企业提高产品销售额，从产品的销售、渠道、时间、结构等维度对产品的销售情况进行分析，更好地优化产品营销策略。

（5）客户分析，帮助企业盘活客户群体，让客户产生价值，避免客户流失，提高客户留存率。

（6）营销及广告分析，帮助企业降低营销及广告成本，充分了解营销及广告效果，调整营销及广告策略，提高投资回报率。

（7）库存分析，帮助企业减少不良库存，针对库存的动销分析、补货预测等，避免库存堆积产生不良库存。

（8）流量渠道分析，帮助企业提高流量获取能力，通过对各个流量渠道的特征分析有效分配渠道资源。

（9）财务分析，帮助企业厘清财务。

（10）其他，帮助企业解决各种数据需求，如客服人员分析、视觉分析、品牌舆情分析等。

总之，商务数据分析就是结合业务通过技术手段，帮助企业解决现实经营问题，降低企业经营成本，提高企业经营收入的一系列过程，这个过程需要分析师和决策者的共同努力，才可以让数据产生价值。这要求分析师具有很强的业务能力、数据分析方法论并熟练运用数据分析工具，否则无法完成任务；要求决策者能客观对待数据分析结果，基于分析结果做出决策，并落地执行。

2.2 商务数据分析的流程

商务数据分析的流程分为 6 个阶段，如下。

2.2.1 商业理解

在商业理解阶段即第一个阶段我们必须从商业的角度了解项目的要求和最终目的是什么，并将这些与数据挖掘的定义以及结果结合起来。

商业理解阶段的主要工作包括确定商业目标，发现影响结果的重要因素，从商业角度描绘客户的首要目标，评估形势，查找所有的资源、局限、设想以及在确定数据分析目标和项目方案时考虑到的各种其他的因素，包括风险和意外、相关术语、成本和收益等，接下来确定数据挖掘的目标，制订项目计划。

2.2.2 数据理解

数据理解阶段开始于数据的收集工作。接下来就是熟悉数据的工作，具体如：检测数据的量，对数据有初步的理解；探测数据中比较有趣的数据子集，进而形成对潜在信息的假设；收集原始数据，对数据进行装载；描绘数据，并且探索数据特征，进行简单的特征统计；检验数据的质量，包括数据的完整性和正确性；缺失数据的填补；等等。

2.2.3 数据准备

数据准备阶段涵盖了从原始粗糙数据中构建最终数据集（将作为建模工具的分析对象）的全部工作。数据准备工作有可能被实施多次，而且其实施顺序并不是预先规定好的。这一阶段的任务主要包括制表、记录、数据变量的选择和转换，以及为适应建模工具而进行的数据清理等。

根据与挖掘目标的相关性、数据质量以及技术限制，选择用于分析的数据，并进一步对数据进行清理转换，构造衍生变量，整合数据，且根据工具的要求，格式化数据。

2.2.4 建模

在这一阶段，各种各样的建模方法将被选择和使用，通过构建、评估模型将其参数校准为最理想的值。比较典型的是，对于同一个数据挖掘的问题类型，可以选择使用多种方法。如果要使用多重技术，那么在这一任务中，对于每一个要使用的技术要分别对待。一些建模方法对数据的形式有具体的要求，因此，在这一阶段，重新回到数据准备阶段执行某些工作有时是非常必要的。

2.2.5 评估

从数据分析的角度考虑，在这一阶段中，已经建立了一个或多个高质量的模型。但在进行最终的模型部署之前，更加彻底地评估模型，回顾在构建模型过程中所执行的每一个步骤，是非常重要的，这样可以确保这些模型能达到企业的目标。一个关键的评价指标就是，是否仍然有一些重要的企业问题还没有被充分地加以注意和考虑。在这一阶段结束之时，有关数据挖掘结果的使用应达成一致的决定。

2.2.6 部署

部署，即将发现的结果以及过程组织成为可读文本形式。模型的创建并不是项目的最终目的。尽管建模是为了增加更多关于数据的信息，但这些信息仍然需要以一种客户能够使用的方式被组织和呈现。这经常涉及一个组织在处理某些决策过程中（如在决定有关网页的实时人员或者营销数据库的重复得分时），拥有一个"活"的模型。

根据需求的不同，部署阶段可以仅仅像写一份报告那样简单，也可以像在企业中进行可重复的数据挖掘那样复杂。在许多案例中，往往是客户而不是数据分析师来执行部署阶段。然而，尽管数据分析师不需要处理部署阶段的工作，但对于客户而言，预先了解需要进行的活动从而正确地使用已构建的模型是非常重要的。

2.3 常用的数据挖掘建模工具

1. SAS Enterprise Miner

Enterprise Miner（EM）是 SAS 公司提供的一个图形化、菜单驱动、操作简单、对用户非常友好且功能非常强大的集成式的数据挖掘系统。在 SAS EM 中，可利用具有明确代表意义的图形化模块将这些数据挖掘工具单元组成数据流程图，并以此来组织数据挖掘过程。对于有经验的数据挖掘专家，SAS EM 能提供大量的选项，可让有经验的数据分析人员进行精细化调整、分析处理。

2. IBM SPSS Modeler

IBM SPSS Modeler 原名 Clementine，2009 年被 IBM 公司收购以后产品性能和功能进行了大幅度的改进和提升。SPSS Modeler 可提供图形化的界面，屏蔽了数据挖掘算法的复杂性和操作的烦琐性，让使用者只需要聚焦如何使用数据挖掘技术去解决实际的商业问题。

3. Python

Python 是一种面向对象、解释型的计算机程序设计语言，它拥有高效的数据结构，能简单地进行面向对象的编程。Python 本身不提供数据挖掘环境，但是 Python 有各种数据挖掘的扩展库。比如比较常见的有 NumPy、SciPy、Matplotlib 等，它们分别为 Python 提供快速数组处理、科学计算以及绘图的能力。在用到机器学习和人工神经网络时，会用到 sklearn 库和 Keras 库，它们提供了完善的机器学习工具箱，包括数据的预处理、分析、回归、预测和模型分析等。

4. SQL Server

微软公司的 SQL Server 中集成了数据挖掘组件——Analysis Servers，它借助 SQL Server 数据库管理功能可以很好地集成在 SQL Server 中。SQL Server 的可移植性比较差。

5. RapidMiner

RapidMiner 可提供图形化的操作界面，采用树状结构来组织、分析组件，树上每个节点表示不同的运算符。RapidMiner 提供了大量的运算符，涉及数据预处理、变换、建模、评估等各个环节。RapidMiner 是基于 Java 开发的，基于 Weka 来构建的。

6. Weka

Weka 作为一个开源的数据挖掘工作平台，集合了大量能承担数据挖掘任务的机器学习算法，能够对数据进行预处理、分类、回归、聚类、关联规则以及在新的交互式界面上的可视化。

7. KNIME

KNIME 是一个基于 Eclipse 平台开发，模块化的数据挖掘系统。它能够让用户可视化创建数据流，选择性地执行部分或所有分解步骤，然后通过数据和模型上的交互式视图研究执行后的结果。在 KNIME 中可以扩展使用 Weka 中的算法，同时 KNIME 也可以提供基于数据流的方式来组织数据挖掘过程，每个节点都有数据输入输出的端口，用于接收或输出计算结果。

8. TipDM

TipDM 使用 Java 语言开发，能从各种数据源获取数据，构建数据挖掘模型。TipDM 目前已经集成了数十种预测算法和分析技术，支持数据挖掘流程所需要的主要过程，并可提供用于开发的应用接口和算法，能够满足各种复杂的应用需求。

9. 数加平台

数加平台是阿里云提供的数据处理管理平台，平台提供了各种模块：机器学习、推荐引擎、数据可视化（Datav）等。平台屏蔽了数据分析与挖掘过程中的复杂性，以图形化的界面构建数据处理流程，让大数据处理工程师只需要专注于数据挖掘的分析过程。数加平台基于阿里云的 ODPS 平台，它与各种计算引擎和工具相互结合在一起形成数加生态体系。

2.4 探索性数据分析

1. 定义

探索性数据分析（Exploratory Data Analysis，EDA）是指对已有数据在尽量少的先验假设下，通过作图、制表、方程拟合、计算特征量等手段探索数据的结构和规律的一种数据分析方法。通过探索性数据分析可以充分了解数据，为之后的数据建模等提供想法和结论。在进行探索性数据分析时，也可进行数据清洗的工作，两者是相辅相成的，没有说必须按照顺序去执行。探索性数据分析主要包括数据的清洗、数据的分布与统计量分析以及数据的相关分析等内容。

探索性数据分析的目的是最大化对数据的"直觉"，完成这件事情只能结合统计学的图形以及各种形式展现出来。因此，通过探索性数据分析可以实现：

（1）最大限度得到数据的直觉；

（2）发掘潜在的结构；

（3）提取重要的变量；

（4）删除异常数据；

（5）检验潜在的假设；

（6）建立初步的模型；

（7）决定最优因子的设置。

2. 探索性数据分析与传统统计分析的区别

传统统计分析方法通常是先假设样本服从某种分布，然后把数据套入假设模型再做分析。但由于多数数据并不能满足假设的分布，因此传统统计分析结果常常不能让人满意。探索性数据分析方法注重数据的真实分布，强调数据的可视化，使分析者能一目了然地看出数据中隐含的规律，从而得到启发，以此帮助分析者找到适合数据的模型。

3. 探索性数据分析步骤

（1）数据的清洗

通过检查数据中是否有缺失数据，是否有异常数据，是否有重复数据，数据分布是否均衡，是否需要抽样,变量是否需要转换,是否需要增加新的特征等,从原始数据中筛选出合适的数据,为后面的分析做好铺垫。

(2)数据的描述与统计量分析

统计学认为,要描述一组数据通常要从数据的集中趋势、数据的离中趋势和数据的分布形状3个方面来考虑。

① 数据的集中趋势

集中趋势称为趋中性,是指变量分布以某一数值为中心的倾向。作为中心的数值称为中心值,它反映的是变量分布中心点的位置所在。对集中趋势的描述,就是要寻找变量分布的中心值或代表值,以反映某变量数值的一般水平。数据的集中趋势要用平均指标来反映,平均指标是将变量的各值差异抽象化,以反映变量值一般水平或平均水平的指标,也就是反映变量分布中心值或代表值的指标。平均指标的具体表现称为平均数,平均数因计算方法不同可分为数值平均数和位置平均数两类。数值平均数是指根据变量的所有数据计算而得的平均数,主要有算术平均数、调和平均数和几何平均数等。位置平均数是指根据变量分布特征直接观察或根据变量数列部分处于特殊位置的变量值来确定的平均数,主要有众数和中位数等。

a. 频率和众数

频率可以简单定义为属于一个类别对象的样本数占总样本数的比例,这里类别对象可以是分类模型中不同的类,也可以是一个区间或一个集合。众数指具有最高频率的类别对象。

频率可以帮助查看数据在不同类别对象上的分布情况,众数可以让我们获知数据主要集中在哪个类别对象上,不过要注意可能有多个类别对象上的频率与众数对象上的频率相差不大,此时就要权衡众数的重要性。

b. 均值和中位数

对于连续数据,均值和中位数是比较常用的统计量,其中中位数即二分位数。均值对数据中的离群点比较敏感,一些离群点能显著影响均值的大小,而中位数能较好地处理离群点的影响,二者视具体情况使用。均值和中位数一样,都是用来描述数据分布情况的。均值也称算术平均数,分为简单算术平均数与加权算术平均数两类。简单算术平均数是根据未分组数据计算得出的,即直接将变量(x)的每个值相加,再除以变量值的个数(n)。加权算术平均数是根据变量数列计算得出的,即以各组变量值(或组中值)乘相应的频数(f)求出各组标志总量,加总各组标志总量得出总体标志总量,再用总体标志总量除以总频数。

均值($\bar{X}$)的计算公式为:

$$\bar{X} = \frac{\sum x_i}{n} \quad (\text{简单算术平均数}) \tag{2.1}$$

$$\bar{X} = \frac{\sum x_i f_i}{\sum f_i} \quad (\text{加权算术平均数}) \tag{2.2}$$

假设变量的 n 个值按大小、强弱等顺序排列后的结果为 $x_1, x_2, x_3, \cdots, x_n$,以 m_e 表示中位数,则中位数的计算公式为:

$$m_e = \begin{cases} x_{\left(\frac{n+1}{2}\right)}, & n\text{为奇数} \\ \dfrac{1}{2}\left\{ x_{\left(\frac{n+1}{2}\right)} + x_{\left(\frac{n}{2}\right)} \right\}, & n\text{为偶数} \end{cases} \tag{2.3}$$

c. 分位数

分位数是将变量的值按大小顺序排列并等分为若干部分后,处于等分点位置的值。常用的分位数有四分位数、十分位数和百分位数，它们分别是将数值序列 4 等分、10 等分和 100 等分后的 3 个点、9 个点和 99 个点上的数值。其中四分位数第 2 个点的数值、十分位数第 5 个点的数值和百分位数第 50 个点的数值，就是中位数。所以，中位数就是一个特殊的分位数。

以四分位数为例，设 Q_L、Q_M 和 Q_U 分别表示第 1 个、第 2 个和第 3 个四分位数，则它们的位置分别为 $\frac{(n+1)}{4}$、$\frac{2(n+1)}{4}$ 和 $\frac{3(n+1)}{4}$，根据位置即可确定各个四分位数。

② 数据的离中趋势

所谓离中趋势，就是变量分布中各变量值背离中心值的倾向。如果说集中趋势是总体或变量分布同质性的体现，那么离中趋势就是总体或变量分布变异性的体现。变量分布的离中趋势要用离散指标来反映。离散指标就是反映变量值变动范围和差异程度的指标，即反映变量分布中各变量值远离中心值或代表值程度的指标，亦称为变异指标或标志变动度指标。常用的离散指标主要有全距、四分位差、异众比率、平均差、方差和标准差，以及离散系数等。

a. 全距

全距就是变量的最大值（X_{max}）与最小值（X_{min}）之差，也叫极差，表明变量的最大变动范围或绝对幅度，通常用 R 表示，即：

$$R = X_{max} - X_{min}$$

b. 四分位差

四分位差是四分位数中第 1 个四分位数与第 3 个四分位数之差，也称为内距或四分间距，通常用 Q_d 表示，即：

$$Q_d = Q_U - Q_L$$

c. 异众比率

异众比率是分布数列中非众数组的频数与总频数之比，其计算公式为：

$$V_r = \frac{\sum f_i - f_{mo}}{\sum f_i} \tag{2.4}$$

其中 V_r 是异众比率，$\sum f_i$ 为变量值的总频数，f_{mo} 为众数组的频数。异众比率通常与众数相结合，用以表明众数代表性的强弱。异众比率越大，说明数列的分布越分散，众数的代表性就越弱。

d. 平均差

平均差是各变量值与算术平均数之差的绝对值的算术平均数，用以表明各变量值与算术平均数的平均差距，通常用 A.D 来表示。平均差由于利用了全部数据信息，因而比全距、四分位差等更能客观反映变量分布的离散程度。平均差越大，表示变量分布的离散程度越大；平均差越小，则变量分布的离散程度越小。但由于平均差对每一个离差都取了绝对值，因而它在数学处理上不是很方便，数学性质也不是最优的，应用上受到了一些限制。

$$\text{A.D} = \frac{\sum |x_i - \bar{x}|}{n} \tag{2.5}$$

e. 方差和标准差

方差是变量的各值与均值之差的平方的算术平均数，标准差则是方差的平方根。方差和标准差是测度变量分布离散程度十分重要的指标，在统计学中具有非常重要的作用。方差通常用 S^2 来表示，标准差则用 S 来表示。方差和标准差利用了全部数据信息，因而能准确反映变量分布的离散程度。方差或标准差越大，表示变量分布的离散程度越大；方差或标准差越小，则变量分布的离散程度越小。尤其是与平均差相比，标准差不仅具有平均差的优点，而且弥补了平均差的不足，再加上标准差的计量单位与变量的相同，意义比方差明确，所以标准差在实践中得到了更广泛的应用。

方差的计算公式为：

$$S^2 = \frac{\sum (x_i - \overline{x})^2}{n} \tag{2.6}$$

标准差的计算公式为：

$$S = \sqrt{\frac{\sum (x_i - \overline{x})^2}{n}} \tag{2.7}$$

f. 离散系数

离散系数也叫相对离散指标、变异系数或标准差系数，是变量的标准差与均值之比，通常用 V_S 来表示。离散系数越大，说明变量分布的离散程度越大，平均数的代表性越差；离散系数越小，说明变量分布的离散程度越小，平均数的代表性越好。离散系数的计算公式为：

$$V_S = \frac{S}{\overline{x}} \tag{2.8}$$

③ 数据的分布形状

数据的分布形状要用形状指标来反映。形状指标就是反映变量分布具体形状（即左右是否对称、偏斜程度与陡峭程度）的指标。具体来说，变量分布的形状一般从对称性和陡峭性两方面来反映，因此形状指标也有两方面：一是反映变量分布偏斜程度的指标，称为偏度系数；二是反映变量分布陡峭程度的指标，称为峰度系数。偏度系数可以告诉我们变量分布是左偏还是右偏的，即受低端变量值的影响大还是受高端变量值的影响大。而峰度系数则可以告诉我们分布是尖陡的还是扁平的，即频数（频率）分布绝大部分集中于众数附近还是各变量值的频数（频率）相差不大（如果各变量值的频数或频率相等，则分布曲线呈一条直线，无峰顶可言）。图 2-1 展示了正态分布时，均值、中位数和众数之间的关系，此时两侧对称，无偏斜，均值、中位数、众数三者相等。图 2-2、图 2-3 分别展示了右偏和左偏分布时，均值、中位数和众数之间的关系。

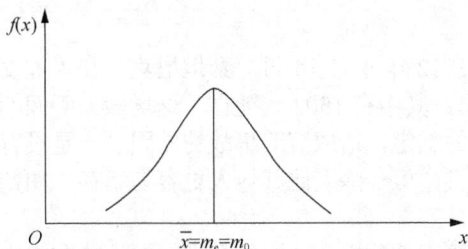

图 2-1　正态分布时，均值、中位数、众数之间的关系

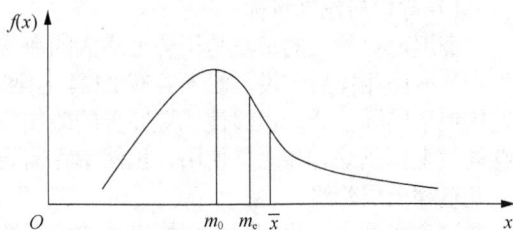

图 2-2　右偏分布时，均值、中位数、众数之间的关系

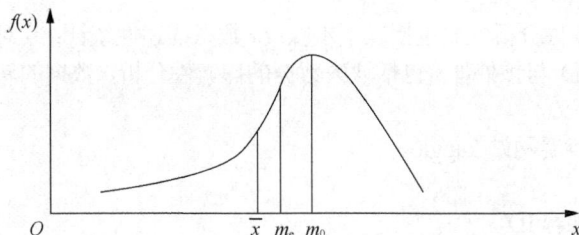

图 2-3　左偏分布时，均值、中位数、众数之间的关系

利用动差法求偏度与峰度系数：计算偏度与峰度系数十分重要的方法是动差法。用动差法求偏度系数以变量数列的三阶中心动差（m_3）作为量度偏度的基本依据。用动差法求峰度系数以变量数列的四阶中心动差（m_4）作为量度偏度的基本依据。这个关系与加权算术平均数中变量值与权重对算术平均数的关系很相似，所以统计学上也用动差概念来说明变量分布的特征。

三阶中心动差为：

$$m_3 = \frac{\sum (x_i - \bar{x})^3}{n} \tag{2.9}$$

四阶中心动差为：

$$m_4 = \frac{\sum (x_i - \bar{x})^4}{n} \tag{2.10}$$

我们把 m_3 与标准差的立方相除，就得到了动差法的偏度系数，即：

$$S_K^{(3)} = \frac{m_3}{S^3} \tag{2.11}$$

若 $S_K^{(3)} > 0$，表示变量分布正偏；若 $S_K^{(3)} < 0$，表示变量分布负偏；若 $S_K^{(3)} = 0$，表示变量分布无偏。$S_K^{(3)}$ 的绝对值越接近 0，表示变量分布的偏度越轻微；$S_K^{(3)}$ 的绝对值越大，表示变量分布的偏度越严重。

峰度系数是四阶中心动差 m_4 与标准差四次方相除的结果，即：

$$K = \frac{m_4}{S^4} \tag{2.12}$$

峰度系数的标准值为 3。当 $K=3$ 时，变量分布的峰度为标准正态峰度；当 $K<3$ 时，变量分布的峰度为平顶峰度；当 $K>3$ 时，变量分布的峰度为尖顶峰度。更进一步，当 K 值接近 1.8 时，变量分布曲线就会形似水平线，表示各组分配的频数接近。当 K 值小于 1.8 时，则变量分布曲线为"U"形曲线，表示变量分布的频数分配是"中间少，两头多"。

4. 案例——泰坦尼克号数据探索性分析

（1）背景与挖掘目标

"泰坦尼克号"的沉没是历史上最大的海难之一。1912 年 4 月 14 日，泰坦尼克号在"处女航"中与冰山相撞后沉没，船上共有 2224 名乘客和船员，其中有 1502 人死亡。这场骇人听闻的悲剧震惊了国际社会，也促使了更完善的船舶安全条例的制定。造成沉船事故的原因之一是没有足够的救生艇供乘客和船员使用。虽然幸存需要一些运气，但一些人比其他人更容易幸存，如妇女、儿童和上层阶级。

在这个案例中，我们对泰坦尼克号的相关数据进行探索性分析，分析什么样的人可能在本次灾难中幸存。

（2）分析方法与过程

泰坦尼克号数据探索性分析主要包括以下步骤：a.数据描述性统计；b.对步骤 a 中的数据进行探索性分析（寻找特征值）与预处理，包括缺失数据的探索性分析，数据的属性规约、清洗和变换。

（3）数据来源和含义

数据来自机器学习竞赛网站 kaggle。

数据字段说明：

- PassengerId=> 乘客 ID
- Pclass=> 舱位（一/二/三等舱位）
- Name=> 乘客姓名

- Sex=> 性别
- Age=> 年龄
- SibSp=> 堂兄弟/妹个数
- Parch=> 父母与小孩个数
- Ticket=> 船票信息
- Fare=> 票价
- Cabin=> 客舱
- Embarked=> 登船港口

（4）数据初窥

数据总共有 891 条，其中 Age、Cabin、Embarked 有缺失，乘客平均获救的概率大约为 38%，乘客主要集中在二、三等舱，乘客平均年龄大约是 29.7 岁。

（5）乘客总体分布情况可视化

泰坦尼克号乘客总体生还分布如图 2-4 所示。

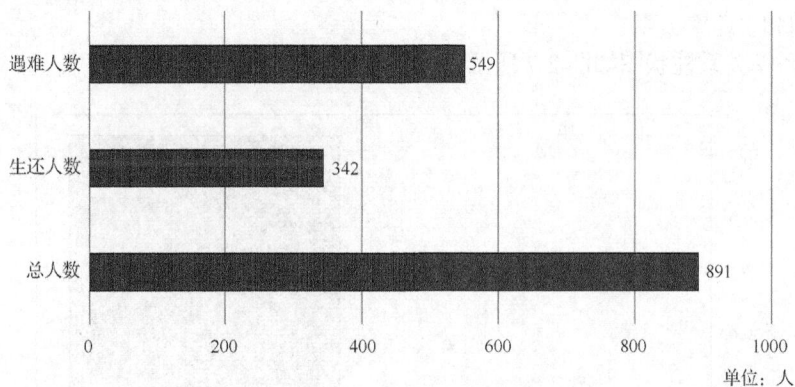

图 2-4 泰坦尼克号乘客总体生还分布

样本数量为 891，海难发生后，生还者有 342 人，生还率约为 38%。

（6）舱位和生还率关系

舱位和生还率关系柱状图如图 2-5 所示，舱位和生还率关系的具体数值如图 2-6 所示。

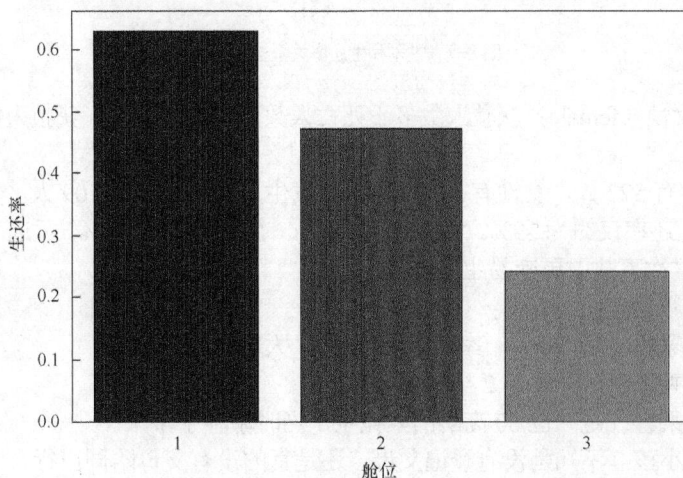

图 2-5 舱位和生还率关系柱状图

舱位	生还率
1	0.629630
2	0.472826
3	0.242363

图 2-6　舱位和生还率关系的具体数值

泰坦尼克号上有一/二/三等舱 3 种船舱类型。海难发生前，一等舱有 216 人，二等舱 184 人，三等舱 491 人。事故发生后，一等舱、二等舱、三等舱的乘客人数变为 136 人、87 人、119 人。一等舱生还率约为 63%，二等舱约为 47%，三等舱约为 24%。

事故发生后一等舱和二等舱的人生还概率大，三等舱的死亡人数明显多于获救人数，获救概率小。由此可见，客舱等级越高，生还率越高。

（7）性别和生还率关系

性别和生还率关系柱状图如图 2-7 所示。

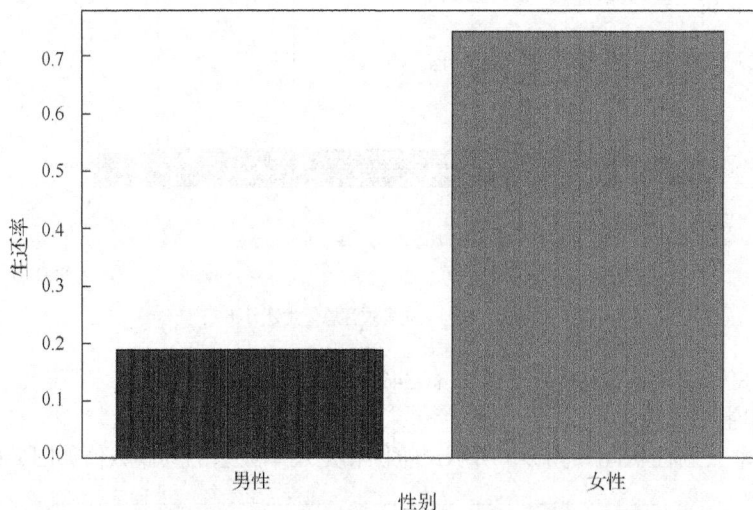

图 2-7　性别和生还率关系柱状图

事故发生后，女性（female）获救人数多于死亡人数，男性（male）获救人数少于死亡人数，女性获救概率大。

891 人中，男性有 577 人，女性有 314 人。事故发生后，男性变为 109 人，女性变为 233 人。男性生还 109 人，生还率仅约为 19%。女性生还 233 人，生还率约为 74%，远远高于男性的 19%。可见女性比男性在这次事故中更容易生还。

（8）一些特别数据

- 人数最多的家庭：是 Sage 一家，有 11 个人，大部分没有存活。
- 年纪最小的乘客：一个不足 2 个月的女婴。
- 年纪最大的乘客：是一位 80 高龄的老先生，当时幸存了下来。
- 没有家人的小孩：不知是没有登记父母，还是真的没有父母陪同出行。
- 同名的人：不确定是真的巧合同名，还是乘客登记信息有误。

（9）案例小结

泰坦尼克号事件发生距今已有 100 多年，即使是年龄最小的幸存者也早已不在人世，这个事件给世人留下的教训不应该只有对影视作品的唏嘘与对逝者的缅怀。在冰冷、没有情感的数据上进行分析解读，我们发现"物竞天择，适者生存"这样的大自然生存法则，在泰坦尼克这样的灾难事件上却完全失去了作用。

随着科技的发展、更为先进的探测、预警工具的研发，人工智能驾驶技术的投入，以后这样大型的意外事件可能会越来越少发生，但一旦发生了，影响个体存活的因素，除了科技手段，还有群体的文明程度。很庆幸，我们生活在一个科技、文明都在高速发展的时代。

习题

1. 简述商务数据分析的流程。
2. 简述探索性数据分析的定义和步骤。

第 **3** 章　商务数据分析方法

本章学习目标

- 理解相关分析的概念。
- 掌握一元线性回归模型。
- 掌握多元线性回归模型。

关于相关研究的起因，可以追溯到由法兰西斯·高尔顿（Francis Galton）因量度豌豆的大小，觉察到子代的大小有"均值回归"的现象。1877 年他搜集大量人体身高数据后，计算分析高个子父母、矮个子父母以及一高一矮父母的后代各有多少个高个子和矮个子子女，从而把父母高的后代高个子比较多、父母矮的后代高个子比较少这一定性认识具体化为父母与子女之间在身高方面的定量关系。1888 年，高尔顿在 "Co-Relations and Their Measurement，Chiefly from Anthropo metric Data" 一文中，充分论述了"相关"的统计意义，同时正式提出了"回归"的概念。

为了研究父代与子代身高的关系，高尔顿对所搜集的 1078 对父亲及其儿子的身高数据进行了分析。他发现这些数据的散点图大致呈直线状态，也就是说，总的趋势是父亲的身高高时，儿子的身高也倾向于高。但是，高尔顿对数据进行了深入的分析，发现了一个很有趣的现象——回归效应。因为当父亲高于平均身高时，儿子身高比父亲更高的概率要小于比父亲更矮的概率；父亲矮于平均身高时，儿子身高比父亲更矮的概率要小于比父亲更高的概率。这反映了一个规律，即这两种身高父亲的儿子的身高，有向他们父辈的平均身高回归的趋势。对于这个一般结论的解释是：大自然具有一种约束力，使人类身高的分布相对稳定而不产生两极分化，这就是所谓的回归效应，这是统计学上"回归"的最初含义。

在生活和学习中经常需要预测，比如预测一只股票的走势、预测下一年度的销售额等。时间序列分析研究的主要目的就是进行预测，主要是从时间序列的角度预测未来数据可能发生的变化。

3.1　相关分析

3.1.1　相关分析概念

在社会经济现象中，一些现象与另一些现象之间往往存在着依存关系，当我们用变量来反映这些现象的特征时，便表现为变量之间的依存关系。相关分析（Correlation Analysis）就是指对两个或多个变量元素进行分析，研究它们之间是否存在某种相关关系，并对具体有相关关系的现象探讨其相关方向以及相关程度。相关分析是一种常用的用于研究变量之间密切程度的统计方法。

3.1.2　相关关系的种类

根据不同的分类标准，相关关系大体上可以分为如下几种。

1. 按相关的程度可分为完全相关、不完全相关和不相关

如果一个变量元素的变化完全由另一个变量元素的变化所确定，则称为完全相关。例如，某汽车销售店，所售某一款汽车的售价为20万元，如果把该款汽车的销售额记为y，销售车辆数记为x，则$y=20x$，销售额的变化完全由销售车辆数决定。

如果两变量彼此互不影响，其变量元素的变化各自独立，称两变量不相关。

如果两变量之间的关系介于完全相关与不相关之间，称不完全相关。

为了确定相关变量之间的关系，我们可以根据所收集的数据，例如，每人的身高和体重、某产品的销售额和销售量、一个人的收入水平和其受教育程度等，在直角坐标系上画出散点图。散点图是描述变量之间关系的一种直观图形，从中可以大体看出变量之间的关系形态及关系强度。图3-1所示的几种形态，展示出几种变量间的相关关系。

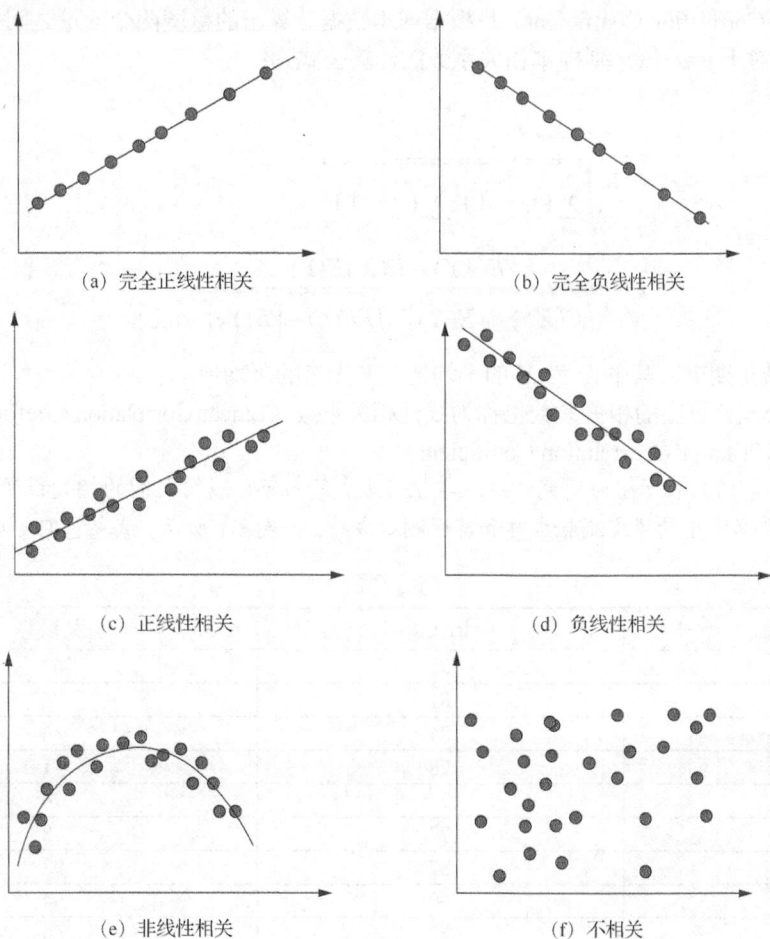

(a) 完全正线性相关　　　　　　　(b) 完全负线性相关

(c) 正线性相关　　　　　　　(d) 负线性相关

(e) 非线性相关　　　　　　　(f) 不相关

图3-1　变量间的相关关系

2. 按变量变化的方向可分为正相关和负相关

若两变量的变动方向一致，即一个变量的数值增加，另一个变量的数值也随之增加，或者一个变量的数值减少，另一个变量的数值也随之减少，则称为正相关。

若两变量的变动方向相反，即一个变量的数值增加，另一个变量的数值随之减少，或者一个变量的数值减少，另一个变量的数值随之增加，则称为负相关。

3. 按相关的形式可分为线性相关和非线性相关

就两个变量而言，如果变量之间的关系近似地表现为直线，则称为线性相关；如果变量之间的关系近似地表现为曲线，则称为非线性相关或者曲线相关。

4. 按影响因素的多少分为单相关和复相关

如果分析的是一个变量同另一个变量之间的相关关系，就称单相关。

如果分析的是若干自变量对因变量的影响，就称复相关或多元相关。

3.1.3 相关系数

散点图可以帮助判断两个变量之间有无相关关系，并对变量间的关系形态做出大致的描述，但散点图不能准确地反映变量之间的关系强度，为准确地量度两个变量之间的关系强度，还需要计算相关系数。

相关系数（Correlation Coefficient）是根据样本数据计算出的量度两个变量之间关系强度的统计量，记为 r。对于 $y=a+bx$，则样本相关系数的计算公式为：

$$r = \frac{\sum_{i=1}^{n}(x_i - \overline{X})(y_i - \overline{Y})}{\sqrt{\sum_{i=1}^{n}(x_i - \overline{X})^2 \sum_{i=1}^{n}(y_i - \overline{Y})^2}} \tag{3.1}$$

$$r = \frac{E(XY) - E(X)E(Y)}{\sqrt{E(X^2) - [E(X)]^2}\sqrt{E(Y^2) - [E(Y)]^2}} \tag{3.2}$$

其中 E 是数学期望，其中 $\overline{X}$ 为 X 的平均值，$\overline{Y}$ 为 Y 的平均值。

按照上述公式计算出的相关系数也称为线性相关系数（Linear Correlation Coefficient）或者皮尔逊相关系数（Pearson's Correlation Coefficient）。

例 3-1 小学语文教研组为研究四年级学生语文成绩与英语成绩之间的相关程度，从四年级学生中随机抽取 10 名学生的语文测验成绩和英语测验成绩，如表 3-1 所示，试求它们之间的相关程度。

表 3-1　　测验成绩

学生	语文 x_i	英语 y_i
1	85	67
2	81	86
3	84	86
4	78	71
5	72	74
6	77	78
7	87	92
8	90	94
9	78	66
10	87	77

解: 用 Excel【数据分析】中的【相关系数】工具计算可得二者相关系数约为 0.56337。

为解释相关系数的含义，首先需要对相关系数的性质有所了解。相关系数的性质可总结如下。

（1）r 的取值范围是[-1,1]，即$-1 \leq r \leq 1$，$|r|$ 越大表明 x 与 y 之间的线性关系越强，$|r|$ 越小表明 x 与 y 之间的线性关系越弱。若 $0 \leq r \leq 1$，表明 x 与 y 之间存在正线性相关关系；若$-1 \leq r \leq 0$，表明 x 与 y 之间存在负线性相关关系；若$r=+1$，表明 x 与 y 之间存在完全正线性相关关系；若$r=-1$，表明 x 与 y 之间存在完全负线性相关关系；若$r=0$，表明 x 与 y 之间不存在线性相关关系。

（2）r 具有对称性，x 与 y 之间的相关系数r_{xy} 和 y 与 x 之间的相关系数r_{yx} 相等。

（3）r 的数值大小与 x、y 的原点及计量尺度无关。改变 x、y 的原点及计量尺度不改变 r 的大小。

（4）r 仅仅是 x、y 之间线性关系强度的量度，它不能用于描述非线性关系。这意味着$r=0$ 仅仅代表两个变量之间不存在线性相关关系，并不能说明二者之间不存在任何关系，它们之间可能存在非线性相关关系。变量之间的非线性相关程度较大时，可能会导致$r=0$。因此当 $r=0$ 或者 r 很小的时候，不能轻易得出两个变量之间不存在相关关系的结论，而应结合散点图做出合理的解释。

（5）r 虽然是两个变量之间线性关系强度的一个量度，但不代表 x 与 y 一定存在因果关系。

对于一个具体的 r 的取值，根据经验可将相关程度分为以下几种情况：当 $0.8 \leq |r| \leq 1$ 时，可视为高度相关；当 $0.5 \leq |r| < 0.8$ 时，可视为中度相关；当 $0.3 \leq |r| < 0.5$ 时，可视为轻度相关；当 $|r| < 0.3$ 时，说明两个变量之间的相关关系很弱，可视为不相关。

3.2 一元线性回归

相关分析的目的在于测度变量之间的关系强度，它所使用的测度工具就是相关系数。而回归分析则侧重于考察变量之间的数量伴随关系，并通过一定的数学表达式将这种关系描述出来，主要用于研究一个变量（因变量）关于另外一个或几个变量（自变量）的具体依赖关系。回归分析主要解决以下几个问题。

（1）从一组样本数据出发，确定变量之间的数学关系式，得到回归方程。

（2）对回归方程、参数估计值进行各种统计检验，并从影响某一特定变量的诸多变量中找出哪些变量的影响是显著的，哪些是不显著的。

（3）利用回归方程，根据一个或几个变量的取值来估计或预测另一个特定变量的取值，并给出这种估计或预测的可靠程度。

3.2.1 一元线性回归模型

在进行回归分析时，首先需要确定哪个变量是因变量，哪个变量是自变量。在回归分析中，被预测或被解释的变量称为因变量，用 y 表示，用来预测或用来解释因变量的一个或多个变量称为自变量，用 x 表示。例如，在研究每月家庭消费支出与每月可支配收入之间的关系时，即可根据每月家庭可支配收入，来预测每月家庭消费支出，则每月家庭可支配收入为自变量 x，每月家庭消费支出为因变量y。

当回归分析中只涉及一个自变量时称为一元回归，当因变量 y 与自变量 x 之间关系为线性关系时称为一元线性回归。对于具有线性关系的两个变量，可以用一个线性方程来表示它们之间的关系。描述因变量 y 如何依赖自变量 x 和误差项 ε 的方程称为回归模型。一元线性回归模型可以表示为：

$$y = \beta_0 + \beta_1 x + \varepsilon \tag{3.3}$$

在一元线性回归模型中，y 是 x 的线性函数（$\beta_0+\beta_1 x$，其中 β_0、β_1 为模型参数）加上误差项 ε。$\beta_0+\beta_1 x$ 反映了由于 x 的变化而引起的 y 的线性变化，ε 是被称为误差项的随机变量，反映了除了 x 和 y 之间的线性关系之外的随机因素对 y 的影响，是不能由 x 与 y 之间的线性关系所解释的变异性。

式（3.3）称为理论回归模型，对于这一模型主要有以下几个主要假定。

（1）因变量 y 与自变量 x 之间具有线性关系。

（2）在重复抽样当中，自变量 x 的取值是固定的，即假定 x 是非随机的。

（3）误差项 ε 是一个期望值为 0 的随机变量，即 $E(\varepsilon)=0$。

（4）对于所有的 x 值，ε 的方差 σ^2 都相同。

（5）误差项 ε 是一个服从正态分布的随机变量且独立，即 $\varepsilon \sim (0,\sigma^2)$。

描述因变量 y 的期望值如何依赖自变量 x 的方程称为回归方程，一元线性回归方程的形式为：

$$E(y)=\beta_0+\beta_1 x \tag{3.4}$$

如果回归方程中的 β_0、β_1 已知，对于一个给定的 x 值，利用式（3.4）可计算出 y 的期望值。但总体回归参数 β_0、β_1 是未知的，必须利用样本数据去估算它们。用样本统计量 $\hat{\beta}_0$、$\hat{\beta}_1$ 代替回归方程中的未知参数 β_0、β_1，即可得到估计的回归方程。对一元线性回归，估计的回归方程形式为：

$$\hat{y}=\hat{\beta}_0+\hat{\beta}_1 x \tag{3.5}$$

式中，$\hat{\beta}_0$ 是估计的回归直线在 y 轴上的截距；$\hat{\beta}_1$ 是直线的斜率，表示 x 每变动一个单位时，y 的平均变动值。

3.2.2 参数的最小二乘估计

对于 x 和 y 的观测值，用于描述其关系的直线有很多，究竟用哪条直线来描述两个变量之间的关系，需要一个明确的原则。我们自然会想到距离各观测点最近的一条直线，用它来描述 x 与 y 之间的关系与实际数据的误差会比用其他直线的更小。统计学中通常使用最小二乘（也称最小平方）法来找到这一直线，它是通过使因变量的观测值 y_i 与估计值 $\hat{y}_i$ 之间的离差平方和达到最小来估计 $\hat{\beta}_0$ 和 $\hat{\beta}_1$ 的方法。最小二乘法的思想示意如图 3-2 所示。

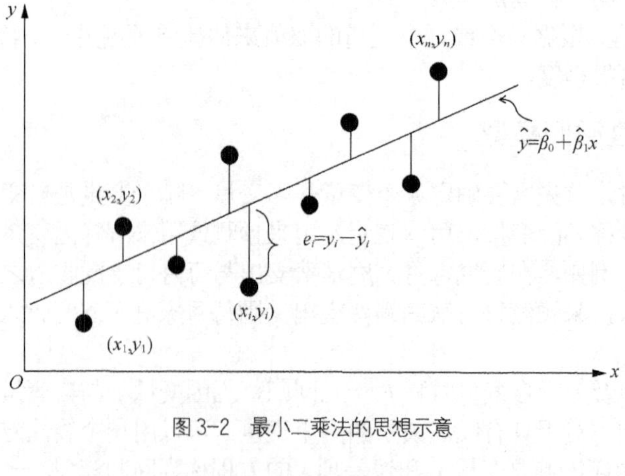

图 3-2 最小二乘法的思想示意

根据最小二乘法使

$$\sum\left(y_i-\hat{y}_i\right)^2=\sum\left(y_i-\hat{\beta}_0-\hat{\beta}_1 x_i\right)^2 \tag{3.6}$$

最小。令 $Q = \sum\left(y_i - \hat{y}_i\right)^2$，根据微积分的极值定理，可得

$$\begin{cases} \left.\dfrac{\partial Q}{\partial \beta_0}\right|_{\beta_0 = \hat{\beta}_0} = -2\sum_{i=1}^{n}\left(y_i - \hat{\beta}_0 - \hat{\beta}_1 x_i\right) = 0 \\[2mm] \left.\dfrac{\partial Q}{\partial \beta_1}\right|_{\beta_1 = \hat{\beta}_1} = -2\sum_{i=1}^{n} x_i\left(y_i - \hat{\beta}_0 - \hat{\beta}_1 x_i\right) = 0 \end{cases} \tag{3.7}$$

解方程组（3.7）得

$$\begin{cases} \hat{\beta}_1 = \dfrac{n\sum\limits_{i=1}^{n} x_i y_i - \sum\limits_{i=1}^{n} x_i \sum\limits_{i=1}^{n} y_i}{n\sum\limits_{i=1}^{n} x_i^2 - \left(\sum\limits_{i=1}^{n} x_i\right)^2} \\[4mm] \hat{\beta}_0 = \overline{y} - \hat{\beta}_1 \overline{x} \end{cases} \tag{3.8}$$

由此可知，回归直线 $\hat{y}_i = \hat{\beta}_0 - \hat{\beta}_1 x_i$ 通过点 $(\overline{x}, \overline{y})$，这是回归直线的重要特征之一。

例 3-2　从某一行业中随机抽取 12 家企业，所得产量与生产费用的数据如表 3-2 所示。

表 3-2　　　　　　　　　　　　　企业产量与生产费用的数据

企业编号	产量（台）	生产费用（万元）	企业编号	产量（台）	生产费用（万元）
1	40	130	7	84	165
2	42	150	8	100	170
3	50	155	9	116	167
4	55	140	10	125	180
5	65	150	11	130	175
6	78	154	12	140	185

解： 根据表中数据可得散点图如图 3-3 所示。

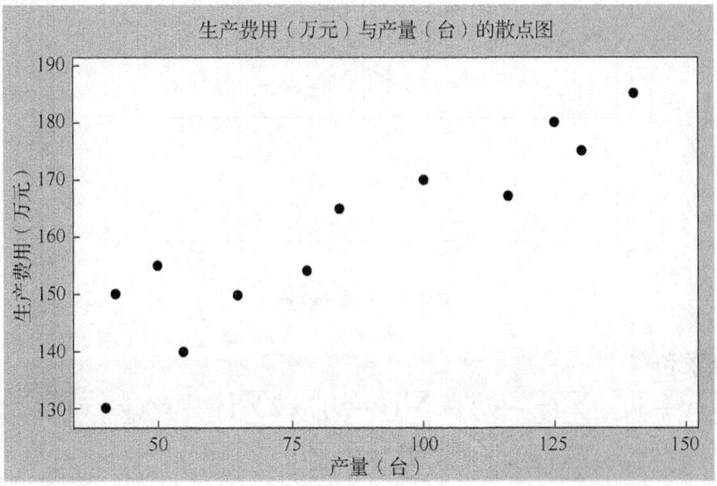

图 3-3　原始数据散点图

可近似将产量与生产费用之间的关系看作线性关系，根据式（3.8），可得

$$\begin{cases} \hat{\beta}_1 = \dfrac{n\sum\limits_{i=1}^{n}x_iy_i - \sum\limits_{i=1}^{n}x_i\sum\limits_{i=1}^{n}y_i}{n\sum\limits_{i=1}^{n}x_i^2 - \left(\sum\limits_{i=1}^{n}x_i\right)^2} \approx 0.420683 \\ \hat{\beta}_0 = \bar{y} - \hat{\beta}_1\bar{x} \approx 124.15 \end{cases}$$

即生产费用对产量的估计方程为 $\hat{y}=124.15+0.420683x$，回归系数 $\hat{\beta}_1=0.420683$ 表示产量每增加一台，生产费用平均增加约 0.420683 万元。

3.2.3 回归直线的拟合优度

1. 判定系数

回归直线 $\hat{y}_i = \hat{\beta}_0 + \hat{\beta}_1 x_i$ 在一定程度上描述了变量 x 与 y 之间的数量关系，根据这一方程，可依据自变量 x 的取值来估计或预测因变量 y 的取值。但估计或预测的精度将取决于回归直线对观测数据的拟合程度。回归直线与各观测点的接近程度称为回归直线对数据的拟合优度，为了说明直线的拟合优度，需要计算判定系数。判定系数是对回归方程拟合优度的量度。为说明它的含义，需要对因变量 y 取值的变差进行研究。因变量 y 的取值是不同的，y 取值的这种波动称为变差。变差来源于两个方面：一是由自变量 x 的取值不同造成的；二是除 x 以外的其他因素（如 x 对 y 的非线性影响、测量误差等）的影响。对一个具体的观测值来说，变差的大小可以通过该实际观测值与其均值之差 $y-\bar{y}$ 来表示。而 n 次观察值的总变差可由这些变差的平方和来表示，称为总平方和，记为 SST，即

$$SST = \sum(y_i - \bar{y})^2 \tag{3.9}$$

变差分解图如图 3-4 所示。从图 3-4 可以看出，每个观测点的变差都可以分解为：

$$y - \bar{y} = (y - \hat{y}) + (\hat{y} - \bar{y})$$

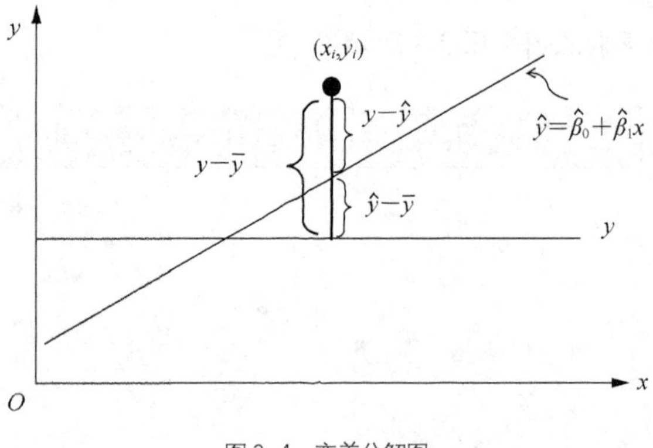

图 3-4 变差分解图

对所有 n 个点求和有

$$\sum(y_i - \bar{y})^2 = \sum(y_i - \hat{y}_i)^2 + \sum(\hat{y} - \bar{y})^2 + 2\sum(y_i - \hat{y}_i)(\hat{y} - \bar{y})$$
$$= \sum(y_i - \hat{y}_i)^2 + \sum(\hat{y} - \bar{y})^2 \tag{3.10}$$

其中，$\sum(y_i - \bar{y})^2$ 称为总平方和 SST，它可以分解为两部分：$\sum(\hat{y} - \bar{y})^2$ 是回归值与均值的离差平方和，反映了 y 的总变差中由于 x 与 y 之间的线性关系引起的 y 的变化部分，它是可以由回归

直线来解释的 y_i 变差部分，称为回归平方和，记为 SSR；另一部分 $\sum(y_i - \hat{y}_i)^2$ 是各实际观测点与回归值的残差平方和，它是除了 x 对 y 的线性影响之外的其他因素对 y 变差的作用，是不能由回归直线来解释的 y_i 变差部分，称为残差平方和或误差平方和，记为 SSE。3 个平方和的关系为：

$$总平方和（SST）=回归平方和（SSR）+残差平方和（SSE）$$

回归平方和占总平方和的比例称为判定系数，记为 R^2，其计算公式为：

$$R^2 = \frac{SSR}{SST} = \frac{\sum(\hat{y}_i - \overline{y})^2}{\sum(y_i - \overline{y})^2} = 1 - \frac{\sum(y_i - \hat{y}_i)^2}{\sum(y_i - \overline{y})^2} \tag{3.11}$$

判定系数 R^2 测度了回归直线对观测数据的拟合程度，R^2 的取值范围为[0,1]，R^2 越接近 1，表明回归平方和占总平方和的比例越大，回归直线与各观测点越接近，用 x 的变化来解释 y 值变化的部分就越多，回归直线的拟合程度也就越好；反之，R^2 越近 0，回归直线的拟合程度就越差。

在一元线性回归中，相关系数 r 实际上是判定系数的平方根。根据这一结论，不仅可以由相关系数直接计算判定系数 R^2，也能更好地理解相关系数的意义。实际上相关系数从另一个角度衡量了回归直线对观测数据的拟合优度（指回归直线对观测值的拟合程度），$|r|$ 越接近 1，说明直线的拟合优度越好，但选用 $|r|$ 来衡量直线的拟合优度要更加慎重，因为除了完全线性相关（$|r|$=1）与完全线性无关$|r|$=0 两种情况下，$|r|$ 的数值都要大于 R^2。比如当 r=0.5 时，表面看相关程度接近 0.5，其实 R^2=0.25，实际上仅能解释总变差的 25%。

2．估计标准误差

估计标准误差是量度各实际观测点在直线周围的散布状况的一个统计量，它是均方残差的平方根，用 s_e 表示，其计算公式为：

其中 SSE 表示误差平方和，MSE 表示均方差。

$$s_e = \sqrt{\frac{\sum(y_i - \hat{y}_i)^2}{n-2}} = \sqrt{\frac{SSE}{n-2}} = \sqrt{MSE} \tag{3.12}$$

估计标准误差是误差项 ε 的标准差 σ 的一个估计值，它可以看作排除了 x 对 y 的影响后，y 随机波动大小的一个估计量。它反映了用估计的回归预测因变量 y 时预测误差的大小。各观测点越靠近直线，s_e 越小，回归直线对各观测点的代表性也就越好，根据估计的回归方程进行预测也就越准确；反之则越差。可见 s_e 从另一个角度衡量了回归直线的拟合优度。

3.2.4 显著性检验

1．线性关系的检验

线性关系检验是指检验自变量 x 和因变量 y 之间的线性关系是否显著，或者说，它们之间能否用一个线性模型来表示。为检验两变量之间的线性关系是否显著，需要构造用于检验的统计量。该统计量的构造是以回归平方和（SSR）和残差平方和（SSE）为基础的，SSR 与其自由度（SSR 的自由度为自变量的个数）的比称为均方回归，记为 MSR；SSE 与其自由度（SSE 的自由度为 $n-k-1$，其中 n 为样本容量，k 为自变量的个数）的比称为均方残差，记为 MSE。若原假设成立（原假设 $H_0: \beta_1 = 0$ 两变量之间的线性关系不显著），则比值 MSR/MSE 的抽样分布服从分子自由度为 1、分母自由度为 $n-2$ 的 F 分布，即：

$$F = \frac{SSR/1}{SSE/(n-2)} = \frac{MSR}{MSE} \sim F(1, n-2) \tag{3.13}$$

具体的检验步骤如下。

第1步，提出假设，即 $H_0:\beta_1=0$ 两变量之间的线性关系不显著。

第2步，计算检验统计量 $F=\dfrac{SSR/1}{SSE/(n-2)}=\dfrac{MSR}{MSE}$

第3步，做出决策，确定显著性水平 α（一般取 0.05），并根据分子自由度 $df_1=1$ 和分母自由度 $df_2=n-2$ 查 F 分布表，找到临界值 F_α。若 $F>F_\alpha$ 则拒绝原假设，表明两个变量之间的线性关系是显著的，反之则无法拒绝原假设，即没有证据表明两个变量之间存在显著的线性关系。

2. 回归系数的显著性检验

回归系数的显著性检验是指检验自变量对因变量的影响是否显著，它在一元回归模型中就是指检验回归系数 β_1 是否为 0。为检验原假设 $H_0:\beta_1=0$ 是否成立，需要构造用于检验的统计量，该统计量服从自由度为 $n-2$ 的 t 分布，即：

$$t=\frac{\hat{\beta}_1-\beta_1}{S_{\hat{\beta}_1}},\ \text{其中} S_{\hat{\beta}_1}=\frac{s_e}{\sqrt{\sum x_i^2-\frac{1}{n}\left(\sum x_i\right)^2}}=\frac{\sqrt{\dfrac{\sum\left(y_i-\hat{y}_i\right)^2}{n-2}}}{\sqrt{\sum x_i^2-\frac{1}{n}\left(\sum x_i\right)^2}} \tag{3.14}$$

如果原假设成立，检验统计量为：

$$t=\frac{\hat{\beta}_1}{S_{\hat{\beta}_1}}$$

回归系数显著性检验的具体步骤如下。

第1步，提出假设。即 $H_0:\beta_1=0$；$H_1:\beta_1\neq0$。

第2步，计算检验统计量 t。

第3步，根据计算的检验统计量和确定的显著性水平 α，做出决策。若 $|t|>t_{\alpha/2}$，拒绝 H_0，回归系数等于 0 的概率小于 α，表明自变量对因变量的影响是显著的，二者存在显著的线性关系；若 $|t|<t_{\alpha/2}$，则不拒绝 H_0，没有证据表明 x 对 y 的影响是显著的，即二者不存在显著的线性关系。

3.2.5　回归方程预测问题

回归模型经过各种检验并符合预定的要求后，就可以通过自变量的取值来预测因变量的取值了。

1. 点估计

点估计是指利用估计的回归方程，对于 x 的一个特定值 x_0，求出 y 的一个估计值。例如，在例 3-2 中，$\hat{y}=124.15+0.420683x$，如果要估计生产 95 台所需的生产费用，可得 $\hat{y}=124.15+0.420683\times95=164.114885$。

2. 区间估计

区间估计是指利用估计的回归方程，对于 x 的一个特定值 x_0，求出 y 的一个估计值的区间。区间估计有两种类型：置信区间估计和预测区间估计。

（1）y 的平均值的置信区间估计

置信区间估计是对 x 的一个给定值 x_0，求出 y 的平均值的区间估计。

设 $E(y_0)$ 为给定 x_0 时因变量 y 的平均值或期望值，当 $x=x_0$ 时，$\hat{y}_0=\hat{\beta}_0+\hat{\beta}_1x_0$ 为 $E(y_0)$ 的估计值。要想用 $\hat{y}_0$ 推断 $E(y_0)$，必须考虑根据估计方程得到的 $\hat{y}_0$ 的方差。对于给定的 x_0，统计学家给出了估计 $\hat{y}_0$ 的标准差公式，用 $s_{\hat{y}_0}$ 表示 $\hat{y}_0$ 的标准差估计量，其计算公式为：

$$s_{\hat{y}_0} = s_e \sqrt{\frac{1}{n} + \frac{(x_0 - \overline{x})^2}{\sum\limits_{i=1}^{n}(x_i - \overline{x})^2}} \tag{3.15}$$

有了标准差之后，对于给定的 x_0，$E(y_0)$ 在 $1-\alpha$ 置信水平下的置信区间可表示为：

$$\hat{y}_0 \pm t_{\alpha/2} s_e \sqrt{\frac{1}{n} + \frac{(x_0 - \overline{x})^2}{\sum\limits_{i=1}^{n}(x_i - \overline{x})^2}} \tag{3.16}$$

（2）y 的个别值的预测区间估计

预测区间估计是对 x 的一个给定值 x_0，求出 y 的一个个别值的区间估计。为求出预测区间，首先必须知道用于估计的标准差。统计学家给出了 y 的一个个别估计值 y_0 的标准差估计量，用 s_{ind} 表示，其计算公式为：

$$s_{ind} = s_e \sqrt{1 + \frac{1}{n} + \frac{(x_0 - \overline{x})^2}{\sum\limits_{i=1}^{n}(x_i - \overline{x})^2}} \tag{3.17}$$

因此，对于给定的 x_0，y 的一个个别值 y_0 在 $1-\alpha$ 置信水平下的预测区间可表示为：

$$\hat{y}_0 \pm t_{\alpha/2} s_e \sqrt{1 + \frac{1}{n} + \frac{(x_0 - \overline{x})^2}{\sum\limits_{i=1}^{n}(x_i - \overline{x})^2}} \tag{3.18}$$

3.3 多元线性回归

3.2 节我们介绍了因变量只有一个自变量 x 的线性回归问题，但在许多实际问题中，影响因变量的因素往往不止一个，这种一个因变量同多个自变量的回归问题就是多元回归。当因变量与各自变量之间的关系为线性关系时，称为多元线性回归。

3.3.1 多元线性回归模型和回归方程

设因变量 y 与 k 个自变量分别为 $x_1, x_2, \cdots, x_k$，描述因变量 y 如何依赖于自变量 $x_1, x_2, \cdots, x_k$ 和误差项 ε 的方程称为多元回归模型，其一般形式可写为：

$$Y = \beta_0 + \beta_1 x_1 + \beta_2 x_2 + \cdots + \beta_k x_k + \varepsilon \tag{3.19}$$

式中，$\beta_0, \beta_1, \beta_2, \cdots, \beta_k$ 是模型参数，ε 为误差项。ε 反映了除 $x_1, x_2, \cdots, x_k$ 与 y 的线性关系之外的随机因素对 y 的影响，是不能由 $x_1, x_2, \cdots, x_k$ 与 y 之间的线性关系所解释的变异性。

与一元线性回归类似，多元回归中对误差项 ε 同样有 3 个假定：

（1）0 均值假定，即 ε 是一个期望值为 0 的随机变量，$E(\varepsilon)=0$；

（2）同方差假定，即对于自变量 $x_1, x_2, \cdots, x_k$ 的所有值，ε 的方差相同；

（3）误差 ε 是一个服从正态分布的随机变量，$\varepsilon \sim N(0, \sigma^2)$。

根据假定可以得到

$$E(y) = \beta_0 + \beta_1 x_1 + \beta_2 x_2 + \cdots + \beta_k x_k \tag{3.20}$$

称式（3.20）为多元回归方程，它描述了因变量 y 的期望值与自变量 $x_1, x_2, \cdots, x_k$ 之间的关系。

3.3.2 估计的多元回归方程

与一元回归问题类似，多元回归方程中 $\beta_0,\beta_1,\beta_2,\cdots,\beta_k$ 是未知的，需要利用样本数据去估计它们。当用样本统计量 $\hat{\beta}_0,\hat{\beta}_1,\hat{\beta}_2,\cdots,\hat{\beta}_k$ 去估计回归方程中的未知参数 $\beta_0,\beta_1,\beta_2,\cdots,\beta_k$ 时，就得到了估计的多元回归方程，其一般形式为：

$$\hat{y} = \hat{\beta}_0 + \hat{\beta}_1 x_1 + \hat{\beta}_2 x_2 + \cdots + \hat{\beta}_k x_k \tag{3.21}$$

其中 $\hat{y}$ 为因变量 y 的估计值，$\hat{\beta}_1,\hat{\beta}_2,\cdots,\hat{\beta}_k$ 称为偏回归系数。$\hat{\beta}_1$ 表示当 $x_2,\cdots,x_k$ 不变时，x_1 每变动一个单位因变量 y 的平均变动量；$\hat{\beta}_2$ 表示当 $x_1,x_3,\cdots,x_k$ 不变时，x_2 每变动一个单位因变量 y 的平均变动量，其余偏回归系数的含义类似。

3.3.3 参数的最小二乘估计

与一元回归类似，多元回归方程中的 $\hat{\beta}_0,\hat{\beta}_1,\hat{\beta}_2,\cdots,\hat{\beta}_k$ 仍然根据最小二乘法求得，也就是使残差平方和

$$Q = \sum (y_i - y_i)^2 = \sum (y_i - \hat{\beta}_0 - \hat{\beta}_1 x_1 - \hat{\beta}_2 x_2 - \cdots - \hat{\beta}_k x_k)^2 \tag{3.22}$$

最小，由此可得：

$$\begin{cases} \left.\dfrac{\partial Q}{\partial \beta_0}\right|_{\beta_0=\hat{\beta}_0} = 0 \\ \left.\dfrac{\partial Q}{\partial \beta_i}\right|_{\beta_i=\hat{\beta}_i} = 0 \end{cases} \tag{3.23}$$

利用计算机可求解上述方程得到 $\hat{\beta}_0,\hat{\beta}_1,\hat{\beta}_2,\cdots,\hat{\beta}_k$。

3.3.4 回归方程的拟合优度

1. 多重判定系数

与一元回归类似，对多元线性回归方程，需要用多重判定系数来评价其拟合程度。将多元回归中因变量离差平方和分解为：

$$SST = SSR + SSE \tag{3.24}$$

式中，$SST = \sum (y_i - \bar{y})^2$，$SSR = \sum (\hat{y} - \bar{y})^2$，$SSE = \sum (y_i - \hat{y}_i)^2$。

多重判定系数定义如下：

$$R^2 = \frac{SSR}{SST} = 1 - \frac{SSE}{SST} \tag{3.25}$$

多重判定系数是多元回归中的回归平方和占总平方和的比例，它是量度多元回归方程拟合程度的一个统计量，反映了在因变量 y 的变差中被估计的回归方程所解释的比例。R^2 的平方根称为多重相关系数，也称复相关系数，它量度了因变量同 k 个自变量的相关程度。

对多重判定系数要注意一点，即自变量个数的增加会影响到因变量中被估计的回归方程所解释的变差数量。当自变量个数增加时，会使预测误差变得比较小，从而残差平方和 SSE 会变小，相应的 $SSR=SST-SSE$ 会变大，因而 R^2 会变大。因此为了避免自变量个数的增加而高估 R^2，统计学家提出用样本量 n 和自变量个数来调整 R^2，计算出调整的多重判定系数，其计算公式为：

$$R_\alpha^2 = 1 - \left(1 - R^2\right)\left(\frac{n-1}{n-k-1}\right) \tag{3.26}$$

R_α^2 的含义与 R^2 的类似，不同的是：R_α^2 是用样本量 n 和模型中自变量的个数 k 调整后，因变量的变差中能被多元回归方程所解释的比例。

2. 估计标准误差

与一元线性回归一样，多元回归中的估计标准误差也是误差项 ε 的方差 σ^2 的一个估计值，它在衡量多元回归方程的拟合优度方面也有着重要作用。它的计算公式为：

$$s_e = \sqrt{\frac{\sum(y_i - \hat{y}_i)^2}{n-k-1}} = \sqrt{\frac{SSE}{n-k-1}} = \sqrt{MSE} \tag{3.27}$$

式中，k 为自变量的个数。

s_e 是所估计的是预测误差的标准差，其含义是根据自变量 $x_1, x_2, \cdots, x_k$ 来预测因变量 y 时的平均预测误差。

3.3.5　显著性检验

在一元线性回归中，线性关系的检验（F 检验）与回归系数的检验（t 检验）是等价的。但在多元回归中，线性关系的检验主要是检验因变量同多个自变量的线性关系是否显著。在 k 个自变量中，只要有一个自变量与因变量的关系是显著的，F 检验就能通过，但这并不一定意味着每个自变量与因变量的关系都显著。回归系数的检验则是对每个回归系数分别进行单独检验，它主要用于检验每个自变量对因变量的影响是否都显著，如果某个自变量没有通过检验，表明该自变量对因变量的影响不显著，也许就没有必要将这个自变量放进回归模型中了。

1. 线性关系的检验

线性关系的检验是检验因变量 y 与 k 个自变量之间的关系是否显著，也称为总体显著性检验，具体步骤如下。

第 1 步：提出假设。

$H_0 : \beta_1 = \beta_2 = \cdots = \beta_n = 0$

$H_1 : \beta_1, \beta_2, \cdots, \beta_n$ 至少有一个不等于 0

第 2 步：计算检验统计量 F。

$$F = \frac{\dfrac{SSR}{k}}{\dfrac{SSE}{n-k-1}} \sim F(k, n-k-1) \tag{3.28}$$

第 3 步：根据显著水平做出决策。分子自由度为 k，分母自由度为 $n-k-1$，查 F 表可得 F_α。若 $F > F_\alpha$，则拒绝原假设；若 $F < F_\alpha$，则不拒绝原假设，亦可直接利用 P 值（通过比较计算得出的 P 值与选定显著性水平对应 P 值的大小）来决策。

2. 回归系数的检验和推断

在回归方程通过线性关系检验后，就可以对各个回归系数 β_i 有选择地进行一次或多次检验，检验自变量 x_i 对因变量 y 的影响是否显著。具体步骤如下。

第 1 步：提出假设。对任意参数 $\beta_i (i = 1, 2, \cdots, k)$，有

原假设 $H_0 : \beta_1 = 0$

备择假设 $H_1 : \beta_1 \neq 0$

第 2 步：计算检验统计量 t。

$$t = \frac{\hat{\beta}_i}{s_{\hat{\beta}_i}} \sim t(n-k-1), \ \text{其中} s_{\hat{\beta}_i} = \frac{s_e}{\sqrt{\sum x_i^2 - \frac{1}{n}\left(\sum x_i\right)^2}} \qquad (3.29)$$

第 3 步：根据计算的检验统计量和确定的显著性水平 α，做出决策。若 $|t| > t_{\alpha/2}$，拒绝 H_0；若 $|t| < t_{\alpha/2}$，则不拒绝 H_0。

注意在多元回归模型中，当两个或者两个以上的自变量彼此相关时，要注意多重共线性的问题。

3.3.6 变量选择与逐步回归

我们在建立回归模型时，首要问题是如何确定回归自变量。如果遗漏了某些重要的变量，得到的回归方程将不具有任何意义。另外，如果考虑过多的自变量，在这些变量中，某些变量可能和其他变量有很大程度的重叠。这样的话，不仅使模型更复杂，而且会增大计算量，回归方程也不见得更好。因此，在建立模型之前我们需要对所搜集的自变量进行筛选，找出重要的自变量，同时去掉那些不必要的自变量，从而建立最优回归模型。最优回归模型是指仅包含对因变量有显著影响的自变量的回归方程。逐步回归分析就是解决如何建立最优回归模型问题的方法。

在引入和剔除自变量时都要进行显著性检验，使之达到最优化状态。变量选择的方法主要有向前选择、向后剔除、逐步回归、最优子集等。

1. 向前选择

向前选择指将所有自变量经显著性检验而逐个引入对因变量有显著影响的自变量的方法。其步骤如下。

第 1 步：对 k 个自变量分别拟合关于因变量 y 的一元线性回归模型，找出 F 统计量的值最大的模型及其自变量 x_i，将其引入模型，如果所有模型均无统计意义上的显著性，则运算终止。

第 2 步：在已经引入 x_i 的模型基础上，再分别拟合引入 x_i 外的 $k-1$ 个自变量 $x_1, \cdots, x_{i-1}$，$x_{i+1}, \cdots, x_k$ 的线性回归模型，然后考察这 $k-1$ 个线性模型，挑出 F 统计量的值最大的模型，并将 F 统计量的值最大的那个自变量 x_j 引入模型。如果除 x_i 之外的 $k-1$ 个自变量中没有无统计意义上的显著性，则运算终止。

如此反复，直到模型外的自变量均无统计意义上的显著性为止。

2. 向后剔除

与向前选择相反，其步骤如下。

第 1 步：先对因变量拟合包括所有 k 个自变量的线性回归模型，然后考察去掉一个自变量的模型，找出里面使 SSE 值减小最少的自变量，从模型中剔除。

第 2 步：考察再去掉一个自变量的模型，同理剔除使 SSE 值减小最少的自变量。如此反复，直到剔除一个自变量不会使 SSE 显著减小为止。这时，模型中所剩的自变量都是显著的。

3. 逐步回归

逐步回归是将上述两种方法结合起来筛选自变量的方法。它的前两步与向前选择法相同，但在增加一个自变量后，要对模型中所有的变量进行考察，查看有没有可能剔除掉某个变量。如果在增加一个自变量后，前面增加的某个自变量对模型的贡献变得不显著，则这个变量会被剔除。逐步回归就是不停地增加变量并考虑剔除以前增加的变量，直至增加变量不能导致 SSE 显著减小

（可用 F 统计量检验）。

4. 最优子集法

最优子集法也称最佳子集回归，是拟合多元线性回归方程的自变量选择的一类方法，即从全部自变量所有可能的自变量组合的子集回归方程中挑选最优者。首先把所有可能包含 1 个、2 个……直至全部 m 个自变量的子集回归方程都拟合。m 个自变量会拟合 2^m-1 个子集回归方程，如 $m=3$，会拟合 $2^3-1=7$ 个子集回归方程（其中包含 1 个自变量的有 3 个，包含 2 个自变量的有 3 个，包含 3 个自变量的有 1 个）。然后用回归方程的统计量作为准则从中挑选最优者。

3.4　时间序列分析

Vintage 饭店位于靠近佛罗里达的 Fort Myers 的 Captiva 岛上，是一个公众常去的场所。它由 Karen Payne 拥有和经营，到目前经营已超过 30 年。在这期间，Karen 一直在寻求建立以新鲜海味为招牌的高质量正餐饭店。Karen 及其员工的努力被证实是成功的，她的饭店成为岛上营业额增长最快的饭店之一。Karen 为确定饭店未来的增长计划，需要建立一个系统，这个系统可使她提前一年预测今后每个月食品和饮料的销售量。Karen 拥有如下资料，这些资料是在 3 年的经营中有关食品和饮料的销售总量（见表 3-3）。

请你分析 Vintage 饭店的销售资料，为 Karen 预测第 4 年各月的销售量。假设第 4 年 1 月的销售额为 295 万美元，你的预测误差为多少？如果这个误差太大，Karen 可能会对你的预测值和实际销售额的差异产生疑虑，你将如何消除她对预测方法的疑虑？

表 3-3　　　　　　　　　　　　　3 年食品和饮料销售的销售总量

单位：万美元

月份	1	2	3	4	5	6	7	8	9	10	11	12
第 1 年	242	235	232	178	184	140	145	152	110	130	152	206
第 2 年	263	238	247	193	193	149	157	161	122	130	167	230
第 3 年	282	255	265	205	210	160	166	174	126	148	173	235

从以上数据来看，这些年销售量的增长情况如何？各年增长量是多少？年平均增长量是多少？同比增长量是多少？各年发展速度是多少？年平均发展速度是多少？年平均增长速度是多少？同比增长速度是多少？销售量的变化是否具有季节性规律？季节变化规律是什么？每个月的季节指数是多少？如何预测第 4 年各月的销售量？如果没有季节因素的影响，销售量是否具有一种基本变化趋势？其趋势变化规律是什么？

3.4.1　时间序列及其分解

一般情况下，时间序列的数值变化规律有 4 种：长期变动趋势、季节变动规律、周期变动规律和不规则变动。不同的数值变化规律是由不同影响因素决定的。这些影响因素有长期起作用的因素，也有短期因素；有可以预知和控制的因素，也有未知和不可控制的因素。这些因素相互作用和影响，从而使时间序列的变化趋势呈现不同的特点。根据影响因素对时间序列数值变化趋势的不同影响情况，可以分为 4 种影响因素：长期趋势影响因素、季节变动影响因素、循环变动影响因素和不规则变动影响因素。

1. 长期趋势

长期趋势指的是统计指标在相当长的一段时间内，受到长期趋势影响因素的影响，表现出持续上升或持续下降的趋势，通常用字母 T 表示。例如，随着国家经济的发展，人均收入将逐渐提升；随着科学技术的发生，劳动生产率也不断提高。

2. 季节变动

季节变动是指由于季节的转变使得指标数值发生周期性变动。由此可见，指标数值的季节变动是以年为周期的，一般以月、季、周为时间单位，不能以年作单位，通常用 S 表示。引起季节变动的因素有自然因素，也有人为因素。例如，蔬菜食品价格、棉衣销售量都会随着季节的变化而呈周期变化；每年的长假（如五一、十一、春节）都会引起出行人数的大量增加。

3. 循环变动

循环变动与季节变动的周期不同，循环变动通常以若干年为周期，在曲线图上表现为波浪式的周期变动。这种周期变动的特征表现为增加和减少交替出现。最典型的周期案例就是市场经济的商业周期。

4. 不规则变动

不规则变动是由某些随机因素导致的数值变化，这些因素的作用是不可预知和没有规律性的，因此对数值的变化影响表现为不规则变动。

以上 4 种变动就是时间序列数值变化的分解结果。有时这些变动会同时出现在一个时间序列里面，有时也可能只出现一种或几种，这是由引起各种变动的影响因素决定的。正是由于变动组合的不确定性，时间序列的数值变化才那么千变万化。4 种变动与指标数值最终变动的关系可能是叠加关系，也可能是乘积关系。

叠加模型：如果 4 种变动之间是相互独立的，那么叠加模型可以表示为 $Y = T + S + C + I$，其中 Y 表示指标数值的最终变动，T 表示长期趋势，S 表示季节变动，C 表示循环变动，I 表示不规则变动。

乘积模型：如果 4 种变动之间存在相互影响关系，那么应该使用乘积模型，即 $Y = T \times S \times C \times I$，其中 Y 表示指标数值的最终变动，T 表示长期趋势，S 表示季节变动，C 表示循环变动，I 表示不规则变动。

反映在具体的时间序列图上，如果随着时间的推移，序列的季节波动变得越来越大，则反映各种变动之间的关系发生变化，建议使用乘积模型；反之，如果时间序列图的波动保持恒定，则可以直接使用叠加模型。

3.4.2 时间序列的描述性分析

增长率也叫增长速度，是反映现象增长程度的相对指标，是报告期观察值与基期观察值之比减 1 的结果。由于对比的基期不同，增长率可以分为环比增长率和定基增长率。

环比增长率：

$$G_i = \frac{Y_i - Y_{i-1}}{Y_{i-1}} = \frac{Y_i}{Y_{i-1}} - 1, i = 1, 2, \cdots, n \tag{3.30}$$

定基增长率：

$$G_i = \frac{Y_i - Y_0}{Y_0} = \frac{Y_i}{Y_0} - 1, i = 1, 2, \cdots, n \tag{3.31}$$

式中 Y_0 为用于对比的固定基期观察值。

平均增长率，也称平均增长速度，它是时间序列分析中逐期环比值的几何平均数减 1 得到的结果，写成公式为：

$$\bar{G} = \sqrt[n]{\left(\frac{Y_1}{Y_0}\right)\left(\frac{Y_2}{Y_1}\right)\cdots\left(\frac{Y_n}{Y_{n-1}}\right)} - 1 = \sqrt[n]{\frac{Y_n}{Y_0}} - 1 \qquad (3.32)$$

式中，$\bar{G}$ 表示平均增长率，n 表示环比值的个数。

3.4.3　时间序列预测的程序

1. 确定时间序列包含的成分

（1）确定趋势成分

确定趋势成分是否存在可以从绘制时间序列的线图入手，观察图就可以看出时间序列是否存在趋势，以及所存在的趋势是线性的还是非线性的。

判断趋势成分是否存在的另一种方法是利用回归分析拟合出一条趋势线，然后对回归系数进行显著性检验，如果检验结果显著就可以得出线性趋势明显的结论。

（2）确定季节成分

确定季节成分是否存在至少需要两年的数据，而且数据需要按照季度、月份、周或者天来记录。确定时间序列的季节成分也可以从绘制时间序列的线图入手，但需要一种特殊的时间序列图（即年度折叠序列图）。绘制该图时，需要将每年的数据分开画在图上，也就是横轴只有一年的长度，每年的数据分别对应纵轴。如果时间序列只存在季节成分，年度折叠序列图中的折线会有交叉；如果既存在季节成分又存在趋势则折线不会交叉。

2. 选择时间序列预测方法

（1）平均预测法

平均预测法是根据时间序列资料逐渐推移，依次计算包含一定项数的时序平均数，以反映长期趋势的方法。当时间序列的数值由于受周期变动和不规则变动的影响起伏较大，不易显示出发展趋势时，可用平均预测法，以消除这些因素的影响，分析、预测序列的长期趋势。

平均预测法有简单移动平均法、加权移动平均法、趋势移动平均法等。

① 简单移动平均法

若已知时间序列$\{y_1, y_2, \cdots, y_n\}$，当预测目标的基本趋势是在某一水平上下波动时，可用公式预测y_{n+1}的值：

$$\hat{y}_n(1) = \hat{y}_{n+1} = \frac{(y_n + y_{n-1} + \cdots + y_1)}{n} \qquad (3.33)$$

其预测标准差为：

$$S = \sqrt{\frac{\sum_{t=N+1}^{T}(\hat{y}_t - y_t)^2}{T-N}} \qquad (3.34)$$

最近N期序列值的平均值可作为未来各期的预测结果。一般N的取值范围为$5 \leqslant N \leqslant 200$。当历史序列的基本趋势变化不大且序列中随机变动成分较多时，N的取值应较大一些，否则N的取值应小一些。在有确定的季节变动周期的资料中，移动平均的项数应取周期长度。选择最佳N值的一个有效方法是，比较若干模型的预测标准差，预测标准差最小者为好。

简单移动平均法只适合做近期预测，而且是预测目标的发展趋势变化不大的情况。如果目标的发展趋势存在其他的变化，采用简单移动平均法就会产生较大的预测偏差和滞后。

例 3-3　某企业 1—11 月的销售收入时间序列如表 3-4 所示。试用一次简单移动平均法预测12 月的销售收入。

表3-4　　　　　　　　　　　　　　企业销售收入时间序列

月份 t	1	2	3	4	5	6
销售收入 y_t	553.8	574.6	606.9	649.8	705.1	772.0
月份 t	7	8	9	10	11	12
销售收入 y_t	816.4	892.7	963.9	1015.1	1102.7	

解： 分别取 $N=4$ 和 $N=5$ 的预测公式

$$\hat{y}_{t+1}^{(1)} = \frac{y_t + y_{t-1} + y_{t-2} + y_{t-3}}{4}, t = 4,5,\cdots,11$$

$$\hat{y}_{t+1}^{(2)} = \frac{y_t + y_{t-1} + y_{t-2} + y_{t-3} + y_{t-4}}{5}, t = 5,\cdots,11$$

当 $N=4$ 时，预测值 $\hat{y}_{t+1}^{(1)} \approx 993.6$，预测的标准差为

$$S_1 = \sqrt{\frac{\sum_{t=5}^{11}\left(\hat{y}_t^{(1)} - y_t\right)^2}{11-4}} \approx 150.5$$

当 $N=5$ 时，预测值 $\hat{y}_{t+1}^{(2)} \approx 182.4$，预测的标准差为

$$S_2 = \sqrt{\frac{\sum_{t=6}^{11}\left(\hat{y}_t^{(2)} - y_t\right)^2}{11-5}} \approx 958.2$$

计算结果表明，$N=4$ 时，预测的标准差较小，所以选取 $N=4$。预测 12 月的销售收入约为 993.6。

② 加权移动平均法

在简单移动平均公式中，每期数据在求平均时的作用是等同的。但是，每期数据所包含的信息量不一样，近期数据包含着更多关于未来情况的信息。因此，把各期数据等同看待是不尽合理的，应考虑各期数据的重要性，对近期数据给予较大的权重，这就是加权移动平均法的基本思想。

已知时间序列 $\{y_1, y_2, \cdots, y_n\}$，若其中各期数据对预测期的影响程度不同，则可根据这些数据的重要程度给定一个权重

$$\hat{y}_n(1) = \hat{y}_{n+1} = \sum_1^n \alpha_i y_i \left(\alpha_i > 0, \sum_1^n \alpha_i = 1\right) \qquad (3.35)$$

例3-4 某百货公司某柜台 2013 年下半年各月的销售额分别为 18、17、19、20、17、19（单位：万元），试预测 2014 年 1 月该柜台的销售额。

解： 用简单移动平均法计算出的平均数为

$$\hat{Y} = \frac{\sum_{t=1}^n Y_t}{n} = \frac{18 + 17 + 19 + 20 + 17 + 19}{6} \approx 18.33$$

因此预测值 $\hat{Y} = \overline{Y} \approx 18.33$。

例3-5 仍以前例的资料为基础，设 2013 年 7 到 12 月的权重分别为 0.5、1.0、2.5、3.5、5.0，试预测 2014 年 1 月该柜台的销售额。

解： 加权平均值为

$$\hat{Y}=\frac{\sum\limits_{t=1}^{n}W_tY_t}{\sum\limits_{t=1}^{n}W_t}=\frac{18\times0.5+17\times1+19\times1.5+20\times2.5+17\times3.5+19\times5}{0.5+1+1.5+2.5+3.5+5}=18.5$$

在采用加权移动平均法时，权重的选择同样具有一定的经验性。一般的原则是：近期数据的权重大，远期数据的权重小。至于大到什么程度和小到什么程度，则需要按照预测者对序列的了解和分析来确定。

③ 趋势移动平均法

简单移动平均法和加权移动平均法，在时间序列没有明显的趋势变动时，能够准确反映实际情况。但当时间序列出现直线增加或减少的变动趋势时，用简单移动平均法和加权移动平均法来预测就会出现滞后偏差。因此，需要进行修正，修正的方法是进行二次移动平均，利用移动平均滞后偏差的规律来建立直线趋势的预测模型。这就是趋势移动平均法。

一次移动平均法是指收集一组观察值，计算这组观察值的均值，将这一均值作为下一期的预测值。在移动平均值的计算中，过去观察值的实际个数，必须一开始就明确规定。每出现一个新观察值，就要从移动平均中减去一个最早观察值，再加上一个最新观察值，计算移动平均值，这一新的移动平均值就作为下一期的预测值。

趋势移动平均法有两种极端情况：

- 在移动平均值的计算中包括的过去观察值的实际个数 $N=1$，这时可将最新的观察值作为下一期的预测值；
- $N=n$，这时可将全部 n 个观察值的移动平均值作为预测值。

当数据的随机因素较大时，宜选用较大的 N，这样有利于较大限度地平滑由随机性所带来的严重偏差；反之，当数据的随机因素较小时，宜选用较小的 N，这有利于跟踪数据的变化，并且预测值滞后的期数也少。

一次移动的平均数为

$$M_t^{(1)}=\frac{1}{N}\left(y_t+y_{t-1}+\cdots+y_{t-N+1}\right) \tag{3.36}$$

在一次移动平均的基础上再进行一次移动平均就是二次移动平均，其计算公式为

$$M_t^{(2)}=\frac{1}{N}\left(M_t^{(1)}+\cdots+M_{t-N+1}^{(1)}\right)=M_{t-1}^{(2)}+\frac{1}{N}\left(M_t^{(1)}-M_{t-N}^{(1)}\right) \tag{3.37}$$

例 3-6 用二次平均法预测 1981 年 1 月的产量，数据如表 3-5 所示。

表 3-5　　　　　　　　　　　　　1980 年 12 个月的产量数据

序号	时间	实际观测值	一次移动平均值	二次移动平均值
1	1980.1	203.8		
2	1980.2	214.1		
3	1980.3	229.9		
4	1980.4	223.7		
5	1980.5	220.7		
6	1980.6	198.4		
7	1980.7	207.8		
8	1980.8	228.5		

序号	时间	实际观测值	一次移动平均值	二次移动平均值
9	1980.9	206.5		
10	1980.10	226.8		
11	1980.11	247.8		
12	1980.12	259.5		

预测过程如表 3-6 所示。

表 3-6 预测过程

序号	时间	实际观测值	3 个月移动平均值	5 个月移动平均值
1	1980.1	203.8	—	—
2	1980.2	214.1	—	—
3	1980.3	229.9	—	—
4	1980.4	223.7	215.9	—
5	1980.5	220.7	222.6	—
6	1980.6	198.4	224.8	218.4
7	1980.7	207.8	214.6	217.4
8	1980.8	228.5	209.0	216.1
9	1980.9	206.5	211.6	215.8
10	1980.10	226.8	214.3	212.4
11	1980.11	247.8	220.6	213.6
12	1980.12	259.5	227.0	223.5

下面讨论如何利用移动平均的滞后偏差建立直线趋势预测模型。

设时间序列 $\{y_1, y_2, \cdots, y_n\}$ 从某时期开始具有直线趋势，且认为未来时期也按此直线趋势变化，则可设此直线趋势预测模型为：

$$\hat{y}_{t+T} = a_t + b_t T, \quad T = 1, 2, \cdots \tag{3.38}$$

其中 t 为当前时期数；T 为由 t 至预测期的时期数；a_t 为截距；b_t 为斜率。a_t 和 b_t 又称为平滑系数。

现在根据移动平均值来确定平滑系数。

由式（3.38）可得

$$\begin{cases} a_t = y_t \\ y_{t-1} = y_t - b_t \\ y_{t-2} = y_t - 2b_t \\ \cdots \\ y_{t-N+1} = y_t - (N-1)b_t \end{cases} \tag{3.39}$$

所以

$$M_t^{(1)} = \frac{y_t + y_{t-1} + \cdots + y_{t-N+1}}{N} = \frac{y_t + (y_t - b_t) + \cdots + \left[y_t - (N-1)b_t \right]}{N}$$

$$= \frac{Ny_t - \left[1 + 2 + \cdots + (N-1) \right] b_t}{N} = y_t - \frac{N-1}{2} b_t \tag{3.40}$$

因此

$$y_t - M_t^{(1)} = \frac{N-1}{2}b_t \qquad (3.41)$$

$$y_{t-1} - M_{t-1}^{(1)} = \frac{N-1}{2}b_t \qquad (3.42)$$

所以

$$y_t - y_{t-1} = M_t^{(1)} - M_{t-1}^{(1)} = b_t \qquad (3.43)$$

类似式（3.41）的推导，可得

$$M_t^{(1)} - M_t^{(2)} = \frac{N-1}{2}b_t \qquad (3.44)$$

于是，由式（3.41）和式（3.44）可得平滑系数的计算公式为：

$$\begin{cases} a_t = 2M_t^{(1)} - M_t^{(2)} \\ b_t = \dfrac{2}{N-1}\left(M_t^{(1)} - M_t^{(2)}\right) \end{cases} \qquad (3.45)$$

例 3-7　我国 1965—1985 年的发电总量及一、二次移动平均值如表 3-7 所示，试预测 1986 年和 1987 年的发电总量。

表 3-7　　　　　　我国 1965—1985 年的发电总量及一、二次移动平均值

年份	序号	发电总量 y_t（千瓦时）	一次移动平均，$N=6$（千瓦时）	二次移动平均，$N=6$（千瓦时）
1965	1	676		
1966	2	825		
1967	3	774		
1968	4	716		
1969	5	940		
1970	6	1159	848.3	
1971	7	1384	966.3	
1972	8	1524	1082.8	
1973	9	1668	1231.8	
1974	10	1688	1393.8	
1975	11	1958	1563.5	1181.1
1976	12	2031	1708.8	1324.5
1977	13	2234	1850.5	1471.9
1978	14	2566	2024.2	1628.8
1979	15	2820	2216.2	1792.8
1980	16	3006	2435.8	1966.5
1981	17	3093	2625	2143.4
1982	18	3277	2832.7	2330.7
1983	19	3514	3046	2530
1984	20	3770	3246.7	2733.7
1985	21	4107	3461.2	2941.2

44 商务数据分析与可视化（微课版）

解： 由散点图图3-5可看出，发电总量基本呈直线上升趋势，可用趋势移动平均法来预测。

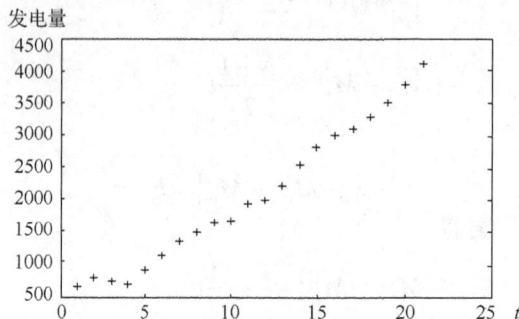

图3-5　原始数据散点图

取 $N=6$，分别计算一次和二次移动平均值并列于表3-7中。
$$M_{21}^{(1)}=3461.2,\quad M_{21}^{(2)}=2941.2$$

再由式（3.45），得
$$a_{21}=2M_{21}^{(1)}-M_{21}^{(2)}=3981.1$$
$$b_{21}=\frac{2}{6-1}\left(M_{21}^{(1)}-M_{21}^{(2)}\right)=208$$

于是，得 $t=21$ 时直线趋势预测模型为
$$\hat{y}_{21+T}=3981.1+208T$$

预测1986年和1987年的发电总量为
$$\hat{y}_{1986}=\hat{y}_{22}=\hat{y}_{21+1}=4189.1$$
$$\hat{y}_{1987}=\hat{y}_{23}=\hat{y}_{21+2}=4397.1$$

趋势移动平均法对于同时存在直线趋势与周期波动的序列，是一种既能反映趋势变化，又能有效地分离出周期变动的方法。

（2）指数平滑法

为了改进平均预测法的不足，1959年美国学者布朗在《库存管理的统计预测》一书中提出了指数平滑法。

指数平滑法是一种特殊的加权平均法，其加权的特点是对离预测值较近的历史数据给予较大的权重，给离预测值较远的历史数据给予较小的权重。权重由近到远按指数规律递减，所以这种预测方法被称为指数平滑法。

指数平滑法根据平滑次数的不同，分为一次指数平滑法、二次指数平滑法。

① 一次指数平滑法

一次指数平滑法利用前一期的预测值 F_t 代替 X_{t-n} 得到预测的通式：
$$F_{t+1}=\alpha x_t+(1-\alpha)F_t \tag{3.46}$$

由一次指数平滑法的通式可见，一次指数平滑法是一种加权预测，权重为 α。它既不需要存储全部历史数据，也不需要存储一组数据，从而可以大大减少数据存储量，甚至有时只需一个最新观察值、最新预测值和 α 值，就可以进行预测。它提供的预测值是前一期预测值加上前期预测值中产生的误差的修正值。

一次指数平滑法的初值的确定有如下方法:

- 取第一期的实际值为初值;
- 取最初几期的平均值为初值。

一次指数平滑法比较简单,但也有问题。问题之一便是力图找到最佳的 α 值,以使均方差最小,这需要通过反复试验确定。

例 3-8 利用表 3-8 中的数据运用一次指数平滑法对 1981 年 1 月我国平板玻璃月产量进行预测(取 $\alpha=0.3,0.5,0.7$)。并计算均方误差,选择使其最小的 α 进行预测。

表 3-8   1980 年 12 个月产量数据

序号	时间	实际观测值	一次指数平滑法		
			$\alpha=0.3$	$\alpha=0.5$	$\alpha=0.7$
1	1980.01	203.8			
2	1980.02	214.1			
3	1980.03	229.9			
4	1980.04	223.7			
5	1980.05	220.7			
6	1980.06	198.4			
7	1980.07	207.8			
8	1980.08	228.5			
9	1980.09	206.5			
10	1980.10	226.8			
11	1980.11	247.8			
12	1980.12	259.5			
—	1981.01	—			

预测过程如表 3-9 所示。

表 3-9   预测过程

序号	时间	实际观测值	一次指数平滑法		
			$\alpha=0.3$	$\alpha=0.5$	$\alpha=0.7$
1	1980.01	203.8	—	—	—
2	1980.02	214.1	203.8	203.8	203.8
3	1980.03	229.9	206.9	209.0	211.0
4	1980.04	223.7	213.8	230.0	224.2
5	1980.05	220.7	216.8	226.9	223.9
6	1980.06	198.4	218.0	223.8	221.7
7	1980.07	207.8	212.1	211.1	205.4
8	1980.08	228.5	210.8	209.5	207.1
9	1980.09	206.5	216.1	219.0	222.1
10	1980.10	226.8	213.2	212.8	211.2
11	1980.11	247.8	217.3	219.8	222.1
12	1980.12	259.5	226.5	233.8	240.1
—	1981.01	—	—	—	—

由表 3-9 可见，α=0.3、α=0.5、α=0.7 时，均方误差分别为 287.1、297.43、233.36（最小），因此可选 α=0.7 作为预测时的平滑常数。

1981 年 1 月的平板玻璃月产量的预测值为：

$$0.7 \times 259.5 + 0.3 \times 240.1 = 253.68$$

② 二次指数平滑法

一次指数平滑法只适用于时间序列有一定波动但没有明显的长期递增或递减的短期预测，若进行中长期预测，则会造成显著的时间滞后，产生较大的预测误差。为弥补这一缺陷，可采用二次指数平滑法。其计算公式为：

$$\begin{cases} S_t^{(1)} = \alpha y_t + (1-\alpha)S_{t-1}^{(1)} \\ S_t^{(2)} = \alpha S_t^{(1)} + (1-\alpha)S_{t-1}^{(2)} \end{cases} \tag{3.47}$$

式中 $S_t^{(1)}$ 为一次指数的平滑值；$S_t^{(2)}$ 为二次指数的平滑值。当时间序列 $\{y_t\}$ 从某时期开始具有直线趋势时，类似趋势移动平均法，可用直线趋势模型：

$$\begin{cases} \hat{y}_{t+T} = a_t + b_t T, T = 1, 2, \cdots \\ a_t = 2S_t^{(1)} - S_t^{(2)} \\ b_t = \dfrac{\alpha}{1-\alpha}\left(S_t^{(1)} - S_t^{(2)}\right) \end{cases} \tag{3.48}$$

进行预测。

3.4.4 利用 SPSS 进行时间序列预测

例 3-9 表 3-10 给出了某地区 1990—2004 年粮食产量数据。试用 SPSS 软件，对该地区的粮食产量进行移动平均和滑动平均计算。

表 3-10　　　　　　　　某地区 1990—2004 年粮食产量及其平滑结果

序号	年份	粮食产量 y（万吨）	移动平均		滑动平均	
			三点移动	五点移动	三点滑动	五点滑动
1	1990	3149.44				
2	1991	3303.66			3154.47	
3	1992	3010.30	3010.30		3141.19	3242.44
4	1993	3109.61	3154.47		3253.04	3263.32
5	1994	3639.21	3141.19		3334.21	3295.88
6	1995	3253.80	3253.04	3242.44	3453.17	3461.80
7	1996	3466.50	3334.21	3263.32	3520.07	3618.81
8	1997	3839.90	3453.17	3295.88	3733.69	3692.89
9	1998	3894.66	3520.07	3461.80	3914.72	3892.78
10	1999	4009.61	3733.69	3618.81	4052.51	4019.78
11	2000	4253.25	3914.72	3692.89	4121.45	4075.78
12	2001	4101.50	4052.51	3892.78	4158.21	4148.58
13	2002	4119.88	4121.45	4019.78	4160.01	4227.01
14	2003	4258.65	4158.21	4075.78	4260.11	
15	2004	4401.79	4160.01	4148.58		

利用 SPSS 进行移动平均计算主要有以下步骤。

（1）在菜单中依次选择"Transform"→"Create Time Series…"，在弹出的对话框中的单击"Function"下拉列表按钮，选择"Centered moving average"方法，在"Span"框中输入数值 5（表示进行三次滑动平均），如图 3-6 所示。

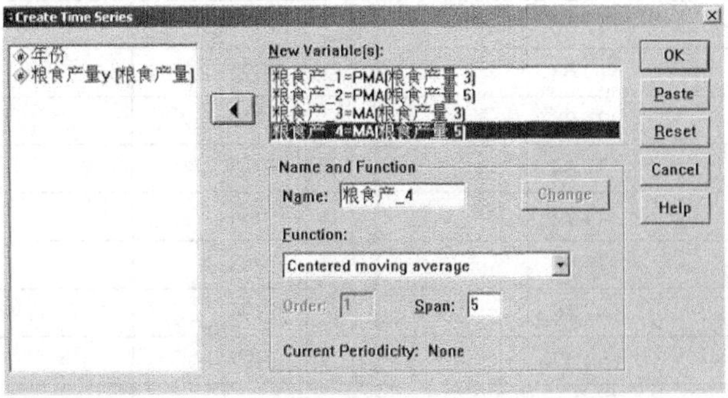

图 3-6　步骤一

（2）在左边变量框中选择"粮食产量 y[粮食产量]"变量，单击◀按钮，则在右边的新变量框中自动生成一个新变量名，在下面的"Name"框中可以对此变量名进行修改，本例采用默认变量名。

（3）在"Span"框中输入数值 5，重复步骤（2）。

（4）在"Function"下拉列表框中选择"Centered moving average"方法，在"Span"框中分别输入 3 和 5，分别重复步骤（2）。此时新变量框中有 4 个变量，前两个分别存储三点和五点移动平均计算后的结果，后两个分别存储三点和五点滑动平均计算后的结果。

（5）单击"OK"按钮进行计算。在原始数据表后新加的 4 列变量即所求的移动和滑动平均结果。

习题

1. CRM（Customer Relationship Management）即客户关系管理，有 3 组变量，分别是两个公司规模变量即资本额（Capital），销售额（Sales）；6 个 CRM 实施程度变量即 Web 网站（Web），电子邮件（Mail），客服中心（Call），DM（Direct mail）即快讯广告，无线上网（Mobile），简讯服务（ShortM）；3 个 CRM 绩效维度即行销绩效（PromP），销售绩效（SaleP），服务绩效（ServP），如表 3-11 所示。试对 3 组变量做典型相关分析。

表 3-11　　　　　　　　　　　　　　　　CRM 相关变量及其数据

Capital	Sales	Web	Mail	Call	DM	Mobile	ShortM	PromP	SaleP	ServP
550	1858	1.00	4.00	1.14	1.00	1.00	1.00	2.00	2.00	2.00
3600	6500	1.83	5.00	1.57	3.50	1.00	1.00	2.57	3.00	4.00
2818	5000	3.83	3.60	1.29	1.00	1.00	1.00	3.00	2.33	2.00
1590	4000	3.17	2.40	2.00	1.75	1.00	1.00	2.71	2.00	2.50
900	1935	2.50	4.60	1.00	1.00	1.00	1.00	2.57	3.00	3.00
7500	2000	1.00	1.00	1.00	1.00	1.00	1.00	2.71	2.00	2.00

2. 已知 1981—1998 年我国汽车产量数据如表 3-12 所示。分别计算 3 年和 5 年移动平均趋势值，并作图与原序列比较。

表 3-12　　　　　　　　　　1981—1998 年我国汽车产量数据

年份	产量/万辆	年份	产量/万辆
1981	17.56	1990	51.40
1982	19.63	1991	71.42
1983	23.98	1992	106.67
1984	31.64	1993	129.85
1985	43.72	1994	136.69
1986	36.98	1995	145.27
1987	47.18	1996	147.52
1988	64.47	1997	158.25
1989	58.35	1998	163.00

3. 利用表 3-12 中的数据，根据指数平滑法确定汽车产量的直线趋势方程，计算出 1981—1998 年各年汽车产量的趋势值，并预测 2000 年的汽车产量，作图与原序列比较。

第 4 章 商务数据挖掘技术

本章学习目标

- 了解常用的数据挖掘方法。
- 理解各类数据挖掘算法。
- 尝试用相关技术解决实际问题。

4.1 分类分析

在现实生活中，有很多应用分类算法的实例。近年来，在金融领域，个人消费贷款的类型呈现出多元化的趋势，由原本的单一贷款种类发展到今天各式各样的贷款种类，房屋贷款、汽车按揭贷款、教育助学贷款、耐用消费品贷款等层出不穷。对金融机构来说，违约风险是指债务人由于各种原因不能按时归还贷款债务的风险，主要是由于贷款人的还款能力下降或者信用级别低而引起的。在贷款的时候，如何评价贷款人的信用风险，是很重要的。银行贷款员需要分析数据，来弄清哪些贷款人是安全的，哪些是有风险的。从分类的角度来说，就是将贷款人分为"安全"和"有风险"两类。

分类分析是指将数据映射到预先定义好的群组或类。可通过在一群已经知道类别标号的样本中，有监督地学习构造一个分类函数（分类模型），然后使用该分类模型对测试数据和新的数据进行分类，将具有某些特征的数据全都映射到某个更加符合其特征的群组或类上，从而完成分类。常用的分类算法有朴素贝叶斯算法、决策树算法、k 近邻（k-Nearest Neighbor，KNN）算法。

朴素贝叶斯算法：是基于贝叶斯定理与特征条件独立假设的分类算法，是应用最广泛的分类算法之一。该算法假定给定目标值时属性之间相互条件独立，即没有哪个属性变量对于决策结果占很大（很小）的比重，这在一定程度上降低了贝叶斯算法的分类效果，但在实际应用场景中，极大简化了贝叶斯算法的复杂性。

决策树算法：决策树算法是一种逼近离散函数值的方法。它是一种典型的分类方法。该方法首先对数据进行处理，利用归纳算法生成可读的规则和决策树，然后使用决策树对新数据进行分析。决策树由节点（Node）和有向边（Directededge）组成。节点的类型有两种：内部节点和叶节点。其中，内部节点表示一个特征或属性的测试条件（用于分开具有不同特性的记录），叶节点表示一个分类。

k 近邻算法：是一种基于实例的分类方法。该方法就是找出与未知样本 x 距离最近的 k 个训练样本，看这 k 个样本中多数属于哪一类，就把 x 归为那一类。k 近邻算法是一种懒惰学习方法，它存放样本，直到需要分类时才进行分类，如果样本集比较复杂，可能会导致很大的计算开销，因此无法应用到实时性很强的场合。

4.1.1 朴素贝叶斯算法

1. 贝叶斯定理

贝叶斯定理如下：

$$P(B\,|\,A) = \frac{P(A\,|\,B)P(B)}{P(A)} \tag{4.1}$$

其中，$P(B)$ 是关于 B 的先验概率；$P(A)$ 是关于 A 的先验概率；$P(B)$ 是独立于 $P(A)$ 的。"先验概率"通常是根据先验知识确定的，来源于经验和历史数据，反映的是随机变量的总体信息。$P(B\,|\,A)$ 表示已知在事件 A 发生的前提下，事件 B 发生的概率，即由果到因。

$P(A\,|\,B)$ 表示已知在事件 B 发生的前提下，事件 A 发生的概率，即由因到果，也表示在事件 B 发生的前提下，事件 A 发生的后验概率。

另外，$P(A)$ 对于所有事件而言是一个确定的常数，因此求最大后验概率 $P(B\,|\,A)$ 的问题等价于计算最大概率 $P(A\,|\,B)P(B)$。

$$P(B\,|\,A) = P(A\,|\,B)P(B) \tag{4.2}$$

2. 朴素贝叶斯分类原理

朴素贝叶斯分类基于一个简单的假定：在给定分类特征的条件下，描述属性值是相互独立的。朴素贝叶斯分类思想是：假定每个数据样本用一个 n 维特征向量 $X = \{x_1, x_2, \cdots, x_n\}$ 来表示，描述属性值为 $A_1, A_2, \cdots, A_n$（根据上述假定描述属性值互相独立）。事件类别属性为 C，描述 n 个属性的值，即假设样本中共有 m 个类，分别用 $C_1, C_2, \cdots, C_m$ 表示。

给定一个未知类别的数据样本 X，朴素贝叶斯分类将预测 X 具有最大后验概率的类，当且仅当 $P(C_i\,|\,X) > P(C_j\,|\,X), 1 \leqslant j \leqslant m, j \neq i$。

根据贝叶斯定理，有：

$$P(C_i\,|\,X) = \frac{P(X\,|\,C_i)P(C_i)}{P(X)} \tag{4.3}$$

由于 $P(X)$ 对于所有类为常数，因此只需要求最大后验概率 $P(X\,|\,C_i)P(C_i)$ 即可。

根据假定描述属性值互相独立，式（4.3）可以转化成乘积形式：

$$P(X\,|\,C_i) = P(A_1, A_2, \cdots, A_n\,|\,C_i) = \prod_{k=1}^{n} P(A_k\,|\,C_i) \tag{4.4}$$

所以对于未知类别的数据样本 $X(a_1, a_2, \cdots, a_n)$，它所在类别为：

$$C_X = \mathrm{argmax}P(C) = \prod_{i=1}^{m} P(a_i\,|\,C) \tag{4.5}$$

3. 朴素贝叶斯算法案例

表 4-1 中为顾客购买计算机情况的数据，请使用贝叶斯算法预测表 4-2 中"未知样本" $X = \{32, \mathrm{Medium}, \mathrm{No}, \mathrm{Fair}, ?\}$ 是否购买计算机。

表 4-1 训练数据集

编号	年龄（岁）	收入	是否学生	信用度	是否购买计算机
1	32	High	No	Fair	no
2	30	High	No	Excellent	no
3	51	High	No	Fair	yes
4	60	Medium	No	Fair	yes
5	64	Low	Yes	Fair	yes
6	63	Low	Yes	Excellent	no
7	49	Low	Yes	Excellent	yes
8	29	Medium	No	Fair	no
9	28	Low	Yes	Fair	yes
10	61	Medium	No	Fair	yes
11	33	Medium	Yes	Excellent	yes
12	49	Medium	No	Excellent	yes
13	47	High	No	Fair	yes
14	62	Medium	No	Excellent	no

表 4-2 测试数据

编号	年龄（岁）	收入	是否学生	信用度	是否购买计算机
未知样本	32	Medium	No	Fair	?

问题等价于求样本 X 购买计算机为 yes 的后验概率 $P(购买计算机=yes|X)$ 和样本 $X=\{32, \text{Medium}, \text{No}, \text{Fair}, ?\}$ 购买计算机为 no 的后验概率 $P(购买计算机=no|X)$，样本 X 将被预测为概率值大的那个类。求解过程如下所示。

步骤一：计算先验概率 $P(X)$。

$$P(\text{yes})=9/14 \approx 0.643$$
$$P(\text{no})=5/14 \approx 0.357$$

步骤二：为每个属性估算条件概率 $P(C_i|X)$。

在该步骤注意考察属性：如果属性是分类属性，则 $P(C_i|X)=\dfrac{|D_{X,C_i}|}{|D_X|}$，其中 $|D_X|$ 表示属于类 X 的样本个数，$|D_{X,C_i}|$ 是 D_X 在第 i 个属性上取值为 C_i 的样本组成的集合；如果属性是连续属性，假设服从正态分布 $N(\mu_{X,i}, \sigma_{X,i^2})$，该分布对应有两个参数，其中 $\mu_{X,i}$ 和 σ_{X,i^2} 分别是第 X 类样本在第 i 个属性上取值的均值和方差。类 X 下属性 C_i 的类条件概率近似为：

$$P(C_i|X)=\frac{1}{\sqrt{2\pi}\sigma_{X,i^2}}\exp\left[-\frac{\left(C_i-\mu_{X,i}\right)^2}{2\sigma_{X,i}^2}\right] \tag{4.6}$$

显然，"年龄"属于连续属性，"收入""是否学生""信用度"都属于分类属性。完成属性考察后，继续计算。

数据集中购买计算机为 yes 的样本中：

$$P(32|\text{yes})=\frac{1}{\sqrt{2\pi}\times11.5}\exp\left[-\frac{\left(49-32\right)^2}{2\times132}\right] \approx 0.012$$

$$P(\text{Medium}|\text{yes})=4/9\approx0.44$$
$$P(\text{No}|\text{yes})=5/9\approx0.56$$
$$P(\text{Fair}|\text{yes})=6/9\approx0.67$$

数据集中购买计算机为 no 的样本中：

$$P(32|\text{no})=\frac{1}{\sqrt{2\pi}\times16}\exp\left[-\frac{(32-43)^2}{2\times249}\right]\approx0.020$$

$$P(\text{Medium}|\text{no})=2/5=0.40$$
$$P(\text{No}|\text{no})=4/5=0.80$$
$$P(\text{Fair}|\text{no})=2/5=0.40$$

步骤三：计算后验概率 $P(X|C_i)$。

$$P(\text{yes}|C_i)=P(\text{yes})\times P(C_i|\text{yes})$$
$$=P(\text{yes})\times P(32|\text{yes})\times P(\text{Medium}|\text{yes})\times P(\text{No}|\text{yes})\times P(\text{Fair}|\text{yes})$$

未购买计算机的先验概率：

$$P(\text{no}|C_i)=P(\text{no})\times P(C_i|\text{no})$$
$$=P(\text{no})\times P(32|\text{no})\times P(\text{Medium}|\text{no})\times P(\text{No}|\text{no})\times P(\text{Fair}|\text{no})$$

先计算先验概率 $P(X)$：

$$P(\text{yes})=0.643\times0.012\times0.44\times0.56\times0.67\approx0.00127$$
$$P(\text{no})=0.357\times0.020\times0.40\times0.80\times0.40\approx0.000914$$

步骤四：得出结论。

根据计算结果，$P(\text{yes}|C_i)<P(\text{no}|C_i)$，所以，样本 $X=\{32,\text{Medium},\text{No},\text{Fair},?\}$ 的购买计算机类标号值预测为 no。

4.1.2 决策树算法

1. 决策树介绍

决策树是一种树形结构，其中每个内部节点表示一个属性上的测试，每个分支代表一个测试输出，每个叶节点代表一种类别。在已知各种情况发生概率的基础上，通过构成决策树来求取净现值的期望值大于等于零的概率。评价项目风险，判断其可行性的决策分析方法，是直观运用概率分析的一种图解法。由于这种决策分支画成图形很像一棵树的枝干，故称决策树。

2. 信息论的有关概念

信息熵是数据集中样本集合纯度十分常用的一种指标。假定 D 为训练集，D 的目标属性 C 具有 m 个可能的类标号值，$C=\{C_1,C_2,\cdots,C_m\}$，C_i $(i=1,2,\cdots,m)$ 在所有样本中出现的频率为 p_i，则该训练集 D 所包含的信息熵定义为：

$$\text{Ent}(D)=-\sum_{i=0}^{m}p_i\log_2 p_i \tag{4.7}$$

信息增益是划分前样本数据集的不纯程度（熵）和划分后样本数据集的不纯程度（熵）的差值。假设划分前样本数据集为 D，并用属性 a 来划分样本集 D。a 有 V 个可能的取值，$\{a_1,a_2,\cdots,a_v\}$，则 D 会产生 v 个分支节点，其中第 v 个分支节点包含 D 中所有在属性 a 上取值为 a_v 的样本，记为 D_v。按属性 a 划分 D 的信息增益 $\text{Gain}(D,a)$，为 D 的熵减去按属性 a 划分 D 后的样本子集的熵：

$$\text{Gain}(D,a)=\text{Ent}(D)-\sum_{1}^{v}\frac{|D_v|}{|D|}\text{Ent}(D_v) \tag{4.8}$$

　　增益率是假设划分前样本数据集为 D，并用属性 a 来划分 D，则按属性 a 划分 D 的增益率定义为：

$$\text{GainRatio}(D,a) = \frac{\text{Gain}(D,A)}{\text{IV}(a)} \tag{4.9}$$

　　其中

$$\text{IV}(a) = -\sum_{1}^{v} \frac{|D_v|}{|D|} \log_2 \frac{|D_v|}{|D|} \tag{4.10}$$

称为属性 a 的"固有值"（Intrinsicvalue）。属性 a 的可能取值越多（即 v 越大），则 IV(a)的值通常会越大。显然，GainRatio(D,a)削弱了选择那些值较大且均匀分布的属性作为分裂属性的倾向性。

　　基尼指数是另一种量度数据不纯度的函数。设 i 为数据集 D 中某类别标记，数据集 D 的纯度可以用基尼指数（GiniIndex）计算：

$$\text{Gini}(D) = \sum_{i=1}^{m} \sum_{i \neq i'} p_i p_{i'} = 1 - \sum_{i=1}^{m} p_i^2 \tag{4.11}$$

　　其中，属性 a 的基尼指数定义为：

$$\text{Gini}_{\text{index}(D,a)} = \sum_{i=1}^{m} \frac{|D_v|}{|D|} \text{Gini}(D_v) \tag{4.12}$$

　　于是，我们在候选集合 A 中，选择那个使得划分后基尼指数最小的属性作为划分属性，即：

$$a^* = \text{arg min Gini}_{\text{index}(D,a)} \tag{4.13}$$

3. 决策树的建立

　　决策树的建立步骤如下。

　　（1）决定分类属性。

　　（2）对目前的数据表，建立一个节点 N。

　　（3）如果数据表中的数据都属于同一类，N 就是树叶，在树叶上标上所属的那一类。

　　（4）如果数据表中没有其他属性可以考虑，N 也是树叶，按照少数服从多数的原则在树叶上标上所属类别。

　　（5）否则，根据平均信息期望值 E 或 Gain 值选出一个最佳属性作为节点 N 的测试属性。

　　（6）节点属性选定以后，对于该属性的每一个值：从 N 生成一个分支，并将数据表中与该分支有关的数据收集形成分支节点的数据表，在表中删除节点属性那一栏。如果分支数据表非空，则运用合适的决策树算法从该节点建立子树。

4. 决策树案例

　　根据表 4-3 所示的计算机购买情况数据，尝试解决以下问题。

表 4-3　　　　　　　　　　　　　　　　　　计算机购买情况数据

计数	年龄群体	收入	学生	信誉	归类：买计算机?
64	青	高	否	良	不买
64	青	高	否	优	不买
128	中	高	否	良	买
60	老	中	否	良	买
64	老	低	是	良	买
64	老	低	是	优	不买
64	中	低	是	优	买

计数	年龄群体	收入	学生	信誉	归类：买计算机?
128	青	中	否	良	不买
64	青	低	是	良	买
132	老	中	是	良	买
64	青	中	是	优	买
32	中	中	否	优	买
32	中	高	是	良	买
63	老	中	否	优	不买
1	老	中	否	优	买

问题一：假定公司收集了表4-3中左边的数据，那么对于任意给定的客人（测试样例），你能帮助公司将这位客人归类吗？

问题二：你能预测这位客人是属于"买"计算机的那一类，还是属于"不买"计算机的那一类吗？

问题三：你需要多少有关这位客人的信息才能回答问题二？

步骤一：通过分别计算各个属性的平均信息期望（Gain）来确定决策树的根节点。

如表4-4所示，假定选择年龄作为根节点，则有

青年组：$E(128,256)\approx0.9183$

中年组：$E(256,0)=0$

老年组：$E(257,127)\approx0.9157$

青年组比例：$(128+256)/1024=0.3750$

中年组比例：$256/1024=0.250$

老年组比例：$(257+127)/1024=0.3750$

平均信息期望（加权总和）$E(年龄)=0.375\times0.9183+0.25\times0+0.375\times0.9157\approx0.6878$

$Gain(年龄)=E(641,383)-E(年龄)=0.9537-0.6878\approx0.2659$

表4-4　　　　　　　选择年龄群体作为根节点

计数	年龄群体	收入	学生	信誉	归类：买计算机?
128	中	高	否	良	买
64	中	低	是	优	买
32	中	中	否	优	买
32	中	高	是	良	买
64	青	高	否	良	不买
64	青	高	否	优	不买
128	青	中	否	良	不买
64	青	低	是	良	买
64	青	中	是	优	买
60	老	中	否	良	买
64	老	低	是	良	买
64	老	低	是	优	不买
132	老	中	是	良	买
63	老	中	否	优	不买
1	老	中	否	优	买

如表 4-5 所示，假定选择收入作为根节点，则有

高收入组：$E(160,128)\approx0.9911$

中收入组：$E(289,191)\approx0.9697$

低收入组：$E(192,64)\approx0.8133$

高收入组比例：$288/1024\approx0.2813$

中收入组比例：$480/1024\approx0.4688$

低收入组比例：$256/1024=0.2500$

平均信息期望（加权总和）：$E(收入)=0.2813\times0.9911+0.4688\times0.9697+0.25\times0.8133\approx0.9366$

$Gain(收入)=E(641,383) - E(收入)\approx0.9537 - 0.9367=0.0170$

表 4-5   选择收入作为根节点

计数	年龄群体	收入	学生	信誉	归类：买计算机？
64	青	高	否	良	不买
64	青	高	否	优	不买
128	中	高	否	良	买
32	中	高	是	良	买
60	老	中	否	良	买
128	青	中	否	良	不买
132	老	中	是	良	买
64	青	中	是	优	买
32	中	中	否	优	买
63	老	中	否	优	不买
1	老	中	否	优	买
64	老	低	是	良	买
64	老	低	是	优	不买
64	中	低	是	优	买
64	青	低	是	良	买

如表 4-6 所示，假定选择学生作为根节点，则有

学生组：$E(420,64)=0.5635$

非学生组：$E(221,319)=0.9761$

学生组比例：$484/1024\approx0.4727$

非学生组比例：$540/1024\approx0.5273$

平均信息期望（加权总和）：$E(学生)=0.4727\times0.5635+0.5273\times0.9761\approx0.7811$

$Gain(学生)=E(641,383)-E(学生)\approx0.9537-0.7811=0.1726$

表 4-6   选择学生作为根节点

计数	年龄群体	收入	学生	信誉	归类：买计算机？
64	老	低	是	良	买
64	老	低	是	优	不买
64	中	低	是	优	买
64	青	低	是	良	买
132	老	中	是	良	买

计数	年龄群体	收入	学生	信誉	归类：买计算机?
64	青	中	是	优	买
32	中	高	是	良	买
64	青	高	否	良	不买
64	青	高	否	优	不买
128	中	高	否	良	买
60	老	中	否	良	买
128	青	中	否	良	不买
32	中	中	否	优	买
63	老	中	否	优	不买
1	老	中	否	优	买

如表 4-7 所示，假定选择信誉作为根节点，则有

$$良好组：E(480,192)=0.8631$$
$$优秀组：E(161,191)=0.9948$$
$$良好组比例：672/1024 \approx 0.6563$$
$$优秀组比例：352/1024 \approx 0.3438$$

平均信息期望（加权总和）：$E(信誉)=0.6563 \times 0.8631+0.3438 \times 0.9948 \approx 0.9085$

$$Gain(信誉)=E(641,383)-E(信誉) \approx 0.9537-0.9085=0.0452$$

表 4-7 选择信誉作为根节点

计数	年龄群体	收入	学生	信誉	归类：买计算机?
64	青	高	否	良	不买
128	中	高	否	良	买
60	老	中	否	良	买
64	老	低	是	良	买
128	青	中	否	良	不买
64	青	低	是	良	买
132	老	中	是	良	买
32	中	高	是	良	买
64	青	高	否	优	不买
64	老	低	是	优	不买
64	中	低	是	优	买
64	青	中	是	优	买
32	中	中	否	优	买
63	老	中	否	优	不买
1	老	中	否	优	买

综上所述，有

$$E(年龄) \approx 0.6878，Gain(年龄) \approx 0.2659$$
$$E(收入) \approx 0.9366，Gain(收入) \approx 0.0170$$
$$E(学生) \approx 0.7811，Gain(学生) \approx 0.1726$$
$$E(信誉) \approx 0.9084，Gain(信誉) \approx 0.0452$$

年龄的平均信息期望值 Gain(年龄)=0.2659（最大），因此决定选择属性年龄。

步骤二：确定将年龄群体属性作为根节点，接下来在收入、学生、信誉属性中继续确定下一步的节点。

如表 4-8 所示，青年组数据表分析，假定选择收入作为节点。

$$E(收入)=0.3333×0+0.5×0.9183+0.1667×0≈0.4592$$
$$Gain(收入)=E(128,256)-E(收入)≈0.9183-0.4592=0.4591$$
$$E(128,256)≈0.9183$$
$$E(0,128)=0，比例：128/384≈0.3333$$
$$E(64,128)≈0.9183，比例：192/384=0.5$$
$$E(64,0)=0，比例：64/384≈0.1667$$

表 4-8   在青年组中选择收入作为节点

计数	收入	学生	信誉	归类：买计算机?
64	高	否	良	不买
64	高	否	优	不买
128	中	否	良	不买
64	低	是	良	买
64	中	是	优	买

如表 4-9 所示，青年组数据表分析，假定选择学生作为节点。

$$E(学生)=0.3333×0+0.6667×0=0$$
$$Gain(学生)=E(128,256)-E(学生)≈0.9183-0≈0.9183$$
$$E(128,256)≈0.9183$$
$$E(128,0)=0，比例：128/384≈0.3333$$
$$E(0,256)=0，比例：256/384≈0.6667$$

结论：在青年组中，不需要考虑属性信誉，决定选择属性学生。

另由数据表易知，中年组都选择"买"，故中年组无须进一步分支。

表 4-9   在青年组中选择学生作为节点

计数	收入	学生	信誉	归类：买计算机?
64	高	否	良	不买
64	高	否	优	不买
128	中	否	良	不买
64	低	是	良	买
64	中	是	优	买

步骤三：确定老年组分支的节点。

如表 4-10 所示，方法与青年组（步骤二）相仿，故省略计算过程。

在老年组中，选择收入作为节点：

$$E(收入)≈0.8700$$
$$Gain(收入)=E(257,127)-E(收入)≈0.9157-0.8700=0.0457$$

在老年组中，选择学生作为节点：

$$E(学生)≈0.8680$$
$$Gain(学生)=E(257,127)-E(学生)≈0.9157-0.8680=0.0477$$

在老年组中，选择信誉作为节点：

$$E(信誉) \approx 0.0220$$
$$Gain(信誉) = E(257,127) - E(信誉) = 0.9157 - 0.0220 = 0.8937$$

结论：在老年组中，决定选择属性信誉。

表 4-10　　　　　　　　　　　　　　老年组

计数	收入	学生	信誉	归类：买计算机？
60	中	否	良	买
64	低	是	良	买
64	低	是	优	不买
132	中	是	良	买
63	中	否	优	不买
1	中	否	优	买

步骤四：绘图呈现结果。

综上所述，决策树如图 4-1 所示。

4.1.3　k 近邻算法

1. KNN 分类器简介

KNN 算法是一个有监督学习的分类算法，其算法原理可总结为："近朱者赤，近墨者黑。"

举例来说，在市场调查中定向发放问卷

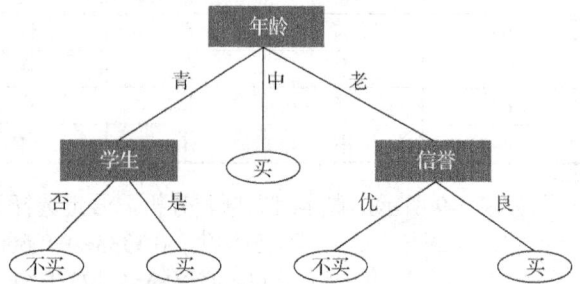

图 4-1　计算机购买问题的决策树

前，会针对候选人群进行筛选，尽可能选择那些有可能给出反馈的人进行推送，从而提高调查效率。如何判断一个人是否会及时填写调查问卷并反馈呢？直观上就是，KNN 算法把每个候选人与历史数据中的客户进行比较，观察候选人与哪些老客户比较"相似"，根据这些相似点来判断候选人是"反馈"还是"不反馈"。假设老客户信息如表 4-11 所示。

表 4-11　　　　　　　　　　　　　　老客户信息

编号	年龄（岁）	年收入/万元	信用卡数量（张）	反馈（分类属性）
1	30	10	3	是
2	35	15	5	是
3	24	9	1	否

与之前学习的分类算法不同，KNN 算法并不急于从历史数据训练出一个分类模型并用于新数据的预测。KNN 对于给定的一个新数据，例如此例中，有一个候选客户信息如表 4-12 所示。

表 4-12　　　　　　　　　　　　　　候选客户信息

编号	年龄（岁）	年收入/万元	信用卡数量（张）	反馈（分类属性）
100	34	13	4	？

KNN 的方法是将此数据和历史数据进行比较，找出 K 个与它最接近的数据。假设 $K=2$，发现和它最相似的是编号为 1 和 2 的数据，而它们的分类属性值都是"反馈"，则预测这个新客户也会提供反馈信息，进而给他发送调查问卷。

KNN 这种分类方法是惰性学习（Lazy Learning）的典型代表，也被称为基于实例的学习法。KNN 算法通过比较一个未分类样本与已知训练样本集的相似性来确定该样本的类别。显然，当 *K*=1 时，KNN 算法就是近邻算法，即寻找最近的那个邻居。

2. KNN 算法基本过程

（1）距离计算：给定测试实例，计算出测试实例与训练集中每个样本的距离。

距离函数：距离测量是 KNN 算法测量相似性的一个手段。对于样本的距离测量，从样本 *A* 到样本 *B* 的距离，记为 *d*(*A*,*B*)。欧氏距离是十分常用的距离量度，公式为：

$$d(X,Y) = \sqrt{\sum_{i=1}^{n}(x_i - y_i)^2} \tag{4.14}$$

（2）寻找近邻：找出与测试实例距离最小的前 *K* 个训练样本作为测试实例的近邻。

（3）确定类别：将 *K* 个最近邻的主要归属类别作为测试实例的确定类别。

3. KNN 算法案例

一个待分类元组<范可可,1.60>，求出此人的类别，最近邻数目 *k*=5。数据如表 4-13 所示。

表 4-13　　　　　　　　　　身高情况数据集

序号	姓名	身高（m）	类别
1	李丽	1.50	矮
2	吉米	1.92	高
3	马大华	1.70	中
4	王小华	1.73	中
5	刘敏杰	1.60	矮
6	包博	1.75	中
7	张桦	1.50	矮
8	戴维	1.60	矮
9	马天雨	2.05	高
10	张晓晓	1.90	高
11	刘冰冰	1.68	中
12	陶德德	1.78	中
13	高洁洁	1.70	中
14	张晓艺	1.68	中
15	徐甜甜	1.65	中

步骤一：创建初始集合。

由于 *k* 为 5，所以先选取表中前 5 行数据，组成一个初始集合：

　　N={<李丽,1.50>,<吉米,1.92>,<马大华,1.70>,<王小华,1.73>,<刘敏杰,1.60>}

步骤二：遍历第 6 行。

从第 6 行开始依次遍历，第 6 行数据为<包博,1.75>，并且将集合 *N* 中各个元组依次和待分类元组<范可可,1.6>进行比较，找出与待分类元组<范可可,1.6>差别最大的元组。

例如，李丽和范可可的差别为 0.1，吉米和范可可的差别为 0.32，马大华和范可可的差别为 0.1，王小华和范可可的差别为 0.13，刘敏杰和范可可的差别为 0，所以差别最大元组为<吉米,1.92>。

再将<包博,1.75>与待分类元组<范可可,1.60>进行比较，差别为 0.15，小于吉米和范可可的差别为 0.32（若大于最大差别则不替换）。

将差别最大元组与<包博,1.75>替换，得到新的集合：

N={<李丽,1.50>,<包博,1.75>,<马大华,1.70>,<王小华,1.73>,<刘敏杰,1.60>}

步骤三：遍历第 7 行。

再从第 7 行开始依次遍历，第 7 行数据为<张桦,1.50>，方法与步骤二相同。
得到新的集合：

N={<李丽,1.50>,<张桦,1.50>,<马大华,1.70>,<王小华,1.73>,<刘敏杰,1.60>}

同理，按照顺序依次遍历第 8 行至第 15 行，各步骤具体结果如表 4-14 所示。

表 4-14   具体结果

遍历	结果
第 8 行	{<李丽,1.50>,<张桦,1.50>,<马大华,1.70>,<戴维,1.60>,<刘敏杰,1.60>}
第 9 行	不做替换操作
第 10 行	不做替换操作
第 11 行	{<李丽,1.50>,<张桦,1.50>,<刘冰冰,1.68>,<戴维,1.60>,<刘敏杰,1.60>}
第 12 行	不做替换操作
第 13 行	不做替换操作
第 14 行	不做替换操作
第 15 行	{<李丽,1.50>,<张桦,1.50>,<徐甜甜,1.65>,<戴维,1.60>,<刘敏杰,1.60>}

其中遍历第 9、10、12、13、14 行时，其差别大于上次集合最大差别的值，所以不做替换操作。

步骤四：遍历完成。

表中数据遍历完毕，则最后输出最终集合：

N={<李丽,1.50>,<张桦,1.50>,<徐甜甜,1.65>,<戴维,1.60>,<刘敏杰,1.60>}

查表中对应集合中 5 位的类别，分别为 4 个"矮"，1 个"中"，所以可以总结得到结果：待分类元组<范可可,1.6>的类别为"矮"。

4.2 聚类分析

4.2.1 聚类分析概述

1. 聚类分析概述

聚类分析的基本思想是根据物以类聚的原理，把数据分成不同的组或类，使得组与组之间的相似度尽可能小，而组内数据之间具有较高的相似度。将一群物理的或抽象的对象，根据它们之间的相似程度，分为若干组，其中相似的对象构成一组，这一过程就称为聚类。一个聚类（又称为簇）就是由彼此相似的一组对象所构成的集合。采用聚类分析技术，可以把无标识数据对象自动划分为不同的类，并且可以不受先验知识的约束和干扰，获取属于数据集合中原本存在的信息。

聚类分析是指从给定的数据集合中搜索数据对象之间所存在的有价值的联系。分类学习的样本数据有类别标记，用户知道数据可分为几类，只需将要处理的数据按照分类标准分入不同的类别即可。而聚类的样本数据则没有标记，由聚类算法自动确定。在开始聚类之前用户并不知道要把数据分为几组，也不知道分组的具体标准，在进行聚类分析时数据集合的特征是未知的。分类和聚类问题的根本不同点是，在分类问题中，知道训练样例的分类属性值，而在聚类问题中，需要在训练样例中找到这个分类属性值。因此聚类被称为无监督学习，分类则被称为有监督学习。

聚类算法被广泛应用在各个领域。在智能商业领域，聚类分析可以帮助营销人员发现客户中所存在的不同特征的组群。在生物信息学领域，聚类分析可以用来获取动物或植物种群的层次结构，还可以根据基因功能对各个种群所固有的结构进行更深入了解。此外，聚类分析还可以从卫星遥感图像数据中识别出具有相似土地使用情况的区域。聚类分析是数据挖掘的一项主要功能，可以作为一个独立的工具使用，用以进行数据的预处理、分析数据的分布、了解各种数据的特征，也可以作为其他数据挖掘功能的辅助手段。

2. 聚类的定义

聚类（Clustering）用来对数据对象进行分组，将相似的对象划分到同一组或者类别中。与分类问题不同，聚类产生的类别标签是未知的，因此聚类被称为"无监督学习"。聚类是一种探索性的数据分析方法，与分类方法不同，它没有预测的功能，而是根据对象不同属性所决定的距离，来发现相似的对象并将之划分为同一个分组。

3. 聚类算法的分类

聚类算法有很多种，可以根据数据类型、目的以及具体应用要求来进行分类。

通常聚类算法可以分为以下几类。

（1）基于划分的聚类算法。

（2）基于层次的聚类算法。

（3）基于密度的聚类算法。

（4）基于模型的聚类算法。

（5）基于网格的聚类算法。

4.2.2 距离量度

在介绍聚类算法之前，首先对聚类算法中几种比较常见的距离量度做详细讲解。

聚类的目标是使聚类内部对象之间的距离尽可能小，或者说使它们之间具有很高的相似度，那么对象之间的距离或者相似度是如何定义的呢？距离或者相似性量度对于聚类算法是非常重要的。如何定义一个合适的相似度或者距离函数，主要依赖于任务的目标是什么。一般而言，定义一个距离函数 $d(x,y)$，需要满足以下几个准则。

（1）$d(x,y)=0$，一个对象与自身的距离为 0。

（2）$d(x,y)\geqslant 0$，距离是一个非负的数值。

（3）$d(x,y)=d(y,x)$，距离函数具有对称性。

（4）$d(x,y)\leqslant d(x,k)+d(k,y)$，距离函数满足三角不等式。

这些准则的关键作用是，当在同一空间中定义了多个满足这些准则的距离时，这些不同的距离仍然能够在两点之间，距离远的时候数值较大，距离近的时候数值较小。如果三角不等式成立，该准则还可以提高依赖于距离的技术（包括聚类）的效率。

1. 幂距离

幂距离（Power Distance）计算公式如下。

$$d\left(R_i,R_j\right)=\sqrt[r]{\sum_{k=1}^{n}\left(\left|R_{ik}-R_{jk}\right|\right)^p} \tag{4.15}$$

为不同的属性给予不同的权重，p、r 为自定义参数，p 是控制各维的渐进权重，r 是控制对象间较大差值的渐进权重。幂距离的量度没有考虑维度之间的相互关系以及不同维度对距离贡献的程度。

当 $r=p$ 时，称为闵可夫斯基距离（Minkowski Distance）。在闵可夫斯基距离中，又有以下常见的 3 种。

（1）欧氏距离（Euclidean Distance），$r=p=2$。

（2）曼哈顿距离（Manhattan Distance），$r=p=1$。

（3）切比雪夫距离（Chebyshev Distance），$r=p=\infty$。

2. 欧氏距离

欧氏距离计算公式如下。

$$d\left(R_i, R_j\right) = \sqrt{\sum_{k=1}^{n}\left(\left|R_{ik} - R_{jk}\right|\right)^2} \tag{4.16}$$

欧氏距离是很易于理解的一种距离计算方法，源自欧氏空间中两点间的距离公式。它定义了多维空间中点与点之间的"直线距离"。欧氏距离具有空间旋转不变性。在计算欧氏距离的时候，需要保持各维度指标在相同的刻度级别（在数据预处理中各个属性的标准化）。欧氏距离注重各个对象的特征在数值上的差异，用于从维度的数值大小中分析个体差异。

标准化欧氏距离是针对简单欧氏距离的缺点而做的一种改进方案，可以消除不同属性的量纲差异所带来的影响。下面给出标准化欧氏距离的计算公式：

$$d\left(R_i, R_j\right) = \sqrt{\sum_{k=1}^{n}\left(\frac{R_{ik} - R_{jk}}{S_k}\right)^2} \tag{4.17}$$

其中，S_k 是该维度的样本标准差。

在计算欧氏距离时，有时要考虑各项具有不同的权重。例如，计算奥运会奖牌榜中各个国家和地区之间的欧氏距离（相异性），每一个国家和地区有 3 个属性，分别表示获得的金、银、铜牌的数量。在计算欧氏距离时，把金、银、铜牌所起的作用等同看待显然是不合理的。这时可以采用加权欧氏距离，使得在计算欧氏距离时，金、银、铜牌所起的作用依次减小。

下面给出加权欧氏距离的计算公式。

$$d\left(R_i, R_j\right) = \sqrt{\sum_{k=1}^{n} w_k \left(\left|R_{ik} - R_{jk}\right|\right)^2}, 0 < w_k < 1, \sum_{k=1}^{n} w_k = 1 \tag{4.18}$$

3. 曼哈顿距离

曼哈顿距离计算公式如式（4.19）所示。

$$d\left(R_i, R_j\right) = \sum_{k=1}^{n}\left|R_{ik} - R_{jk}\right| \tag{4.19}$$

假设在城市中，要从一个十字路口开车到另外一个十字路口，驾驶距离显然不是两路口间的直线距离。实际驾驶距离就是"曼哈顿距离"，也称为城市街区距离（City Block Distance）。曼哈顿距离是在多维空间内从一个对象到另一个对象的"折线距离"。将曼哈顿距离除以 n，可描述多维空间中对象在各维度上的平均差异。相对于欧氏距离，曼哈顿距离降低了离群点的影响。

4. 切比雪夫距离

在国际象棋中，国王走一步能够移动到相邻的 8 个方格中的任意一个。那么国王从格子 (x_1, y_1) 走至 (x_2, y_2) 至少需要步数为 $\max\left(\left|x_2 - x_1\right|\left|y_2 - y_1\right|\right)$。一般地，两个 n 维向量间的切比雪夫距离计算公式如式（4.20）所示。

$$d\left(R_i, R_j\right) = \max_{k=1,\cdots,n}\left|R_{ik} - R_{jk}\right| \tag{4.20}$$

式（4.20）的另一种等价形式如式（4.21）所示。

$$d\left(\boldsymbol{R}_i, \boldsymbol{R}_j\right) = \lim_{p \to \infty}\left(\sum_{k=1}^{n}\left|R_{ik} - R_{jk}\right|^p\right)^{1/p} \tag{4.21}$$

4.2.3 k 均值聚类算法

1. k 均值聚类算法简介

k 均值（k-Means）聚类算法的基本思想是，首先随机选取几个点作为初始聚类中心，然后计算各个对象到所有聚类中心的距离，把对象归到离它最近的那个聚类中心所在的类。计算新的聚类中心，如果相邻两次的聚类中心没有任何变化，说明对象调整结束，聚类准则函数已经收敛，至此算法结束。k 均值算法基本过程如下，图解过程如图 4-2 所示。

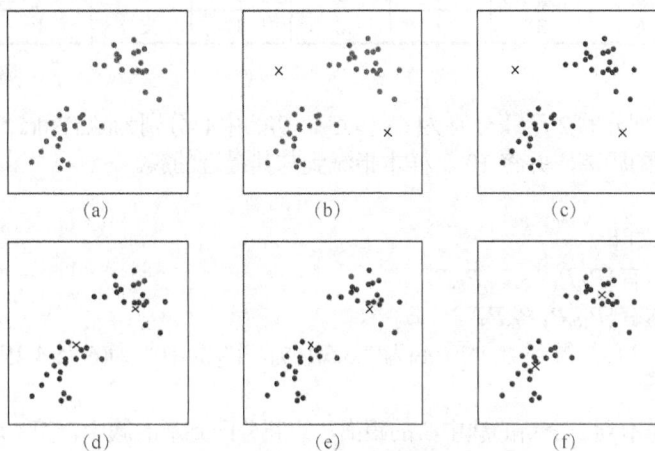

图 4-2 k 均值聚类过程

（1）选择一个含有随机样本的 k 个簇的初始划分，计算这些簇的质心。

（2）根据欧氏距离把剩余的每个样本分配到离它最近的簇质心。

（3）计算被分配到每个簇的样本的均值向量，作为新的簇的质心。

（4）重复（2）、（3）直到 k 个簇的质心不再发生变化或误差平方和准则最小。

误差平方和 J_e 计算公式如式（4.22）所示。

$$J_e = \sum_{i=1}^{k}\sum_{X \in C_i}\left|X - m_i\right|^2 \tag{4.22}$$

m_i 是 C_i 的质心，$m_i = \dfrac{1}{n_i}\sum_{X \in C_i} X$。$X$ 是所有样本的误差平方和。

在 k 均值聚类算法中，每一次迭代把每一个数据对象分到离它最近的聚类中心所在类，这个过程的时间复杂度为 $O(nkd)$，n 是指总的数据对象个数，k 是指定的聚类数，d 是指数据对象的维数。

2. k 均值聚类算法的不足之处

（1）在 k 均值聚类算法中 k 是事先给定的，这个 k 值很难估计。在很多时候，我们事先并不知道给定的数据集应该分成多少类才最合适。

（2）在 k 均值聚类算法中，常采用误差平方和准则函数作为聚类准则函数，如果各类之间区别明显且数据分布稠密，则误差平方和准则函数比较有效。但如果各类的形状和大小差别很大，为使误差平方和 J_e 值达到最小有可能出现将大的聚类分割的现象。此外在运用误差平方和准则函数测度聚类效果时，最佳聚类结果对应于目标函数的极值点，由于目标函数存在着许多局部极小点，而算法的每一步都沿着目标函数减小的方向进行，若初始化落在一个局部极小点附近，就会造成算法在局部极小点处收敛，因此初始聚类中心的随机选取可能会陷入局部最优解，而难以获得全局最优解。

（3）从 k 均值聚类算法可以看出，该算法需要不断地进行样本聚类调整，不断地计算新的聚类中心。因此，当数据量非常大时，该算法的时间开销将是非常大的。

3. k 均值聚类算法案例

对表 4-15 中的二维数据，使用 k 均值聚类算法将其划分为 2 个簇，假设初始簇中心选为 $P_7(4,5)$ 和 $P_{10}(5,5)$。

表 4-15 　　　　　　　　　　　　k 均值聚类算法案例数据集

	P_1	P_2	P_3	P_4	P_5	P_6	P_7	P_8	P_9	P_{10}
x	3	3	7	4	3	8	4	4	7	5
y	4	6	3	7	8	5	5	1	4	5

① 步骤一

根据题目，假设划分的 2 个簇分别为 C_1 和 C_2，初始中心分别为(4,5)和(5,5)，下面计算 10 个样本到这 2 个簇中心的距离，并将 10 个样本指派到与其最近的簇。

② 步骤二

第一轮迭代结果如下。

属于簇 C_1 的样本有$\{P_7,P_1,P_2,P_4,P_5,P_8\}$。

属于簇 C_2 的样本有$\{P_{10},P_3,P_6,P_9\}$。

重新计算新的簇中心，得到 C_1 的中心为(3.5,5.167)，C_2 的中心为(6.75,4.25)。

③ 步骤三

继续计算 10 个样本到 2 个新的簇中心的距离，重新分配到新的簇中，第二轮迭代结果如下。

属于簇 C_1 的样本有$\{P_1,P_2,P_4,P_5,P_7,P_{10}\}$。

属于簇 C_2 的样本有$\{P_3,P_6,P_8,P_9\}$。

重新计算新的簇中心，得到 C_1 的中心为(3.67,5.83)，C_2 的中心为(6.5,3.25)。

④ 步骤四

继续计算 10 个样本到 2 个新的簇中心的距离，重新分配到新的簇中，发现簇中心不再发生变化，算法终止。

4. 应用场景

（1）基于用户位置信息的商业选址

随着信息技术的快速发展，移动设备和移动互联网已经普及千家万户。在用户使用移动网络时，会自然地留下位置信息。随着近年来 GIS（Geographic Information System，地理信息系统）的不断完善普及，结合用户位置信息和地理信息将带来创新应用。如百度与万达合作，通过定位用户的位置，结合万达的商户信息，向用户推送位置营销服务，提升商户效益。可通过大量移动设备用户的位置信息，为某连锁餐饮机构提供新店选址。

（2）中文地址标准化处理

地址是一个涵盖丰富信息的变量，但长期以来由于中文处理的复杂性、国内中文地址命名的不规范性，地址中蕴含的丰富信息不能被深度挖掘、分析。可通过对地址进行标准化的处理，使基于地址的多维量度化挖掘、分析成为可能，为不同场景模式下的电子商务应用挖掘提供更加丰富的方法和手段，因此具有重要的现实意义。

（3）国家电网用户画像

随着电力体制改革向纵深推进，售电侧逐步向社会资本放开，然而当下的粗放式经营和统一式客户服务内容及模式，难以应对日益增长的个性化、精准化客户服务体验要求。如何充分利用现有数据资源，深入挖掘客户潜在需求，改善供电服务质量，增强客户黏性，对公司未来发展至关重要。对电力服务具有较强敏感度的客户对于电费计量、供电质量、电力营销等各方面服务的质量及方式上往往具备更高的要求，成为各级电力公司关注的重点客户。经过多年的发展，目前国家电网积累了全网4亿多客户档案数据和海量供电服务信息，以及公司营销、电网生产等数据，可以有效地支撑海量电力数据分析。因此，国家电网公司希望通过大数据分析技术，科学地开展电力敏感客户分析，以准确地识别敏感客户，并量化敏感程度，进而支撑有针对性的精细化客户服务策略，以控制电力服务人工成本、提升企业公众形象。

（4）非人恶意流量识别

低质量虚假流量的问题一直存在，这也是过去十年间数字营销行业一直在博弈的问题。基于AdMaster海量监测数据，50%以上的项目均存在作弊嫌疑，在不同项目中，作弊流量占广告投放流量的5%到95%不等，其中垂直类和网盟类媒体的作弊流量占比最高，PC端作弊流量比例显著高于移动端和智能电视平台的。广告监测行为数据被越来越多地用于建模和做决策，例如绘制用户画像、跨设备识别对应用户等。作弊行为，恶意曝光，网络爬虫，误导点击，甚至是在用户完全无感知的情况下被控制访问等产生的、不由用户主观发出的行为给数据带来了巨大的噪声，给模型训练造成了很大影响。可基于给定的数据，建立一个模型来识别和标记作弊流量，去除数据的噪声，从而更好地使用数据，使得广告商的利益最大化。

4.3　关联分析

4.3.1　关联规则挖掘概述

关联规则（Association Rule）挖掘是指在大量数据中挖掘数据项之间的关联关系，其典型的应用就是购物篮分析，表4-16给出了一个超市购物的例子。大型商场每天会产生大量的顾客购物数据，每条数据都包含顾客所购买的商品、数量、价格和时间等信息。通过关联规则分析，我们可以发现在这些购物数据中，不同的商品（数据项）之间存在一定的联系，进而可以分析出大部分顾客购买商品的模式。例如，顾客在购买某个商品时，他还想同时购买哪些其他商品。这些模式的发现，可以帮助商场更合理地对商品的摆放、进销存规划、组织促销活动等进行决策，最终实现销售利润的提升。

表4-16　　　　　　　　　　　　　　超市购物例子

TID	商品
1	饮料，鸡腿，蜂蜜，面包，牛奶，奶酪
2	面包，牛奶，奶酪，鸡蛋，纸尿裤，蜂蜜
3	啤酒，纸尿裤，罐头，面包，奶酪，果酱
4	啤酒，纸尿裤，饮料，鸡腿，牛奶，奶酪
5	啤酒，纸尿裤，饮料，蜂蜜
6	饮料，纸尿裤，果酱，面包，牛奶，奶酪

从直观上看，关联规则挖掘在大量数据的基础上，通过分析哪些数据项频繁地一起出现，可以得到很多频繁一起出现的数据项集合。例如，在表4-16中，可以看出在购买面包的前提下，面包和果酱这两个商品，在一半的购物行为中一起出现，那么{面包,果酱}就是包含两个数据项的频繁项集合，意味着如果一个客户购买面包，那么很可能他会同时购买果酱，这两个商品之间就存

在着关联关系。因为这种关联关系我们可以通过常识来获得，所以这样的关联规则其实并不是特别"有趣的"。但是如果能挖掘出{啤酒,纸尿裤}这样的频繁项集，得出买啤酒的人很多时候会同时购买婴儿纸尿裤的关联规则，并且这两件商品的关联关系超出了我们的经验，那么这个关联规则可能是"有趣的"。

关联规则挖掘在很多其他领域也被广泛应用。例如，在网络的入侵检测技术中，关联规则被用来在大量的网络连接行为中挖掘异常的模式，从而发现潜在的网络攻击行为。关联规则在基因表达数据和蛋白质结构数据分析中也具有广泛的应用。

下面首先对关联规则挖掘的一些基本概念以及存储结构进行介绍。

在前面的例子中，我们知道关联规则挖掘是指在所有顾客的购物行为中，发现商品的购买具有关联性。如表 4-16 所示，商品集{面包,牛奶,奶酪}经常一起出现在顾客的购物车中，如果这个集合出现的次数超过一定的比例，那么它所含的商品就可能具有关联性，集合{面包,牛奶,奶酪}称为频繁项集，也称为频繁模式。根据频繁项集的元素个数 k，将频繁项集称为频繁 k 项集，上例中的频繁项集为频繁 3 项集。

在一个事务集合 T 中，项集 X 出现多少次才算是频繁的呢？首先给出 X 在 T 中出现次数的定义，就是项集 X 的支持度计数的概念：

$$\sigma(X) = \left| \{t_i \mid X \in t_i, t_i \in T\} \right| \tag{4.23}$$

设集合 T 中事务的总数为 N，则项集 X 的支持度定义为：

$$\sup(X) = \frac{\sigma(X)}{N} \tag{4.24}$$

项集 X={面包,牛奶,奶酪} 在表 4-16 所示的事务集 T 中的支持度计数为

$$\sigma(X) = \left| \{1,2,6\} \right| = 3$$

即事务 1、2、6 中包含这 3 个商品，项集 X 的支持度为 50%。那么出现多少次才能称为"频繁"呢？这就需要引入一个主观的条件：

最小支持度（minsup），当 $\sup(X) \geqslant$ minsup 时，称项集 X 为频繁项集。如果设置 minsup=50%，则项集{面包,牛奶,奶酪}为频繁 3 项集。

关联规则是指形如 $A \to B$ 的表达式，A 和 B 是不相交的项集。例如，关联规则{面包}→{牛奶,奶酪}，该规则表明面包与牛奶、奶酪的销售之间存在着关联关系。衡量关联规则的一个指标就是它的支持度：

$$\sup(A \to B) = \frac{\sigma(A \cup B)}{N} \tag{4.25}$$

根据定义，

$$\sup(\{面包\} \to \{牛奶, 奶酪\}) = \frac{\sigma(X)}{N} = 50\%$$

这与项集 X 的支持度相同。只要找出所有的频繁项集，就可以构造出所有可能的关联规则：给定频繁项集 X，它的每个非空真子集 $A(A \in X)$ 与 $B=X-A$ 构成关联规则 $A \to B$，每个这样得到的关联规则的支持度都与 X 的支持度相同。因此关联规则的挖掘算法的主要工作在于首先找到所有的频繁项集，然后根据另外一个重要的衡量关联规则的指标，即置信度（con）来确定感兴趣的关联规则。

$$\text{con}(A \to B) = \frac{\sigma(A \cup B)}{\sigma(A)} \tag{4.26}$$

引入置信度不仅要考虑项集 X 在整个事务集合中是否频繁出现，还要考察 X 的子集 B 在包含

项集 A 的事务中出现的比例。根据定义，在上面的例子中

$$\text{con}\big(\{面包\} \to \{牛奶, 奶酪\}\big) = 75\%$$

也就是说，在包含面包的事务中，有 75% 的人还同时购买了牛奶和奶酪。

通常，会给出置信度的阈值——最小置信度（mincon）。同时满足最小支持度和最小置信度的关联规则，称为强关联规则（Strong Association Rule）。

4.3.2　Apriori 算法

1. Apriori 算法案例

下面使用 4.3.1 节中的购物篮事务库演示 Apriori 算法的步骤。表 4-17 所示为一组购物篮数据，其中第 1 列为用户信息，第 2 列为用户所购买的商品信息，我们的目的就是通过该表来挖掘不同商品间的关联关系。

表4-17　　　　　　　　　　　　　　　用户购买商品列表

用户	购买商品列表
用户 1	A,B,C
用户 2	A,B
用户 3	B,C
用户 4	A,B,C,D
用户 5	B,C,D

① 步骤一

设定最小支持度和最小置信度。首先设定最小支持度为 2/5，即 40%，最小置信度为 4/5，即 80%。

② 步骤二

根据最小支持度找出所有的频繁项集。这一步骤是关联分析中较为重要的一个环节，我们需要找到所有的频繁项集，因为强关联规则都是从频繁项集中产生的。

举例来说，项集 {A,B,C,D} 只出现了 1 次，支持度为 1/5，小于最小支持度 2/5，该项集就不是频繁项集，这就意味着很难从该项集中挖掘出类似 {A,B,C}→{D} 的强关联规则，即类似 "购买了商品 A、B、C 的用户也会购买商品 D" 这样的规则。而项集 {B,C} 出现了 4 次，支持度为 4/5，大于最小支持度 2/5，该项集就属于频繁项集，即商品 B 和商品 C 经常同时出现，因此很有可能挖掘出 {B}→{C} 这样的强关联规则（当然还需要经过步骤 3 的最小置信度检验），即购买了商品 B 的用户也会购买商品 C，这样就可以向购买了商品 B 的用户推荐商品 C。

那么该如何快速找到所有的频繁项集呢？最简单的方法就是列出所有项集，然后计算它们的支持度，如果大于等于最小支持度则认定为频繁项集。但是列出所有项集意味着要列出所有的排列组合，如果数据量较大，则会造成巨大的计算量。

Apriori 算法采用了一个精巧的思路来加快运算速度：先计算长度为 1 的项集，然后挖掘其中的频繁项集，再将长度为 1 的频繁项集进行排列组合，从中挖掘长度为 2 的频繁项集，依此类推。其核心逻辑是一个迭代判断的思想：如果连长度为 $n-1$ 的项集都不是频繁项集，那么就不用考虑长度为 n 的项集了，也就是说，如果在迭代的过程中发现 {A,B,C} 不是频繁项集，那么 {A,B,C,D} 必然不是频繁项集，也就不用去考虑它了。

下面讲解具体的数学演算过程。首先计算长度为 1 的候选项集，扫描购物篮事务库，统计每种商品出现的次数，结果见表 4-18。

表4-18 商品项集事务数

商品项集	包含该项集的事务数
A	3
B	5
C	4
D	2

因为每种商品的支持度均大于等于最小支持度 2/5，所以无须删减，直接保留候选项集作为长度为1的频繁项集。

将长度为1的频繁项集进行两两组合，形成长度为2的候选项集，扫描购物篮事务库，统计各个候选项集出现的次数，结果见表4-19。

表4-19 组合商品项集事务数

商品项集	包含该项集的事务数
A,B	3
A,C	2
A,D	1
B,C	4
B,D	2
C,D	2

因为项集{A,D}的支持度为 1/5，小于最小支持度，所以从候选项集中删减掉该项集，得到长度为2的所有频繁项集，结果见表4-20。

表4-20 组合商品项集事务数

商品项集	包含该项集的事务数
A,B	3
A,C	2
B,C	4
B,D	2
C,D	2

将长度为2的频繁项集进行两两组合，形成长度为3的候选项集，扫描购物篮事务库，统计各个候选项集出现的次数，结果见表4-21。

表4-21 组合商品项集事务数

商品项集	包含该项集的事务数
A,B,C	2
A,B,D	1
A,C,D	1
B,C,D	2

因为项集{A,B,D}和项集{A,C,D}的支持度为 1/5，小于最小支持度，所以从候选项集中删减掉这2个项集，得到长度为3的所有频繁项集，结果见表4-22。

表 4-22 组合商品项集事务数

商品项集	包含该项集的事务数
A,B,C	2
B,C,D	2

将长度为 3 的频繁项集进行两两组合，形成长度为 4 的候选项集，扫描购物篮事务库，统计候选项集出现的次数，结果见表 4-23。

表 4-23 组合商品项集事务数

商品项集	包含该项集的事务数
A,B,C,D	1

因为项集{A,B,C,D}的支持度为 1/5，小于最小支持度，所以从候选项集中删减掉这个项集，此时长度为 4 的频繁项集为空，至此便生成了所有的频繁项集。

因为关联规则要在至少 2 个数据之间才可能存在，所以我们需要选择长度大于 1 的频繁项集，见表 4-24。

表 4-24 组合商品项集事务数

商品项集	包含该项集的事务数
A,B	3
A,C	2
B,C	4
B,D	2
C,D	2
A,B,C	2
B,C,D	2

③ 步骤三

根据最小置信度发现强关联规则找到所有长度大于 1 的频繁项集后，强关联规则很有可能就从这些频繁项集中产生，此时就需要从各个频繁项集中推导出所有可能的关联规则，再利用最小置信度来检验这些关联规则是否为强关联规则。

举例来说，频繁项集{A,B,C}的非空子集有{A}、{B}、{C}、{A,B}、{A,C}、{B,C}，由此可以推导出 6 条关联规则。根据公式（4.26）对这些关联规则分别计算置信度并与最小置信度进行比较，见表 4-25。

表 4-25 强关联规则检验

关联规则	置信度	最小置信度检验	是否保留
{A,B}→{C}	$2 \div 3 \approx 0.67$	<80%	删除
{A,C}→{B}	$2 \div 2 = 1$	>80%	保留
{B,C}→{A}	$2 \div 4 = 0.5$	<80%	删除
{A}→{B,C}	$2 \div 3 \approx 0.67$	<80%	删除
{B}→{A,C}	$2 \div 5 = 0.4$	<80%	删除
{C}→{A,B}	$2 \div 4 = 0.5$	<80%	删除

注意置信度计算中分子都为 2，是项集{A,B,C}在所有事务中出现的次数，分母则是非空子集在所有事务中出现的次数，如规则 1 中的分母为 3，即{A,B}在所有事务中出现的次数。

④ 步骤四

从表 4-25 可知，只有规则 2 满足最小置信度要求，所以得到一条强关联规则{A,C}→{B}。对每个长度大于 1 的频繁项集进行类似操作，可推导出所有强关联规则，见表 4-26。

表 4-26　　　　　　　　　　　　　　强关联规则与置信度

强关联规则	置信度
{A,C}→{B}	1
{B,D}→{C}	1
{C,D}→{B}	1
{D}→{B,C}	1
{A}→{B}	1
{B}→{C}	0.8
{C}→{B}	1
{D}→{B}	1
{D}→{C}	1

至此，我们便得到了 9 条强关联规则。以第 1 条强关联规则{A,C}→{B}为例，我们便可以向购买了商品 A 和商品 C 的用户推荐商品 B，其余依此类推。

2. 应用场景

穿衣搭配是服饰鞋包导购中非常重要的课题，可基于搭配专家和达人生成的搭配组合数据、百万级别的商品的文本和图像数据，以及用户的行为数据实现。期待能从以上行为、文本和图像数据中挖掘穿衣搭配模型，为用户提供个性化的、优质的、专业的穿衣搭配方案，预测给定商品的搭配商品集合。

互联网情绪指标和生猪价格的关联规则挖掘和预测。养猪是畜牧业下的第一大产业，生猪价格波动的社会反响非常敏感。生猪价格受市场供求关系的影响。然而专家和媒体对于生猪市场前景的判断、疫情的报道，是否会对养殖户和消费者的情绪有所影响？情绪上的变化是否会对这些人群的行为产生一定影响，从而影响生猪市场的供求关系？互联网作为网民发声的第一平台，在网民情绪的捕捉上具有天然的优势。可以基于提供的海量数据，挖掘出互联网情绪指标与生猪价格之间的关联关系，从而形成基于互联网数据的生猪价格预测模型，挖掘互联网情绪指标与生猪价格之间的关联规则并进行预测。

依据用户轨迹的商户精准营销。随着用户访问移动互联网的频率与日俱增和移动终端的大力发展，越来越多的用户选择使用移动终端访问网络，根据用户访问网络偏好，也形成了相当丰富的用户网络标签和画像等。如何根据用户的画像对用户进行精准营销成了很多互联网和非互联网企业的新发展方向。如何利用已有的用户画像对用户进行分类，并针对不同分类进行业务推荐，特别是在用户身处特定的地点、商户位置时，根据用户画像进行商户和用户的匹配，并将相应的优惠和广告信息通过不同渠道进行推送。商户精准营销可根据商户位置及分类数据、用户标签和画像数据提取用户标签和商户分类的关联关系，然后根据用户在某一段时间内的位置数据，判断用户进入该商户地位范围 300m 内，则向用户推送符合该用户画像的商户位置和其他优惠信息。

地点推荐系统。随着移动社交网络的兴起，用户的移动数据得到了大量的累积，根据这些移动数据能够基于地点推荐技术帮助人们熟悉周遭环境、提升地点的影响力等。地点推荐系统可利用用户的签到记录和地点的位置、类别等信息，为每个用户推荐 50 个感兴趣的地点。

4.4 文本挖掘分析

4.4.1 基本概念

网络时代，用户可获得包含从技术资料、商业信息到新闻报道、娱乐资讯等多种类别和形式的文档，构成一个异常庞大的具有异构性、开放性特点的分布式数据库，而这个数据库中存放的是非结构化的文本数据。结合人工智能研究领域中的自然语言理解和计算机语言学，从数据挖掘中派生了两类新兴的数据挖掘研究领域：Web 挖掘和文本挖掘。

Web 挖掘侧重于分析和挖掘网页相关数据，包括文本、链接结构和访问统计（最终形成用户网络导航）等。一个网页中包含多种不同的数据类型，因此网络挖掘就包含文本挖掘、数据库中数据挖掘、图像挖掘等。

文本挖掘作为一个新的数据挖掘领域，其目的在于把文本信息转化为人们可利用的知识。文本挖掘是一个多学科混杂的领域，涵盖多种技术，包括数据挖掘技术、信息抽取、信息检索、机器学习、自然语言处理、计算语言学、统计数据分析甚至图论等。

4.4.2 文本挖掘的一般过程

文本挖掘的一般过程包括文本数据采集、文本数据预处理、文本数据挖掘分析和文本数据可视化这 4 个步骤。

1. 文本数据采集

作为文本挖掘过程的第一步，文本数据采集过程为：首先确定数据的来源，然后利用网络爬虫技术进行数据获取，最终将获取到的待处理文本数据存储至数据库，等待下一步处理。

2. 文本数据预处理

由于爬取到的评论数据充斥着许多无意义信息，因此在进入分析环节前，需要对评论内容进行预处理，包含分词（中文）、词性标注、特征表示和特征提取等，为下一步分析数据做好充分的准备。

3. 文本数据挖掘分析

文本数据挖掘分析包括文本摘要分析、文本分类分析、文本聚类分析、文本关联分析、分布分析和趋势预测等。

4. 文本数据可视化

文本数据可视化技术指的是运用计算机图形学和图像处理技术，将数据转换为图形或图像在屏幕上显示出来，并进行交互处理的理论、方法和技术。合适的可视化图形展示可以让读者更容易理解你所要表达的信息。文本数据可视化最常用的图形就是词云。

习题

1. 请根据表 4-27 所示的训练数据集，使用朴素贝叶斯算法预测表 4-28 所示的"未知样本"是否玩了网球？

表 4-27　　　　　　　　　　　　　　　　　训练数据集

天数	天气	体感	湿度	风力	玩了网球?
第 1 天	晴	热	高	弱	没玩
第 2 天	晴	热	高	强	没玩
第 3 天	阴	热	高	弱	玩
第 4 天	雨	温和	高	弱	玩
第 5 天	雨	凉爽	正常	弱	玩
第 6 天	雨	凉爽	正常	强	没玩
第 7 天	阴	凉爽	正常	强	玩
第 8 天	晴	温和	高	弱	没玩
第 9 天	晴	凉爽	正常	弱	玩
第 10 天	雨	温和	正常	弱	玩
第 11 天	晴	温和	正常	强	玩
第 12 天	阴	温和	高	强	玩
第 13 天	阴	热	正常	弱	玩
第 14 天	雨	温和	高	强	没玩

表 4-28　　　　　　　　　　　　　　　　　"未知样本"数据

日期	天气	体感	湿度	风力	玩了网球?
某天	晴	凉爽	高	强	?

2. 为表 4-29 所示的数据集构造决策树。

表 4-29　　　　　　　　　　　　　　　　　买房情况数据集

用户 ID	年龄	性别	收入/万元	婚姻状况	归类: 是否买房
1	27	男	15	否	否
2	47	女	30	是	是
3	32	男	12	否	否
4	24	男	45	否	是
5	45	男	30	是	否
6	56	男	32	是	是
7	31	男	15	否	否
8	23	女	30	是	否

3. 表 4-30 所示为银行拖欠贷款数据，使用 KNN 算法预测未知样本 $X=$(no,married,80K,?)是否拖欠贷款，其中 K=5。（使用欧氏距离公式量度邻近性。）

表 4-30　　　　　　　　　　　　　　　　　银行拖欠贷款数据

序号	是否有房	婚姻状况	年收入/千元（K）	是否拖欠贷款
1	yes	single	125	no
2	no	married	100	no
3	no	single	70	no
4	yes	married	120	no
5	no	divorced	95	yes
6	no	married	60	no

续表

序号	是否有房	婚姻状况	年收入/千元（K）	是否拖欠贷款
7	yes	divorced	220	no
8	no	single	85	yes
9	no	married	75	no
10	no	single	90	yes

4．k 均值算法在安全检测中的应用。分析入侵检测模型数据库，自动地分析原有数据，从中挖掘出潜在的模式，预测用户的行为哪些属于正常，哪些属于异常。

表 4-31 以目标端口与当前连接相同次数和目标主机不同连接所占百分比作为特征，列出了 20 条网络访问数据。其中坐标轴横轴 x_1 为目标端口与当前连接相同次数，纵轴 x_2 为目标主机不同连接所占百分比。

表 4-31　　　　　　　　　　　　　　　数据集

序号	目标端口与当前连接相同次数 x_1	目标主机不同连接所占百分比 x_2
1	5	0.6
2	4	0.5
3	25	0
4	9	0
5	13	0.3
6	10	0
7	2	0
8	2	0
9	3	0.33
10	5	0.55
11	6	0.5
12	10	0.15
13	9	0
14	5	0.45
15	4	0.65
16	4	0
17	5	0.1
18	6	0.2
19	13	0.2
20	11	0

5．A、B、C、D、E 这 5 种商品的交易记录如表 4-32 所示，找出所有强关联规则，假设最小支持度大于等于 50%，最小置信度大于等于 50%。

表 4-32　　　　　　　　　　　　　　　交易记录

交易号	商品代号
T1	A、C、D
T2	B、C、E
T3	A、B、C、E
T4	B、E

第2篇 商务数据可视化原理

第5章 商务数据可视化

本章学习目标

- 理解商务数据可视化的意义。
- 掌握不同类型数据使用的可视化方法。
- 能运用 Excel 进行数据分析并实现可视化展示。

5.1 商务数据可视化概述

5.1.1 商务数据可视化的定义、目标和作用

1. 商务数据可视化的定义

数据可视化是以计算机图形学及图像处理技术为基础,将数据转换为图形或图像形式显示到屏幕上,并进行交互处理的理论、方法和技术。数据可视化不是为了展示用户的已知的数据之间的规律,而是为了帮助用户通过认知数据,有新的发现,发现这些数据所反映的实质。商务数据可视化便是使用可视化理论、方法和技术来进行商务数据的可视化。

2. 数据可视化的目标

(1)有效呈现数据中的重要特征。

(2)揭示事物内部客观规律和数据间的内在联系。

(3)帮助人们理解事物概念和过程。

(4)对模拟过程和测量过程进行质量监控。

(5)提高科研开发效率。

3. 数据可视化的作用

(1)数据表达:通过计算机图形技术来更加友好地展示数据信息,以方便人们理解和分析数据。

(2)数据操作:以计算机提供的界面、接口和协议等条件为基础,满足人与数据的交互需求。

（3）数据分析：通过计算机获得多维、多源、异构和海量数据中所隐含的信息，数据分析是数据存储、数据转换、数据计算和数据可视化的综合应用。

5.1.2　商务数据可视化的步骤

大多数人对商务数据可视化的第一印象，可能就是各种图形，比如 Excel 图表模块中的柱形图、条形图、折线图、饼图、散点图等，这里就不一一列举了。以上所述，只是商务数据可视化的具体体现，但是商务数据可视化却不止于此。

商务数据可视化不是简单的视觉映射，而是一个以数据流向为主线的完整流程，主要包括数据采集、数据处理和变换、可视化映射、人机交互和用户感知。一个完整的可视化过程，可以看成数据流经过一系列处理模块并转化的过程，用户可通过可视化交互从可视化映射后的结果中获取知识和灵感。

可视化主流程的各模块之间，并不仅是单纯的线性连接，而是任意两个模块之间都存在联系。例如，数据采集、数据处理和变换、可视化映射和人机交互方式的不同，都会产生新的可视化结果，用户通过对新的可视化结果的感知，会有新的知识和灵感的产生。

1. 数据采集

数据采集是数据分析和可视化的第一步。数据采集的方法和质量，很大程度上决定了数据可视化的最终效果。数据采集的方法有很多，从数据的来源来看，可以分为内部数据采集和外部数据采集。

（1）内部数据采集：指的是采集企业内部经营活动的数据，通常数据来源于业务数据库，如订单的交易情况等。如果要分析用户的行为数据、App 的使用情况，还需要一部分行为日志数据，这个时候就需要用"埋点"这种方法来进行 App 或 Web 的数据采集。

（2）外部数据采集：指的是通过一些方法获取企业外部的一些数据，包括获取竞品的数据、获取官方机构官网公布的一些行业数据等。获取外部数据，通常采用的数据采集方法为"网络爬虫"。

通过以上的两类数据采集方法得来的数据，都是二手数据。通过调查和实验采集的数据，属于一手数据，在市场调研和科学研究实验中比较常用。

2. 数据处理和变换

数据处理和数据变换，是进行商务数据可视化的前提条件，包括数据预处理和数据挖掘两个过程。一方面，前期数据采集得到的数据，不可避免地含有噪声和误差，数据质量较低，需进行数据处理；另一方面，数据的特征、模式往往隐藏在海量的数据中，需要进一步地进行数据挖掘才能提取出来。

常见的数据质量问题如下。

（1）数据收集错误，遗漏了数据对象，或者包含本不应包含的其他数据对象。

（2）数据中的离群点，即不同于数据集中其他大部分数据对象特征的数据对象。

（3）存在遗漏值，数据对象的一个或多个属性值缺失，导致数据收集不全。

（4）数据不一致，收集到的数据明显不合常理，或者多个属性值之间互相矛盾。例如，体重是负数，或者所填的邮政编码和城市之间并没有对应关系。

（5）重复数据的存在，数据集中包含完全相同或基本相同的数据。

正是因为有以上问题的存在，直接拿采集的数据进行分析或可视化，得出的结论往往会误导用户做出错误的决策。因此，对采集到的原始数据进行数据清洗和规范化，是数据可视化流程中不可缺少的一环。

数据可视化的显示空间通常是二维的，比如计算机屏幕、大屏显示器等，3D 图形绘制技术解决了在二维平面显示三维物体的问题。

但是在大数据时代，我们所采集到的数据通常具有"4V"特性：Volume（大量）、Variety（多样）、Velocity（高速）、Value（价值）。如何从高维、海量、多样化的数据中，挖掘有价值的信息来辅助决策，除了需要对数据进行清洗、去噪，还需要依据业务目的对数据进行二次处理。常用的数据处理方法包括降维、数据聚类和切分、抽样等统计学和机器学习中的方法。

3. 可视化映射

对数据进行清洗、去噪，并按照业务目的进行数据处理之后，接下来就到了可视化映射环节。可视化映射是整个数据可视化流程的核心，是指将处理后的数据信息映射成可视化元素的过程。可视化元素由 3 个部分组成：可视化空间+标记+视觉通道。

（1）可视化空间：数据可视化的显示空间，通常是二维的。三维物体可通过图形绘制技术在二维平面显示，如 3D 环形图、3D 地图等。

（2）标记：是数据属性到可视化几何图形元素的映射，用来代表数据属性的归类。根据空间自由度的差别，标记可以分为点、线、面、体，分别具有零维、一维、二维、三维自由度。如我们常见的散点图、折线图、矩形树图、三维柱形图，分别采用了点、线、面、体这 4 种不同类型的标记。

（3）视觉通道：数据属性的值到标记的视觉呈现参数的映射，通常用于展示数据属性的定量信息。常用的视觉通道包括标记的位置、大小（如长度、面积、体积……）、形状（如三角形、圆、立方体……）、方向、颜色（如色调、饱和度、亮度、透明度……）等。"标记""视觉通道"是可视化元素的两个方面，两者的结合，可以完整地对数据信息进行可视化表达，从而完成可视化映射这一过程。

4. 人机交互

可视化的目的，是反映数据的数值、特征和模式，以更加直观、易于理解的方式，将数据背后的信息呈现给目标用户，帮助其做出正确的决策。但是通常，我们面对的数据是复杂的，数据所蕴含的信息是丰富的。如果在可视化图形中，将所有的信息不经过组织和筛选，全部机械地摆放出来，不仅会让整个页面显得特别臃肿和混乱，缺乏美感，而且会模糊重点，分散用户的注意力，削弱用户单位时间获取信息的能力。

常见的交互方式如下。

（1）滚动和缩放：当数据在当前分辨率的设备上无法完整展示时，滚动和缩放是一种非常有效的交互方式，比如查看地图、折线图的信息细节等。但是，滚动与缩放的具体效果，除了与页面布局有关，还与具体的显示设备有关。

（2）颜色映射的控制：一些可视化的开源工具会提供调色板，如 D3。用户可以根据自己的喜好，进行可视化图形颜色的配置。这种方式在自助分析等平台型工具中会采用得相对多一些。在一些自研的可视化产品中，一般有专业的设计师来负责这项工作，从而使可视化的视觉传达具有美感。

（3）数据映射方式的控制：是指用户对数据可视化映射元素的选择，一般一个数据集是具有多组特征的，能提供灵活的数据映射方式给用户，可以方便用户按照自己感兴趣的维度去探索数据背后的信息。这种方式在常用的可视化分析工具中都有提供，如 Tableau、Power BI 等。

（4）数据细节层次控制：比如隐藏数据细节，鼠标指针悬停或单击才出现。

5. 用户感知

可视化的结果，只有被用户感知之后，才可以转化为知识和灵感。用户在感知过程，除了被动接收可视化的图形，还可通过与可视化各模块之间的交互，主动获取信息。如何让用户更好地感知可视化的结果，将结果转化为有价值的信息用来指导决策，这里面涉及的知识很多，如心理学、统计学、人机交互等多个学科的知识。

5.2 商务数据可视化的分类

商务数据可视化主要包括时间数据可视化、比例数据可视化、关系数据可视化和文本数据可视化。

5.2.1 时间数据可视化

时间数据，是指任何随着时间而变化的数据，如一天中气温随时间的变化。要进行时间数据的可视化，我们首先需要了解时间所具有的特征。

有序性：时间都是有序的，事件之间有先后顺序。

周期性：许多自然或商业现象都具有循环规律，如季节等周期性的循环。

结构性：时间的尺度可以按照年、季度、月、日、小时、分钟、秒等去切割。

常用的时间数据可视化图形包括点线图、螺旋图、热图。

1. 点线图

点线图是离散型数据可视化的一种形式，可以说点线图是柱形图的一种变形，但点线图可以更好地聚焦到端点。例如股市中有一种特殊的点线图，如图 5-1 所示：一条线段表示一个交易时段；点表示交易时段的收市价；高、低点表示最高价及最低价。点线图可以让投资者了解市场与当时交易时段高、低价的关系，代表市场气氛倾向乐观或悲观。

2. 螺旋图

螺旋图也称为时间系列螺旋图。沿阿基米德螺旋线画上基于时间的数据，图形从螺旋形的中心点开始往外发展，十分多变，可使用条形、线条或数据点，沿着螺旋路径显示，如图 5-2 所示。螺旋图适合用来显示大型数据集，通常用来显示长时间段内的数据趋势，因此能有效显示周期性的数据。

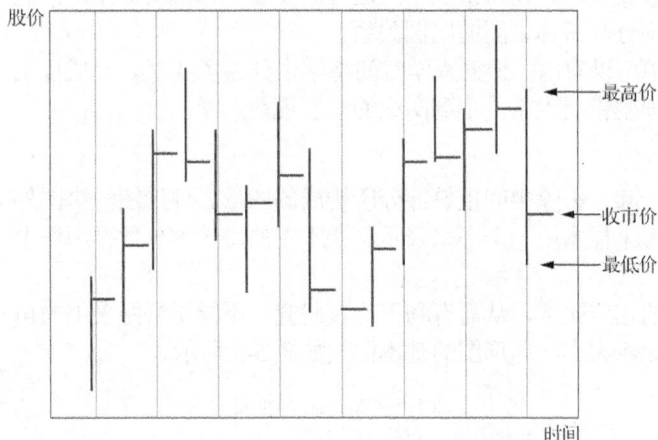

图 5-1 股市点线图

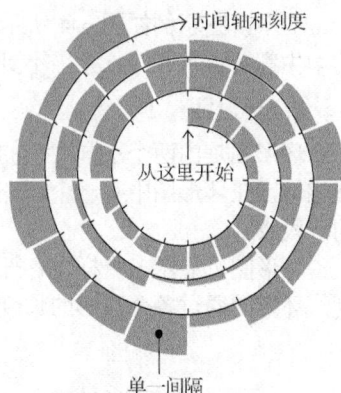

图 5-2 螺旋图示意

3. 热图

如图 5-3 所示，热图通过色彩变化来显示数据，当应用于表格时，热图适合用来交叉检查多变量的数据。热图不局限于时间数据的可视化，适用于显示多个变量之间的差异，显示是否有相似的变量以及彼此之间是否有相关性。由于热图依赖颜色变化来表达数值，因此难以提取特定数据点或准确指出色块间的差异。

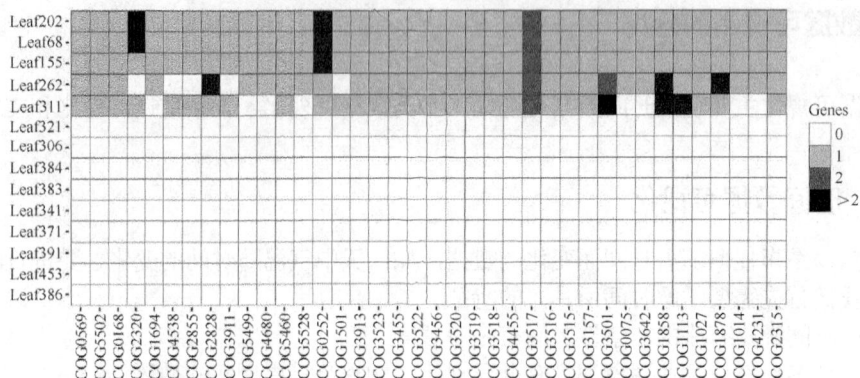

图 5-3　热图示意

5.2.2　比例数据可视化

对于比例数据，对其进行可视化的目的，是寻找整体中的最大值、最小值、整体的分布构成以及各部分之间的相对关系。寻找最大值和最小值比较简单，将数据由小到大进行排列，位于两端的分别就是最小值与最大值。例如，市场份额占比的最小值和最大值，分别代表市场份额最少和市场份额最多的公司。如果画出一顿早餐中热量占比图，那么最小值、最大值就分别对应热量最少和最多的食物。然而，研究者更关心的整体的分布构成以及各部分之间的相对关系，并不是那么容易获取的。本节涉及的图表类型可以解答类似的问题。

1. 饼图

饼图是十分常见的统计学模型，常用来表示比例关系十分直观的形象，在设计师手里能衍生出视觉效果各异的图形。在饼图中，虽然可以在对应的部分标上精确数据，但是有时楔形角度过小，数据标注会存在一定困难，无法兼顾美观。这使得饼图不太适合用于表示精确的数据，但是其可以直观呈现各部分占比差别，以及部分与整体之间的比例关系。

一个饼图示例如图 5-4 所示。从图中可以看出，根据入学时间将学生分为了 3 类，七成以上的学生都在正常时间入学，不到一成的学生错后入学，不到两成的学生提前入学。

2. 环形图

环形图是由两个不同大小的圆叠在一起，去除中间重叠部分所构成的图形。环形图与饼图外观相似，在环形图中有一个"空洞"，每个样本用一个环来表示，样本中的每一部分数据用环中的一段表示。

环形图可显示多个样本各部分所占的相应比例，从而有利于比较研究。不同于饼图采用的角度，环形图通过各个弧形的长度来衡量比例大小。环形图的基本框架如图 5-5 所示。

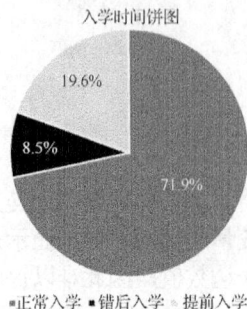

图 5-4　饼图示例

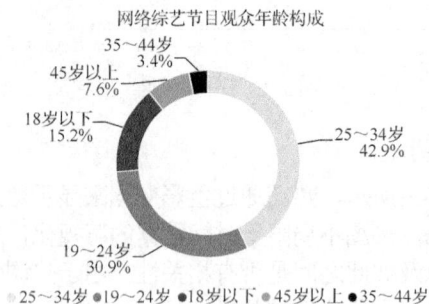

图 5-5　环形图的基本框架

3. 堆叠柱形图

堆叠柱形图也可以用来呈现比例数据，其基本框架如图 5-6 所示。

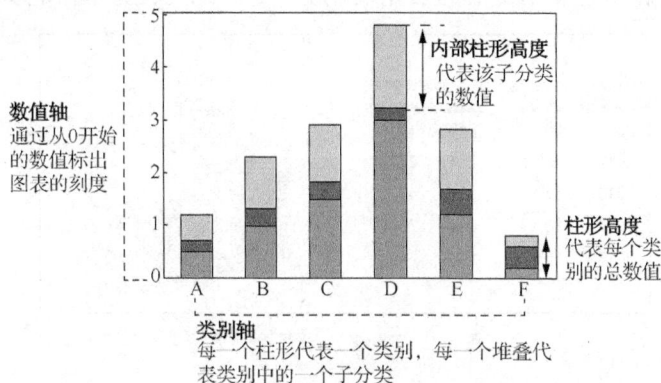

图 5-6　堆叠柱形图的基本框架

实际应用中数值轴一般表示比例，如图 5-7 所示。原本需要 4 个饼图的数据被集成到了一个堆叠柱形图中，男女的消费习惯差别很直观地被展现出来。

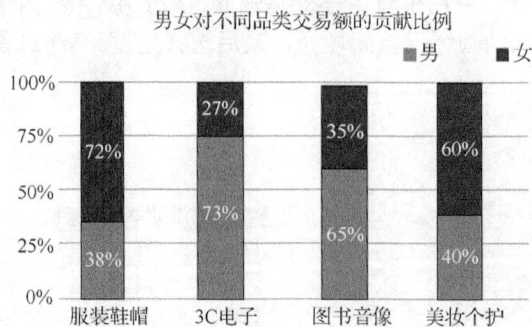

图 5-7　堆叠柱形图示意

4. 比例数据的其他表示方法

（1）圆角线穿环百分比图示意，如图 5-8 所示。

图 5-8　圆角线穿环百分比图示意

（2）变形多分类圆环图。

变形多分类圆环图使用圆环图制作，其辅助数据为透明的占位，图例比用单元格设置好，然后复制区域，选择性粘贴为链接的图片，最后完成排版。变形多分类圆环图示意如图 5-9 所示。

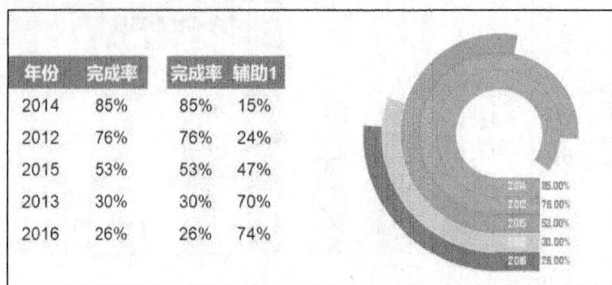

图 5-9　变形多分类圆环图示意

（3）多层堆积百分比图。

多层堆积百分比图使用堆积柱形图制作，将辅助的 100% 设置为坐标，重叠在季度数据之上，最后绘制镂空形状填充到图表之上。多层堆积百分比图示意如图 5-10 所示。

（4）Wi-Fi 图。

Wi-Fi 图使用圆环图制作，空白位置主要就是辅助占位数据，将一个圆环看作 220，使用 220-实际数据得到占位值，将辅助圆环设置无填充，最后选择角度。Wi-Fi 图示意如图 5-11 所示。

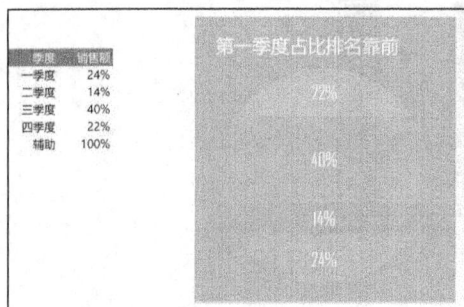

图 5-10　多层堆积百分比图示意

图 5-11　Wi-Fi 图示意

5.2.3　关系数据可视化

事物之间的关联性是比较容易发现的，但是关联并不代表存在因果关系。比如，大豆的价格上涨，猪肉的价格可能也会上涨，但是大豆的价格上涨可能不是猪肉价格上涨的原因。尽管如此，关联性还是能给我们带来巨大的价值。比如大豆的价格已经上涨了，那我们就可以抓紧时间囤一些猪肉，这样往往能节省一笔钱，至于背后是否存在因果关系，就没那么重要了。

数据的关联性，其核心就是指量化的两个数据间的数理关系。关联性强，是指当一个数据变化时，另一个数据也会随着相应地发生变化。相反，关联性弱，就是指当一个数据变化时另一个数据几乎没有发生变化。通过数据的关联性，就可以根据一个已知的数据变化来预测另一个数据的变化。

1. 散点图

变量间一般有 3 种关系：正相关、负相关和不相关，如图 5-12 所示。正相关时，横轴数据和纵轴数据的变化趋势相同；负相关时，横轴数据和纵轴数据的变化趋势相反；不相关时图中点的排列则是杂乱无章的。在统计学中有更科学的方法（比如相关系数）衡量两个变量的相关性，但是散点图往往是判断相关性的最简单、最直观的方法，在计算相关系数前通常依靠散点图做初步判断。

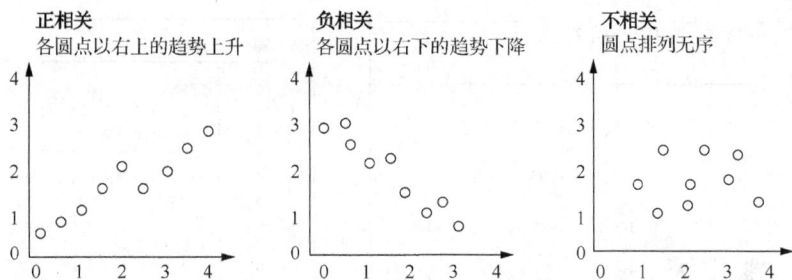

图 5-12 变量间的 3 种关系

2. 散点图矩阵

前面讲解的散点图，是用两组数据构成多个坐标点，再通过观察坐标点的分布，判断两个变量之间是否存在某种关联，或总结坐标点的分布模式。但很多时候变量不止两个，因此，当需同时考察多个（超过两个）变量间的相互关系时，若一一绘制它们之间的简单散点图就十分烦琐。此时，可以利用散点图矩阵来同时绘制多个变量间的散点图，以快速发现哪些变量之间的相关性更强。这种方法在数据探索阶段十分有用，其基本结构如图 5-13 所示。

3. 气泡图

和散点图相比，气泡图多了一个维度的数据。气泡图就是将散点图中没有大小的"点"变成有大小的"圆"，圆的大小就可以让我们来表示多出的那一维数据的大小。气泡图让我们可以同时比较 3 个变量，其基本结构如图 5-14 所示。

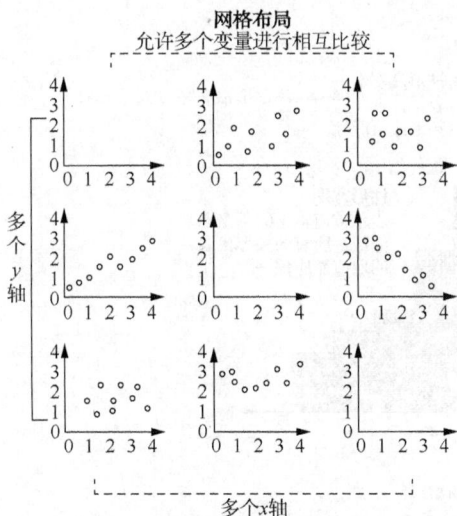

图 5-13 散点图矩阵的基本结构

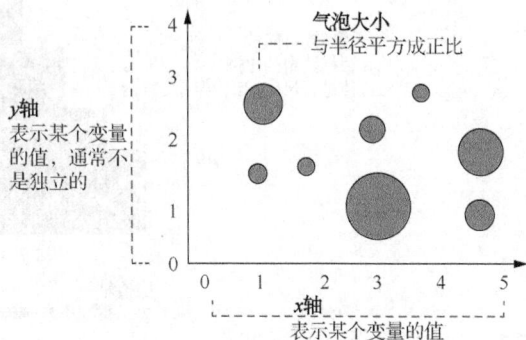

图 5-14 气泡图的基本结构

一个具体的例子如图 5-15 所示。二手车的价格由车龄和里程两个指标来决定，可以看出，两个指标越小，气泡越大，代表价格越高，反之则代表价格越低。

4. 茎叶图

茎叶图又称"枝叶图"，其思路是将数组中的数按数位进行比较，将大小基本不变或变化不大的位的数作为主干（茎），将变化大的位的数作为分支（叶），列在主干的后面，这样就可以清楚地看到每个主干后面的数以及数值是多少。茎叶图示意如图 5-16 所示。

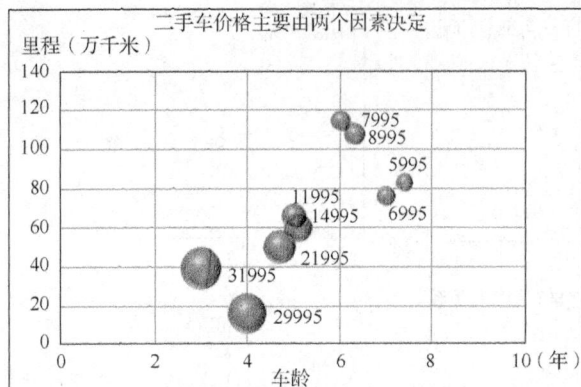

图 5-15　气泡图例子

图 5-16　茎叶图示意

茎叶图是一个与直方图类似的特殊工具，但又与直方图不同。茎叶图保留原始数据的信息，直方图则失去原始数据的信息。将茎叶图的茎和叶逆时针旋转 90°后的图，实际上就是一个直方图。可以从茎叶图中统计出次数，计算出各数据段的频率或百分比，从而看出分布是否与正态分布或单峰偏态分布逼近。

5. 直方图

直方图又称质量分布图。直方图中柱形的高度表示的是频率或可能性，柱形的宽度表示的是取值域。其水平轴和垂直轴与一般的柱形图不同，是连续的，一般的柱形图的水平轴是分离的。直方图的基本框架如图 5-17 所示。

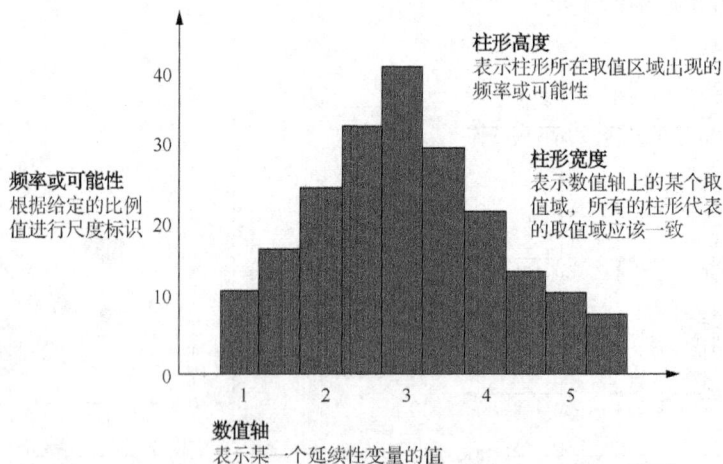

图 5-17　直方图的基本框架

5.2.4　文本数据可视化

文本数据可视化有以下几个重要的作用：通过符号的形式表达文本内容，便于人们快速理解文本信息；将无结构的文本信息自动转换为可视的有结构信息；使人类视觉认知、关联、推理的能力得到充分的发挥；结合机器智能和人工智能，为人们更好地理解文本和发现知识提供新的有效途径。

从人文研究到政府决策，从精准医疗到量化金融，从客户管理到市场营销，产生的海量文本作为重要的信息载体，处处发挥着举足轻重的作用。情报分析人员、网络内容分析人员、情感分析或文学研究者等更需要文本数据可视化。

文本数据可视化依赖于自然语言处理，因此词袋模型、命名实体识别、关键词抽取、主题分析、情感分析等是较常用的文本分析技术。文本数据可视化的过程主要包括：文本数据预处理，过滤无效信息；特征提取，提取出文本词汇及内容；以灵活的有文本特征的量度，分析文本间相似性、文本聚类等；用合理的方式表示这些处理过的数据。

一段文本的内容可以用高频词、短语、句子、主题等概括表述，但是文本数据可视化通常是对海量文本的集合进行可视化分析。针对不同类型的文本集合，我们有不同的方法来进行可视化。

1. 关键词可视化

一个词语若在一个文本中出现频率较高，那么这个词语可能就是这个文本的关键词。常采用 TF-IDF（Term Frequency-Inverse Document Frequency）方法来计算词语对表达文本信息的重要程度。其中 TF 指词语在目标文本中出现的频率，IDF 是文本频率，计算公式分别如下：

$$TF = \frac{词语在目标文本中出现的次数}{目标文本总词数}$$

$$IDF = \log\left(\frac{目标文本集合中的文本总数}{包含该词的文本总数 + 1}\right)$$

一个词在目标文本中出现的频率越高，在其他文本中出现的频率越低，其 TF-IDF 权重就越高，越能代表目标文本的内容。

（1）标签云

标签云可以按照一定规律将关键词展示出来，可以用颜色透明度的高低、字体的大小来区分关键词的重要程度，要遵循权重越大越能吸引注意力的原则。一般权重越大字体越大，颜色越鲜艳，透明度越低。标签云图示意如图 5-18 所示。

（2）文档散

文档散使用词汇库中的结构关系来布局关键词，同时使用词语关系网中具有上下语义关系的词语来布局关键词，从而揭示文本内容。上下语义关系是指词语之间往往存在语义层级的关系，也就是说，一些词语是某些词语的下义词。而在一篇文章中，具有上下语义关系的词语一般是同时存在的。文档散图示意如图 5-19 所示。

图 5-18　标签云图示意

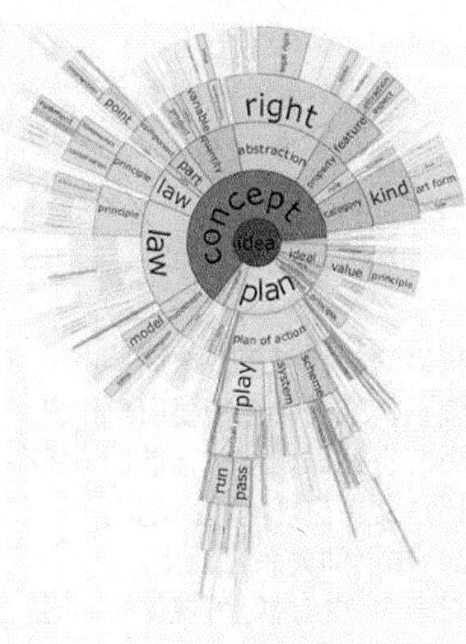

图 5-19　文档散图示意

2．时序文本可视化

时序文本具有时间性和顺序性，比如新闻会随着时间变化，小说的故事情节会随着时间变化，网络上对某一新闻事件的评论会随着真相的逐步揭露而变化。对具有明显时序信息的文本进行可视化时，需要在结果中体现这种变化。

主题河流（Theme river）是 Susan Havre 等学者于 2000 年提出的一种时序数据可视化方法，主要用于反映文本主题强弱变化的过程。图 5-20 所示的是主题河流图可视化示意，横轴表示时间，河流中不同颜色的涌流表示不同的主题，涌流在流动表示主题在变化。在任意时间点上，涌流的垂直高度表示主题的强弱。

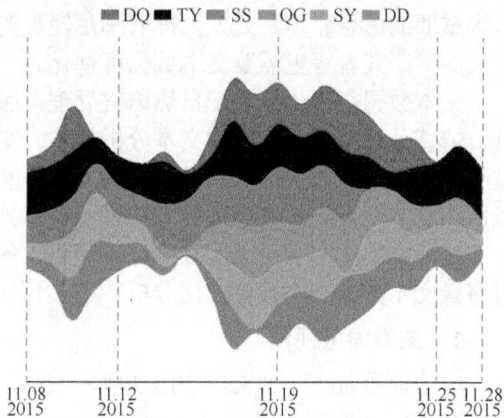

图 5-20　主题河流图示意

3．文本关系可视化

文本关系包括文本内和文本间的关系，以及文本集合之间的关系。文本关系可视化的目的就是呈现这些关系。文本内的关系有词语的前后关系；文本间的关系有网页之间的超链接关系、文本之间内容的相似性、文本之间的引用等；文本集合之间的关系是指文本集合内容的层次性等关系。

（1）基于图的文本关系可视化。

词语树是指使用树形图展示词语在文本中的出现情况，可以直观地呈现出一个词语和其前后的词语。用户可自定义感兴趣的词语作为中心节点。中心节点向前拓展，就是文本中处于该词语前面的词语；中心节点向后拓展，就是文本中处于该词语后面的词语。字号代表词语在文本中出现的频率的高低。如图 5-21 所示，图中采用了词语树的方法来呈现一个文本中 child 这个词语与其相连的前后所有的词语。

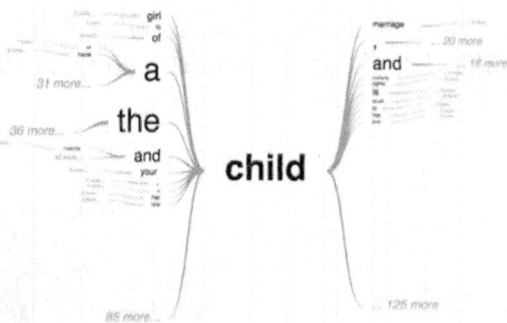

图 5-21　词语树图示意

短语网络包括以下两个属性：节点，表示一个词语或短语；带箭头的连线，表示节点与节点之间的关系，这个关系需要用户定义。比如，"A is B"，其中的 is 用连线表示，A 和 B 是 is 前后的两个节点词语。A 在 is 前面，B 在 is 后面，那么箭头就由 A 指向 B。连线的宽度越大，说明这个词语在文中出现的频率越高。

（2）文档间关系可视化。

当对多个文档进行可视化展示时，针对文本内容进行可视化的方法就不适合了。此时可以引入向量空间模型来计算出各个文档之间的相似性，单个文档被定义成单个特征向量，最终以投影等方式来呈现各文档之间的关系。

星系视图可用于表征多个文档之间的相似性。假设一篇文档是一颗星星，每篇文档都有其主题，将所有文档按照主题投影到二维平面上，就如同星星在星系中一样。文档的主题相差越小，星星之间的距离就越近；文档的主题相差越大，星星之间的距离就越远。星星聚集得越多，表示这些文档的主题越相近，并且数量较多。若存在多个聚集点，则说明文档集合中包含多种主题的文档。

5.3　基于 Excel 的电商数据分析综合案例

电商平台一般会将用户的浏览数据、交易数据等保存在数据库中。当用户在电商平台上有了购买行为后，就从潜在客户转变成价值客户。因此，对这些客户基于平台的行为数据进行分析显得尤为重要，通过分析可以估计每位客户的价值，以便实施精准营销。

5.3.1　电商数据背景分析

大数据时代给电子商务的发展带来了新的机遇与挑战，大数据技术帮助电子商务行业发现了新的商业模式，尤其是用户行为预测分析和购物商品关联分析已经在电商领域得到了很好的应用，并已经帮助电商获得了巨大的利润。其中，用户行为分析是大数据电商应用领域十分常用的技术手段。该技术通过研究用户在互联网上的行为数据，如用户在访问某个电商网站时，浏览、点击、购买、评价某种商品的行为，可以让企业更加详细、清楚地了解用户的行为习惯，从而为企业的经营提供支持。

本案例以某电商类网站商品交易数据为基础，对"双十一"在内的近 6 个月的交易数据（脱敏数据）进行处理，同时对数据中的品牌、商品，尤其是热门品牌和商品，进行点击量、加入购物车量、购买量、关注量分析和预测，对购买客户的特点进行分析和总结。数据表的各字段名如表 5-1 所示。

表 5-1　　　　　　　　　　　　电商数据各字段名

序号	字段名	字段解释	序号	字段名	字段解释
1	user_id	买家 ID	7	day	交易时间：日
2	item_id	商品 ID	8	action	行为，取值范围{0,1,2,3}，0 表示点击，1 表示加入购物车，2 表示购买，3 表示关注商品
3	cat_id	商品类别 ID	9	age_range	买家年龄分段：1 表示年龄小于 18，2 表示年龄在[18,24]，3 表示年龄在[25,29]，4 表示年龄在[30,34]，5 表示年龄在[35,39]，6 表示年龄在[40,49]，7 表示年龄大于等于 50，0 和 NULL 则表示未知
4	merchant_id	卖家 ID	10	gender	性别：0 表示女性，1 表示男性，2 和 NULL 表示未知
5	brand_id	品牌 ID	11	ident_code	商品唯一标识码
6	month	交易时间：月	12	score	用户评分

5.3.2　数据处理

【任务描述】

对电商数据进行处理，要求如下。

（1）根据日期建立时间列，时间列格式为日期格式，如 2015-01-01，设置列名为"Date"，并删除原来的“month”和“day”列。

（2）统计 2015 年 10 月 11 日—2015 年 11 月 11 日，每天用户的不同行为的数据，列名为“不同行为”，时间为“索引”。

【操作步骤】

（1）根据“month”和“day”列数据，运用 DATE 函数生成“Date”列。

① 单击“action”所在列，选中该列，右键单击鼠标，在弹出的快捷菜单中选择“插入”命令，则在“day”列和“action”列之间插入一空列，如图 5-22 所示。

	A	B	C	D	E	F	G	H	I	J	K	L
1	user_id	item_id	cat_id	merchant_id	brand_id	month	day		action	age_range	gender	score
2	60991	692663	1075	4251	1119	6	6		0	6	0	4
3	60991	750486	1075	1157	2514	6	6		0	7	0	6
4	60991	750486	1075	1157	2514	6	6		0	7	1	3
5	60991	750486	1075	1157	2514	6	6		0	0	0	1
6	60991	1086400	1075	304	2210	6	6		0	5	0	5
7	60991	374078	1438	1157	2514	6	6		0	2	0	7
8	60991	610930	1075	4417	252	6	6		0	6	1	3
9	60991	542603	1023	2448	712	6	6		0	0	0	7
10	60991	1086400	1075	304	2210	6	6		0	7	0	0
11	60991	750486	1075	1157	2514	6	6		0	6	0	0
12	60991	100240	737	1140	2890	11	2		0	5	0	0
13	60991	100240	737	1140	2890	11	2		0	5	0	9
14	60991	996923	451	1278	7419	11	2		0	1	1	3
15	60991	996923	451	1278	7419	11	2		0	5	1	4
16	60991	996923	451	1278	7419	11	2		0	1	0	1
17	60991	996923	451	1278	7419	11	2		0	7	0	0
18	60991	996923	451	1278	7419	11	2		0	1	0	0
19	60991	370144	1188	4187	6762	11	2		0	4	0	8
20	60991	622742	1438	3451	4422	6	19		0	7	1	1
21	60991	326153	1438	2949	7408	6	25		0	6	1	2

图 5-22　插入空列

② 将光标定位于 H2 单元格，单击“插入函数”按钮，弹出“插入函数”对话框，选择类别“日期与时间”→“DATE”函数，单击“确定”按钮，弹出图 5-23 所示的“函数参数”对话框。

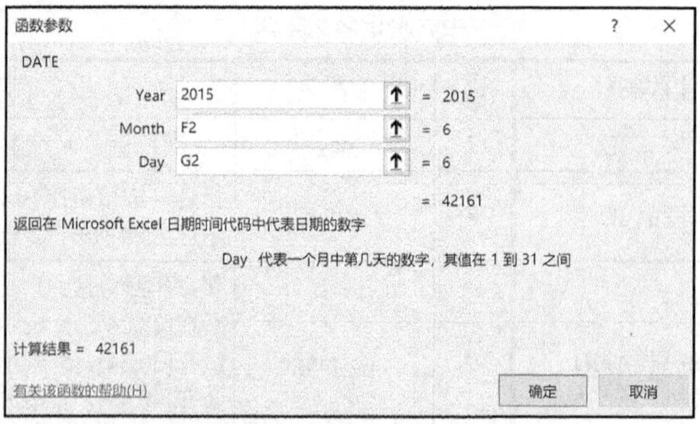

图 5-23　DATE 函数的“函数参数”对话框

③ 将光标定位于“Year”文本框，输入 2015；将光标定位于“Month”文本框，选择 F2 单元格；将光标定位于“Day”文本框，选择 G2 单元格，单击“确定”按钮，即可生成“Date”列数据。

④ 选中“Date”列，设置其格式为：“日期”→“2012-03-14”。

（2）统计 2015 年 10 月 11 日—2015 年 11 月 11 日，每天用户的不同行为的数量，列名为“不同行为”，时间为“索引”。

① 单击“数据”选项卡中的“筛选”按钮。

② 单击“Date”列右侧的下拉按钮，在弹出的快捷菜单中，选择“日期筛选”→“自定义筛选”，如图 5-24 所示。

③　在弹出的"自定义自动筛选方式"对话框中，选择"在以下日期之前或与之相同"，设置为"2015-11-11"，单击"确定"按钮，将筛选出来的数据复制至一个新的 Sheet 表，并将其重命名为"10 月 11 月数据"。

④　选中新表中的数据源，单击"插入"→"数据透视表"，弹出"创建数据透视表"对话框，如图 5-25 所示。选择需要分析的数据区域，以及数据透视表放置的位置，单击"确定"按钮。

图 5-24　筛选快捷菜单

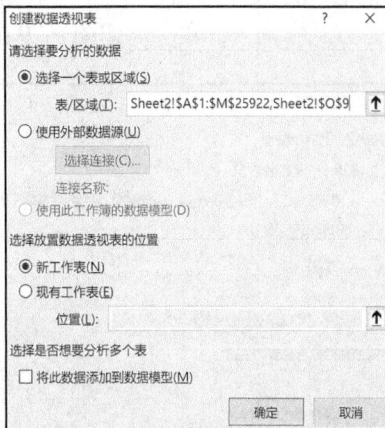

图 5-25　"创建数据透视表"对话框

⑤　进入数据透视表的分析窗口，按日分析、统计不同行为的数量。拖动"Date"字段至"行"区域，拖动"action"字段至"列"区域，再将"action"字段拖动至"值"区域，并设置其"值字段汇总方式"为"计数"，如图 5-26 所示。

⑥　修改分析显示结果中的列标签，将"0"修改为"点击"，将"1"修改为"加入购物车"，将"2"修改为"购买"，将"3"修改为"关注商品"，最终结果如图 5-27 所示。

图 5-26　数据透视表字段设置

计数项:action	列标签				
行标签	点击	加入购物车	购买	关注商品	总计
10月11日	201		14	18	233
10月12日	124		6	24	154
10月13日	105		5	12	122
10月14日	244	2	11	18	275
10月15日	164		11	8	183
10月16日	238	1	16	19	274
10月17日	221	1	12	24	258
10月18日	223		13	13	249
10月19日	202		17	9	228
10月20日	190		14	16	220
10月21日	371		19	28	418
10月22日	255		7	20	282
10月23日	172		6	30	208
10月24日	312		16	53	381
10月25日	339		22	49	410
10月26日	313	1	17	29	360
10月27日	173		8	27	208
10月28日	402		21	46	469
10月29日	381	1	18	38	438

图 5-27　数据透视表结果

5.3.3　数据分析

【任务描述】

针对某电商平台 2015 年几个月的用户行为数据，挖掘点击量与购买量之间的关系，并预测假如有 10000 点击量，购买量为多少？

【操作步骤】

（1）统计每日用户行为数据。

① 选中电商源数据，单击"插入"选项卡"图表"区域的"数据透视图"，弹出图 5-28 所示的"创建数据透视表"对话框，单击"确定"按钮即可。

② 进入"数据透视表字段"面板，按日分析、统计不同行为的数量。拖动"Date"字段至"行"区域，拖动"action"字段至"列"区域，再将"action"字段拖动至"值"区域，并设置其"值字段汇总方式"为"计数"，如图 5-29 所示。

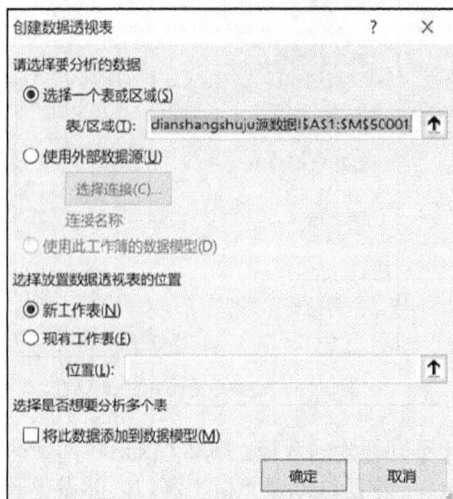

图 5-28 "创建数据透视表"对话框

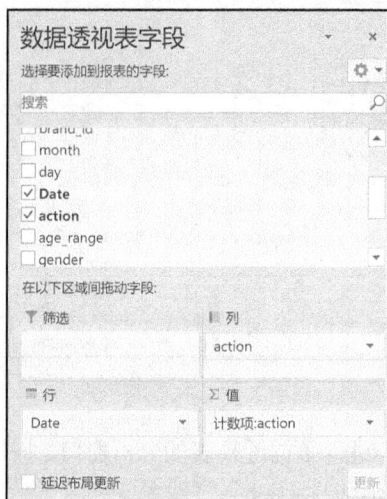

图 5-29 数据透视表字段设置

③ 修改分析显示结果中的列标签，将"0"修改为"点击"，将"1"修改为"加入购物车"，将"2"修改为"购买"，将"3"修改为"关注"，最终结果如图 5-30 所示。

④ 选取"数据透视表结果"中的"日期""点击""购买"列数据，将其复制至一个新的工作表，将无数据的单元格用"0"填充，如图 5-31 所示。

日期	点击	加入购物车	购买	关注	总计
5月11日			7	11	18
5月12日			14	7	21
5月13日			19	9	28
5月14日			6	7	13
5月15日			10	10	20
5月16日			14	21	35
5月17日			14	6	20
5月18日			11	12	23
5月19日		1	13	15	29
5月20日	190		8	6	204
5月21日	68		1	5	74
5月22日	230		12	20	262
5月23日	135		3	9	147
5月24日	259		12	12	283
5月25日	137		6	11	154
5月26日	130		18	9	157
5月27日	146		22	10	178
5月28日	207		14	20	241
5月29日	186	1	10	14	211
5月30日	143		5	3	151

图 5-30 数据透视表结果

	A	B	C
1	日期	点击	购买
2	5月11日	0	7
3	5月12日	0	14
4	5月13日	0	19
5	5月14日	0	6
6	5月15日	0	10
7	5月16日	0	14
8	5月17日	0	14
9	5月18日	0	11
10	5月19日	0	13
11	5月20日	190	8
12	5月21日	68	1
13	5月22日	230	12
14	5月23日	135	3
15	5月24日	259	12
16	5月25日	137	6
17	5月26日	130	18
18	5月27日	146	22
19	5月28日	207	14
20	5月29日	186	10
21	5月30日	143	5

图 5-31 处理后的数据分析源数据

（2）分析"点击"和"购买"两个变量之间的相关性。

① 选中数据分析源数据，单击"数据"选项卡中的"数据分析"，弹出图 5-32 所示的"数据分析"对话框，选择其中的"相关系数"，单击"确定"按钮。

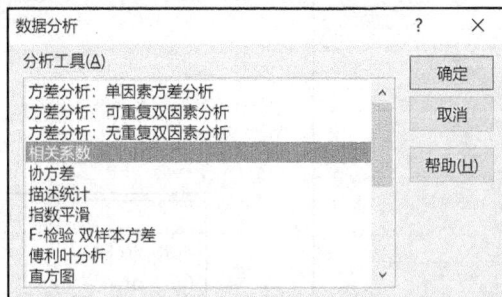

图 5-32　"数据分析"对话框

② 在图 5-33 所示的"相关系数"对话框中，设置"输入区域"为"点击"和"购买"列数据，"分组方式"选择"逐列"，勾选"标志位于第一行"。可根据需要设置"输出选项"，此处设置"输出区域"为F1，则将在源数据所在工作表的 F1 单元格为左上角的矩形区域显示相关分析结果，单击"确定"按钮。

③ 相关系数分析结果如图 5-34 所示，"点击"和"购买"两个变量的相关系数是 0.918079，属高度正相关。

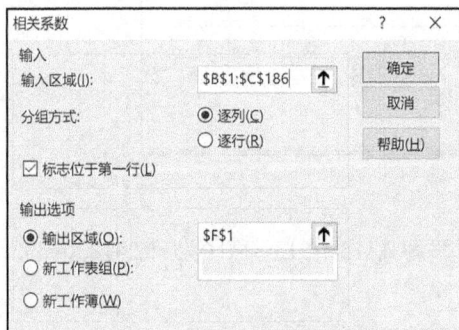

图 5-33　"相关系数"对话框

	点击	购买
点击	1	
购买	0.918079	1

图 5-34　相关系数分析结果

（3）建立"点击"和"购买"两个变量的回归模型。

① 单击"数据"选项卡中的"数据分析"按钮，在弹出的"数据分析"对话框中，选择"回归"，单击"确定"按钮。

② 在图 5-35 所示的"回归"对话框中，对各类参数做如下设置。

- Y 值输入区域：输入需要分析的因变量数据区域，此处选择"购买"列数据。
- X 值输入区域：输入需要分析的自变量数据区域，此处选择"点击"列数据。
- 标志：勾选"标志"复选框。
- 置信度：勾选"置信度"复选框，输入"95"。
- 输出区域：此处选择 F6 单元格，回归分析结果将显示在以 F6 单元格为左上角的区域。
- 残差：勾选"残差"和"标准残差"复选框。

③ 在图 5-36 所示的回归统计表中，Multiple R 为 0.918078858，说明"点击"和"购买"两个变量高度正相关；R Square 为 0.842868789，说明回归模型拟合效果较好。

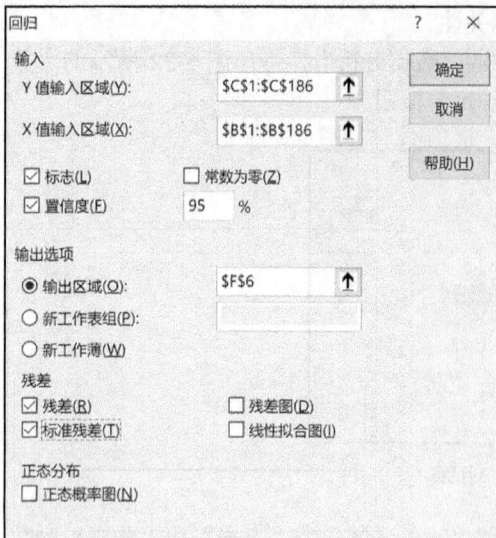

图 5-35 "回归"对话框

回归统计	
Multiple R	0.918078858
R Square	0.842868789
Adjusted R Square	0.842010148
标准误差	30.67701638
观测值	185

图 5-36 回归统计表

④ 在图 5-37 所示的方差分析表中，F 统计量值为 981.6318，说明"点击"和"购买"两个变量具有显著的线性关系；Significance F 值为 1.84001E-75，小于等于 0.01，说明检验结果具有极其显著的统计学意义。

方差分析	df	SS	MS	F	Significance F
回归分析	1	923793.4	923793.4	981.6318	1.84001E-75
残差	183	172217.5	941.0793		
总计	184	1096011			

图 5-37 方差分析表

⑤ 在图 5-38 所示的回归系数表中，回归模型的斜率为 0.11594513，截距为-12.41820633，因此点击量和购买量的简单线性回归模型为 $y=0.116x-12.42$。

	Coefficients	标准误差	t Stat	P-value	Lower 95%	Upper 95%	下限 95.0%	上限 95.0%
Intercept	-12.41820633	2.420745	-5.12991	7.35E-07	-17.19436425	-7.64205	-17.1944	-7.64205
点击	0.11594513	0.003701	31.331	1.84E-75	0.1086437	0.123247	0.108644	0.123247

图 5-38 回归系数表

⑥ 根据上述简单线性回归模型，预测点击量为 10000 时，购买量约为 1148。

5.3.4 数据展示

【任务描述】

根据电商数据进行如下可视化分析展示。用折线画出用户 10 月每日购买、点击、加入购物车、关注的变化趋势。

【操作步骤】

① 选中电商源数据，单击"插入"选项卡"图表"区域的"数据透视图"，弹出图 5-39 所示的"创建数据透视图"对话框，单击"确定"按钮即可。

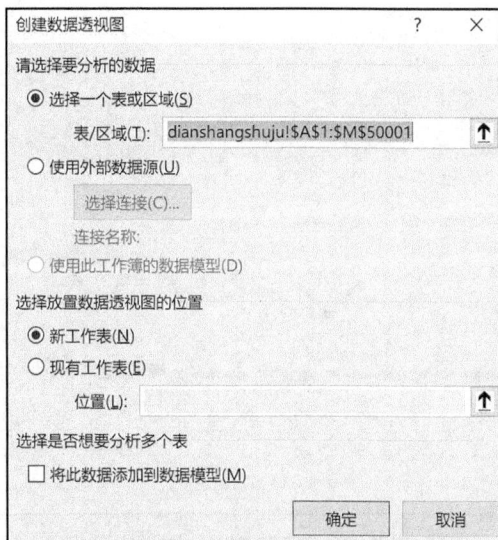

图 5-39 "创建数据透视图"对话框

② 由于需要展示每日用户行为变化趋势，因此在"数据透视图字段"面板中，将"Date"字段拖动至"轴（类别）"区域，将系统默认增加的"月"字段拖动至"筛选"区域，将"action"字段拖动至"图例（系列）"区域，再将"action"字段拖动至"值"区域并将值字段汇总方式设置为"计数"，如图 5-40 所示。

③ 单击"数据透视工具"选项卡中的"更改图表类型"，选择"带数据标记的折线图"，单击"确定"按钮。

④ 单击"月"字段右侧的下拉按钮，选择"10 月"，单击"确定"按钮，如图 5-41 所示，即可以折线图展示 10 月用户的行为趋势，结果如图 5-42 所示。

图 5-40 数据透视图字段设置

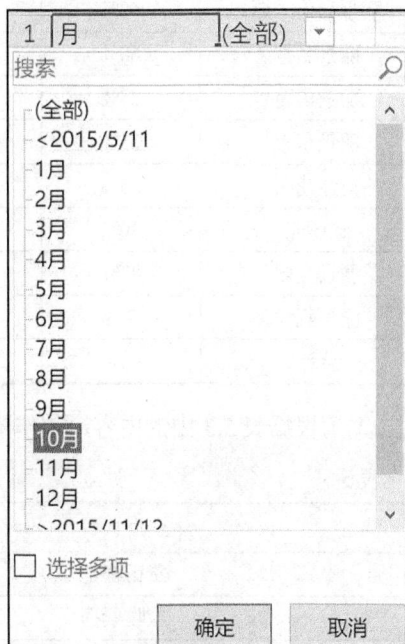

图 5-41 选择月份

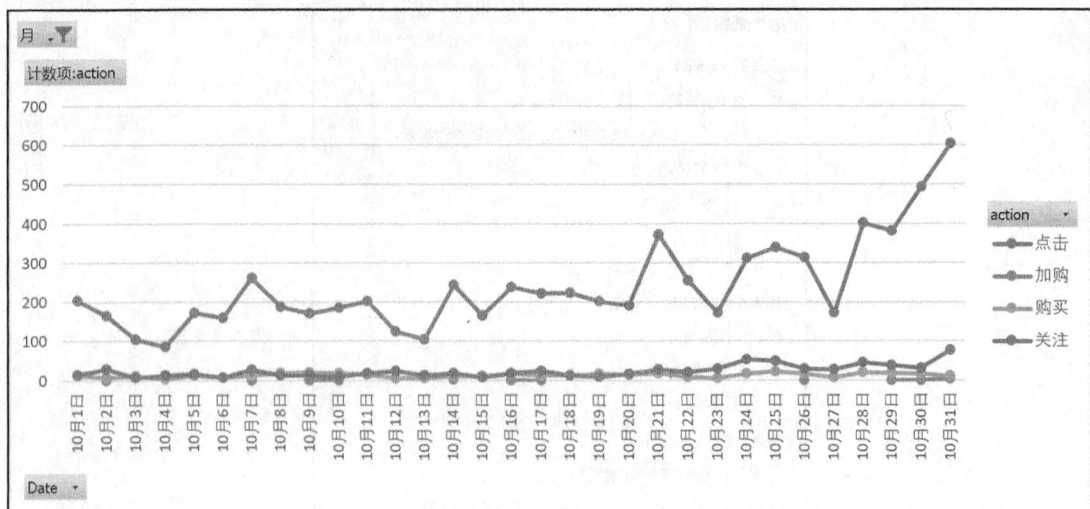

图 5-42　10 月用户行为趋势结果

习题

1. 请根据项目情况统计（见表 5-2），利用柱形图显示出各项目开票比例、成本比例。

表 5-2　　　　　　　　　　　　　项目情况统计

项目名称	开票比例	合同额（元）	已开票额（元）	账面成本（元）	成本比例
丽景福苑一期	50%	1000000	500000	200000	20.00%
丽景福苑二期	40%	500000	200000	100000	20.00%
丽景名都	60%	500000	300000	100000	20.00%
丽景华苑	25%	2000000	500000	1200000	60.00%
丽景东苑	25%、	1000000	250000	800000	80.00%
奥体花园	25%	1000000	250000	400000	40.00%
致臻园	30%	1000000	300000	300000	30.00%
丽景金城	83%	300000	250000	200000	66.67%
丽景蓝湾	7%	700000	50000	100000	14.29%
合计		8000000	2600000	3400000	42.50%

2. 请根据表 5-3 中的内容，制作图 5-43 所示的图。

表 5-3　　　　　　　　　　　　　资产信息

资产科目	金额（元）
货币资金	1500
应收票据	0
应收账款	3600

续表

资产科目	金额（元）
预付账款	1500
应收利息	0
应收股利	0
其他应收款	2000
存货	5000
其他流动资产	0

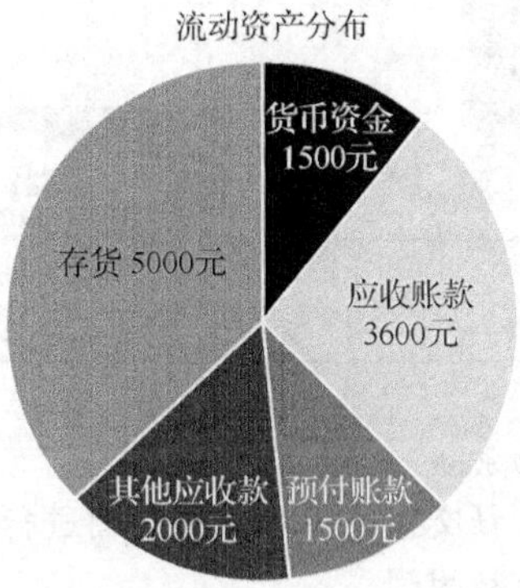

图 5-43　流动资产分布饼图

本章学习目标

- 了解常用的数据分析应用场景。
- 理解用户画像、推荐系统、社交商务等场景下如何进行数据分析。
- 掌握推荐模型、社交商务分析模型。

6.1　用户画像

用户画像的概念最早由"交互设计之父"阿兰·库珀提出，是建立在一系列属性数据之上的目标用户模型。它一般是产品设计人员、运营人员从用户群体中抽象出来的典型用户，本质是一个用以描述用户需求的工具。

但随着互联网的发展，用户画像又包含新的内涵：根据用户人口学特征、网络浏览内容、网络社交活动和消费行为等信息而抽象出的一个标签化的用户模型。其核心工作主要是利用存储在服务器上的海量日志和数据库里的大量数据进行分析和挖掘，给用户贴"标签"，而"标签"是能表示用户某一维度特征的标志，主要用于业务的运营和数据分析。用户画像示意如图 6-1 所示。

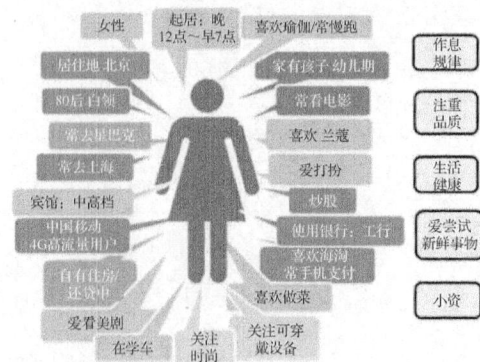

图 6-1　用户画像示意

6.1.1　用户画像概述

用户画像，即用户信息标签化，通过收集用户的社会属性、消费习惯、偏好特征等各个维度的数据，对用户或者产品特征属性进行刻画，并对这些特征进行分析、统计，挖掘潜在价值信息，从而抽象出用户的信息全貌。

1. 用户画像的作用

在互联网领域，构建用户画像是精准营销、推荐系统等的基础工作，其作用总体如下。

（1）精准营销：根据历史用户特征，分析产品的潜在用户和用户的潜在需求，针对特定群体，利用短信、邮件等方式进行营销。

（2）用户统计：根据用户的属性、行为特征对用户进行分类后，统计不同特征下的用户数量、分布；分析不同用户画像群体的分布特征。

（3）数据挖掘：以用户画像为基础构建推荐系统、搜索引擎、广告投放系统，提升服务精准度。

（4）服务产品：对产品进行用户画像的构建，对产品进行受众分析，更透彻地理解用户使用产品的心理动机和行为习惯，完善产品运营，提升服务质量。

（5）行业报告与用户研究：通过用户画像分析可以了解行业动态，比如人群消费习惯、消费偏好分析、不同地域品类消费差异分析。

根据用户画像的作用可以看出，用户画像的使用场景较多，用户画像可以用来挖掘用户兴趣、偏好、人口统计学特征。构建用户画像的主要目的是提升营销精准度、推荐匹配度，终极目的是提升产品服务，提升企业利润。

2. 用户画像的八要素

怎么构建用户画像？用户画像是真实用户的虚拟代表。首先它是基于真实用户的，但它不是一个具体的人；其次根据目标的行为观点的差异将目标分为不同类型并迅速组织在一起，然后把新得出的类型提炼出来，形成一个类型的用户画像。一个产品需要4~8种类型的用户画像，体现为以下8个特性。

（1）P 代表基本性（Primary）：指该用户角色是否基于对真实用户的情景访谈。

（2）E 代表同理性（Empathy）：指用户角色中包含姓名、照片和产品相关的描述，该用户角色是否有同理性。

（3）R 代表真实性（Realistic）：指对那些每天与顾客"打交道"的人来说，用户角色是否看起来像真实人物。

（4）S 代表独特性（Singular）：每个用户是否是独特的，彼此很少有相似性。

（5）O 代表目标性（Objective）：该用户角色是否包含与产品相关的高层次目标，是否包含关键词来描述该目标。

（6）N 代表数量性（Number）：用户角色的数量是否足够少，以便设计团队能记住每个用户角色的姓名，以及其中的一个主要用户角色。

（7）A 代表应用性（Applicable）：设计团队是否能使用用户角色作为一种实用工具进行设计、决策。

（8）L 代表长久性（Long）：用户标签的长久性。

3. 用户画像数据信息来源

（1）从用户出发，用户画像数据信息来源如下。

① 注册资料中的文本，如姓名、个人签名等。

② 用户自己生产的内容，如发表的评论、动态、日记等。

③ 与用户发生了连接关系的文本，如阅读过的内容。

（2）从物品出发，信息来源如下。

① 物品的标题、描述。

② 物品本身的内容（一般指新闻资讯类）。

③ 物品基本属性中的文本。

6.1.2 用户画像的构建步骤

1. 精准识别用户

用户识别的目的是区分用户、单点定位。用户识别的方式有很多种，如 Cookie、注册 ID、邮箱、微信/微博/QQ 等第三方登录、手机号等。这些都是互联网用户相对于传统线下渠道所特有的身份标志，其中手机号是目前移动端最为准确的用户标志，但随着用户的注册意愿越来越弱，微信/微博/QQ 等第三方登录成为越来越多企业的折中选择。

2. 动态跟踪用户行为轨迹

动态行为数据可以确认用户不同场景下的不同访问轨迹，助力广告商跨频营销。

如图 6-2 所示，用户网络行为动态跟踪主要包括 3 个维度：场景+媒体+路径。应用到互联网中，场景主要包括访问设备、访问时段；媒体指某一时段下用户具体访问的媒体，如资讯类、视频类、游戏类、社交类等；路径指用户进入和离开某媒体的路径，可以简单理解为用户的站内与站外行为，如是通过搜索导航进入还是直接打开该 App，离开时是站内跳转到其他网页还是直接关闭。动态跟踪用户行为轨迹一方面有助于媒体自身优化流量运营，另一方面有助于广告商有效控制不同页面的投放频次，避免用户倦怠。

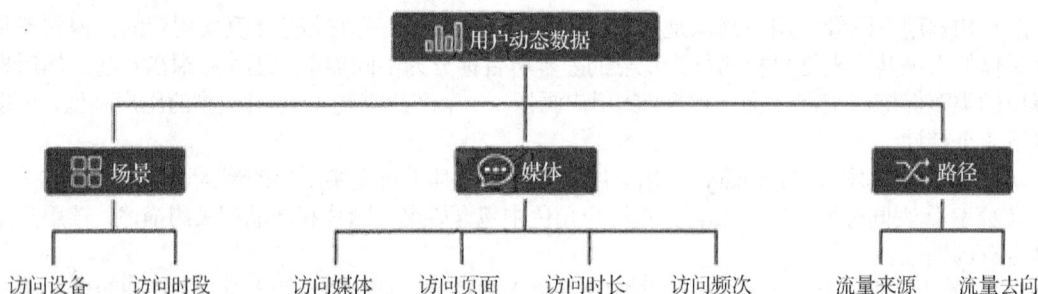

图 6-2　动态跟踪用户行为轨迹

3. 结合静态数据评估用户价值

获取静态数据后，需要对人群进行因子分析和聚类分析，目的不同，分类依据不同。如对于产品设计来说，按照使用动机或使用行为划分是较为常见的方式；而对于营销类媒体来说，依据消费形态来区分人群是较为直接的分类方式。

如图 6-3 所示，静态数据主要包括用户的人口属性、商业属性、消费意向、生活形态、CRM 五大维度，其获取方式有多种。数据挖掘是较为常见也是较为精准的一种方式，如果数据有限，则需要定性与定量结合补充。定性方法如小组座谈会、用户深访、日志法、Laddering 阶梯法、透射法等，主要通过开放性的问题了解用户真实的心理需求，具象用户特征。定量更多是通过定量问卷调研的方式进行，关键在于后期定量数据的建模与分析，目的是通过封闭性问题（指事先设计好各种可能的答案，以供被消费者选择的问题），一方面对定性假设进行验证，另一方面获取市场的用户分布规律。

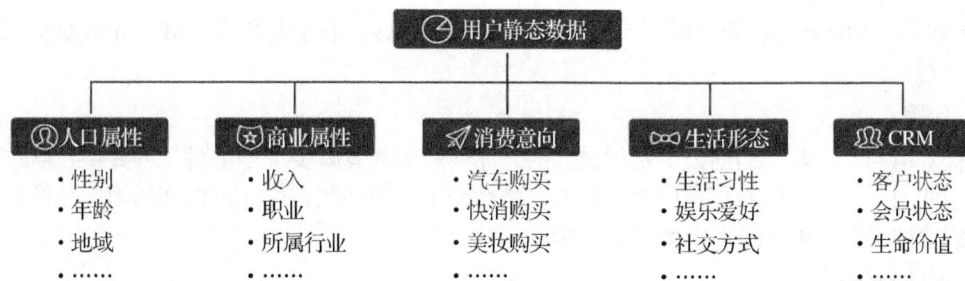

图 6-3　结合静态数据评估用户价值

4. 用户标签定义与权重

根据特征值对群体进行定义，有助于广告商一目了然掌握该群体的特性。如"时尚小咖"，可以快速地联想到这类人：时尚感至关重要，即注重产品的设计感、外观等，并且"小咖"两字表明该类人并不盲目追求潮流，他们有自己的审美观，并且能够影响身边的人。

同时，一个群体会有多个标签，不同的群体之间也会有标签的重合，此时标签的权重反映了不同群体的核心特征。如"时尚小咖"和"科技先锋"两类人群中都有女性标签，此时需要比较女性在不同人群中的标签权重，以决定将该标签解读给哪类群体。通常，一个好的用户画像，不同人群之间的标签重合度较小，可能只有在那些权重较小的标签上会有些许重合。

5. 不同人群优先级排列

目前，大部分用户画像的构建完成上述 4 步就结束了，然而这最后一步决定了最终效果，对于广告商来说这一步可以理解为媒介（如网络、电视、报纸等）的组合策略。组合策略可以按照目标人群覆盖率的高低、市场的大小、收益的潜力、竞争优势等，根据企业自身情况排列不同组合。

如品牌刚刚建立，需要快速提升知名度，可以按照不同媒体目标人群覆盖率的高低进行预算分配；当品牌具备一定知名度，企业核心领域营收处于快速增长期时，可以按照不同媒体目标人群贡献的市场大小进行分配；当企业想开拓新市场时，可以按照不同媒体目标人群的收益潜力进行分配。另外，如企业品牌需增强差异化的竞争优势时，可按照不同媒体目标人群的竞争优势进行分配。

6.1.3　用户画像的应用场景

1. 效果广告/精准推送/用户变现/用户召回

著名"广告大师"约翰·沃纳梅克提出：我知道我的广告费有一半浪费了，但遗憾的是，我不知道是哪一半被浪费了。这句话深刻地道出了广告营销海量投放下面临的几个问题：不精准，受众窄；不友好，骚扰多；不经济，费用高。

而如果在精准营销大行其道的今天，通过筛选标签为特定属性的用户推送针对性的内容，则可以大幅提升点击通过率（Click Through Rate，CTR）和变现效果，同时还能降低广告费用、运营成本，总结起来就是：在对的时间，向对的客户，通过对的渠道，推荐对的产品。比如 DSP（Demand-Side Platform）、流失预测、沉默用户分析（代金券发放）、非活跃用户（短信/push 召回）、忠诚用户（极速退款、VIP 客服）等。

2. 搜索/推荐

用户画像的另一个比较重要的应用场景是搜索/推荐，把用户画像数据和特征结合使用，可以有效提升点击通过率。对于搜索、查询意图识别与推荐，常见的结合方向有：关联推荐、向上推荐和 RFM（R = Recency，表示最近一次购买；F = Frequncy，表示复购率；M = Monetary 表示顾客价值营销）。

3. 风控

风控对电商、金融、初创公司是很重要的。如何避免或者减少"羊毛党""黄牛"欺诈对业务的风险和用户损失，保障正常用户的利益，是一个永恒的话题。比如可以利用用户画像对个人及企业级信用进行评分，进而做到欺诈识别。

4. 大数据分析

产品精细化运营、个性化分析支持，这些就无须赘言了，它们都是用户画像应用得比较广泛的场景，主要用数据解决产品运营过程中"what"和"why"层面的问题。

总的来说，用户画像是精细化运营、数据化运营需求的产物，大数据分析的本质是消除不确定性，结合大数据分析可以更加精准地分析、了解用户特征/用户行为，以便更好地服务于大多数用户。

6.1.4 用户画像的实践案例

1. 58 同城

58 同城自成立至今已拥有数亿的注册用户，业务场景包罗万象，从衣食住行（房产、58 车、二手物品等）到工作生活（招聘、上门服务等）应有尽有，公司群规模庞大，包含同城、赶集、安居客、英才、转转、到家等。在这种多用户、多业务线、多子公司的情况下，用户数据必然种类繁杂，描绘一个用户的信息可能多至数千维度，但是每一次需求如果都从源头提取，人力与时间的成本都会非常高，并且也很困难。虽然各子公司数据之间存在相互补足的潜力，但是其各自数据独立，需要打通来自不同场景的数据，才能将用户刻画得更加完善。为了改善这些现状，58 用户画像系统应运而生。

（1）58 用户画像介绍

58 用户画像现已接入 58、赶集、安居客、到家、英才等核心数据源，梳理、聚合亿级别的活跃 ID，开发包含个人属性标签、认证标签、位置标签、B 端行为标签、C 端行为标签、兴趣标签、设备标签等七大类 2300 多个标签，平均每个用户近百个标签。

58 用户画像有如下 3 种使用方式。

- FaceAPI：提供的在线画像数据提取服务，支持手机号、设备号、账号、Cookie 等查询方式，通过这些键值可以拉取用户的全部标签，主要支持搜索、推荐、DSP 等各场景的个性化应用。
- 离线画像数据：支持以常用 ID 为主键，拉取所需要的标签，可以用于统计分析、模型训练等。
- Smart 网站：网站支持两大类功能。推送筛选功能，用户可以根据属性筛选用户包与用户包之间的 AND/OR 逻辑，生成结果可以用于实现固定人群推送功能；人群分析功能，用户可以拖选人群属性做二维的组合分析，并直接生产报表，方便产品或运营团队获取 58 用户群体的数据。58 用户画像应用流程如图 6-4 所示。

（2）58 用户画像数据架构

用户画像构建的核心是数据的组织和标签的开发管理，58 集团业务覆盖广泛，涉及房产、招聘、车辆、黄页等众多业务线，构建用户画像的数据来自日志、简历库、帖子库、用户信息库、商家库、认证信息库等数据源，其中仅日志就涉及 58、赶集、安居客等各子产品的 PC/M/App 日志。如何将众多数据源串联起来是构建用户画像面临的第一个问题。为此，根据 58 的数据特点构建了关联整个集团各类 ID 的 IDMapping。

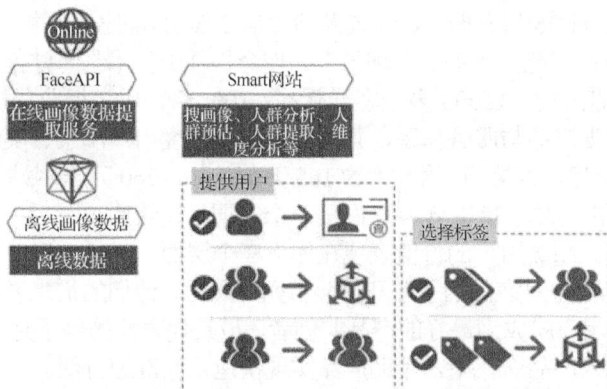

图 6-4　58 用户画像应用流程

IDMapping 是 58 用户画像的核心模块之一，通过 IDMapping 可将公司众多数据源的 ID 映射为一个唯一的用户 ID，也就是说通过 IDMapping 可以将 58、赶集、安居客等核心数据源的数据"打通"，这样使用方才有可能通过一个账号或手机号就拿到该用户在各个业务线的全部行为数据。IDMapping 还有一个作用是可以将多个 ID 的行为映射到一个人身上，这样不仅提升了数据密度，有利于改善个性化场景的匹配效率，也可以对问题用户做针对性治理的场景起到很大作用。可采用共现 ID 关联的方式构造 ID 关联图谱，再根据业务属性、时间属性等因素对图谱做相应的拆解。目前 58 IDMapping 中已经容纳几十种超过 100 亿各类型 ID，数据量的增长加大了运算成本。为了解决资源及性能问题，58 为 IDMapping 设计了全量及增量流程，使其性能满足日更新需求。

在 IDMapping 基础上搭建了用户画像系统架构，整个系统分 3 个层级：数据资源管理层，负责管控众多接入数据源，包含数据接入工具、数据调度模块、数据质量监控模块、元数据管理模块等；在数据资源管理层之上是系统的核心，即画像标签生产层，包含 ETL、IDM、数据聚合模块、标签提取模块和一些算法策略工具；存储和应用层，画像数据在这一层整理成在线和离线表供各个出口使用。在用户画像系统架构中，最重要的是画像标签生成层。画像标签生成逻辑如图 6-5 所示。

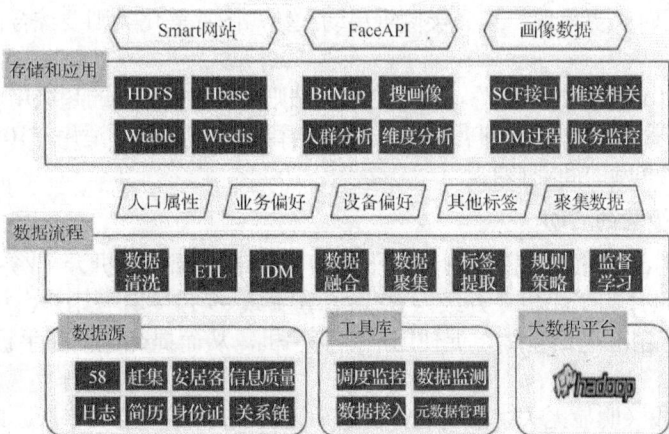

图 6-5　58 IDMapping 画像标签生成逻辑

2. 友盟+

友盟+，国内第三方全域数据服务商。2010 年 4 月友盟在北京成立，是我国专业的移动开发者服务平台。2016 年 1 月 26 日友盟、CNZZ 及缔元信 3 家公司正式合并，业务全面整合，升级为友盟+。友盟+以“数据智能，驱动业务增长”为使命，基于技术与算法能力，结合全域数据资源，挖掘出 40 多个标签大类，15000 多个客群标签、100 多个用户/行业分析指标。它可通过 AI 赋能的一站式互联网数据产品与服务体系，帮助企业实现深度用户洞察、实时业务决策和持续业务增长。截至 2018 年年底，友盟+已累计为约 165 万款 App、760 万家网站提供专业数据服务。

友盟+发现，超级用户成为 2018 年互联网第一个热词。超级用户背后所蕴含的商业价值，正是竞争优势和增量价值。超级用户的价值表现在如下 3 个层面。

（1）产品共创。当用户对产品的了解和体验特别深入时，他们的需求基本可以代表绝大部分用户的需求，那么超级用户就成为最好的产品共创者。最具代表性的例子是，Keep 通过招募内部测试官，将超级用户纳入产品迭代中，帮助产品实现快速、精准地升级。

（2）深度互动。超级用户一方面维持着活跃度和打开率，另一方面也更乐于推荐产品，用口碑传播方式迅速触达产品的潜在用户圈层。

（3）盈利能力。通常来讲，超级用户比普通用户的付费意愿更强。《超级用户》的作者艾迪•尹就曾表示，在客户总数中，超级用户仅占 10%，但他们能够将销量拉升 30%～70%。和普通用户相比，超级用户愿意在产品上花更多的钱。此外，超级用户与产品存在情感连接，在公司业务向外延展的过程中，超级用户可以更快地跟上步伐，在产品矩阵中实现复制和延展。

超级用户如此重要，那他们在哪？落到公司战略和实际运营中，如何定义超级用户？为了让每个行业的每个 App 都能快速地定位超级用户，友盟+基于全域数据和用户行为，给出了定义超级用户的通用指标和影响因素。

（1）活跃：用户对产品使用，维持较高的活跃性和较多的启动次数。

（2）浸入：用户对产品产生依赖，与产品高频互动，访问深度上更突出。互动越多绑定越强，行为也就越多。

（3）转化：用户欣然购买产品和服务，比如电商消费、会员服务、内容付费等，并且是持续的、高频的。

要特别注意的是，活跃-浸入-转化，并不是越向下一级的产品指标越重要，而是根据产品行业和发展周期的不同选择相应的维度和指标。不同垂直行业的属性和用户行为具有差异性，需选择不同的指标及其组合定义超级用户。根据友盟+统计的 7 个代表行业的日人均启动情况来看，资讯类、娱乐类使用时长更重要，工具类侧重启动次数，图片美化类则要综合评估时长和启动次数两个维度。

友盟+认为，在“超级用户时代”，新的“黄金法则”诞生，10%的超级用户可贡献普通用户 5 倍的价值。这意味着“互联网 2：8 原则”在“数据智能时代”已不适用，10%的更稀有的超级用户正在成为移动互联网的商业核心。

3. 电信套餐升级营销活动

某省电信运营商 e8 套餐（宽带+固话）升级 e9（宽带+固话+手机），业务目标为针对 e8 用户加装电信 C 网号码并购买手机，升级为 e9 融合套餐或 e9 自主套餐用户。可通过电信自身的宽带用户资源，进行精准电话营销，促使用户购买手机，从而提升电信在手机市场的占有率。

（1）变量筛选

通过对 67 个字段（明显无关字段）进行初步筛选后获得 20 个主要字段。此后，需根据字段理解对有明显相关性的变量进行筛选合并，如宽带上行流量、宽带下行流量和宽带总流量 3 个字段存在明显的关联关系，因此根据业务需求可直接只选择宽带总流量进行分析即可。对于不确定是否有相关性的部分字段，可使用相关性判断，通常分析相关性结果大于 0.666 以上可基本判断相关性较强。例如，宽带使用流量与宽带使用时长存在较强的相关性，因此在这两个字段中选择一个作为输入变量即可。最终确定模型的 10 个主要输入变量。电信套餐用户的关键数据字段如图 6-6 所示。

图 6-6 电信套餐用户的关键数据字段

宽带宽表67字段	
字段类型	字段数量
客户信息	26
产品信息	22
使用行为	14
价值信息	5
总计	67

业务相关字段20个

客户信息	在网时长
	年龄
	Serv_ID
产品信息	宽带名义带宽
	宽带在网时长
	套餐设计档位
	是否光纤小区
使用行为	固话通话次数
	上行宽带流量
	下行宽带流量
	宽带流量
	宽带使用时长
	宽带登录次数
	固话总MOU
	固话本地主叫时长
	固话长途主叫时长
	工作时间宽带使用时长
	工作时间宽带流量
价值信息	套餐级总ARPU
	宽带ARPU值
	固话ARPU值

筛选出的输入字段10个

客户信息	在网时长
	年龄
产品信息	宽带名义带宽
	宽带在网时长
	套餐设计档位
使用行为	宽带流量
	宽带登录次数
	固话总MOU
价值信息	套餐级总ARPU
	固话ARPU值

图 6-6　电信套餐用户的关键数据字段

（2）决策树模型的建立

根据数据准备阶段字段筛选结果选择了 10 个字段作为模型输入变量。决策树节点训练的模型最终生成决策树所选择的变量只有 5 个，分别是宽带在网时长（PD_PROM_FEE）、固话总 MOU（VO_MOU_FIX_AVG）、固话 ARPU 值（MB_FIX_ARPU_AVG）、宽带在网时长（PD_BB_TENURE）、宽带流量（VO_BB_VOL）。这 5 个变量都是具有重要业务含义的字段，基本符合建模要求。

（3）模型调优

决策树结果共有 17 个"叶子"节点，用户细分群体偏多，部分群体的规模小，占比不足 5%，因此需要根据各叶节点的特征，对决策树的"叶子"进行修剪、合并。比如，决策树模型中的节点 1（套餐档位小于等于 68 元的用户），这个节点中的用户占比仅 0.56%左右，说明套餐档位小于等于 68 元的用户都是质量较差的部分，其加装 5G 手机的可能性较低。从选取营销目标用户的角度来看，对这类用户不需要进行深入分析。

通过决策树模型筛选出目标用户群后，需要进一步根据不同细分目标群体的消费行为特征来推测用户的主要业务需求。此时需要根据 e8 升 e9 的业务目标，选择主要的字段来刻画用户特征。通常对用户群各变量的均值来进行描述，目标电信套餐用户消费行为如图 6-7 所示。

叶子节点	用户规模	宽带套餐ARPU 单位：元	宽带ARPU 单位：元	固话ARPU 单位：元	在网时长 单位：月	套餐档位 单位：元	宽带带宽 单位：M	宽带流量 单位：GB	固话MOU 单位：分钟	固话长途呼出MOU 单位：分钟	固话本地呼出MOU 单位：分钟
节点10	15864	114.0	63.3	48.4	40.7	111.7	4.8	40.4	127.5	36.2	114.0
节点7	22950	86.8	41.8	44.6	8.4	88.0	4.4	37.9	79.0	17.3	68.7
节点12	15704	110.9	47.7	61.3	39.7	88.4	4.5	33.9	120.6	39.1	95.1
节点14	12608	88.4	59.3	28.6	41.2	88.8	4.6	85.0	42.3	6.0	41.2

图 6-7　目标电信套餐用户消费行为

因此，目标电信套餐用户特征总结如图6-8所示。

叶子节点	用户规模（人）	客户群特征	建议客户群名称
节点10	15864	高套餐档位、高宽带ARPU、高在网时长	高宽带高值老用户群
节点7	22950	低在网时长、低带宽、中低固话和宽带使用行为	新入网用户群
节点12	15704	高套餐ARPU、低宽带流量、高固话ARPU、高在网时长	高固话高值老用户群
节点14	12608	高宽带流量、高在网时长、低固话ARPU	宽带使用活跃老用户群

图6-8　目标电信套餐用户特征总结

6.2　推荐系统

随着信息技术和互联网的发展，人们逐渐从信息匮乏的时代走入信息过载（Information Overload）的时代。在这个时代，无论是信息消费者还是信息生产者都遇到了很大的挑战。对于信息消费者而言，从大量信息中找到自己感兴趣的信息是一件非常困难的事情；对于信息生产者而言，让自己生产的信息脱颖而出，受到广大用户的关注，也是一件非常困难的事情。推荐系统就是解决这一矛盾的重要工具。推荐系统的任务就是联系用户和信息，一方面帮助用户发现对自己有价值的信息，另一方面让信息能够展现在对它感兴趣的用户面前，从而实现信息消费者和信息生产者的双赢。

现在几乎所有的App都有推荐系统，头条、抖音、快手都以推荐系统作为流量分发的主要手段；淘宝上，为你推荐、猜你喜欢、看了又看等随处可见；更惊人的是推荐系统给电商平台带来了大约35%的销售收入。总结：推荐系统的需求巨大，地位重要，从业者薪资很高。

6.2.1　推荐系统概述

什么是推荐系统？如图6-9所示，例如小蓝和小黄都爱运动，运动后都喜欢购买披萨和沙拉，我们可以利用算法算出小蓝和小黄偏好和行为相似，而小蓝还经常买一款饮料，于是我们把这个饮料也推荐给了小黄。简单来说，推荐系统就是指根据用户的历史信息和行为偏好，向用户个性化推荐其感兴趣的内容，或者利用商务网站及各种应用向用户提供商品信息和建议，帮助用户决定应该购买什么产品，模拟销售人员帮助用户完成购买过程。

图6-9　推荐系统场景

根据推荐系统的概念可知，推荐系统主要原理是根据用户过去的行为（比如购买、评分、点击等）来建立用户兴趣模型，之后利用一定的推荐算法，把用户最可能感兴趣的内容推荐给用户。

推荐系统可以解决什么问题呢？第一，时代发展的外在影响。由于信息过载，我们怎样在浩瀚的信息中找到自己感兴趣的东西？系统又该怎样展示这浩瀚的信息给用户，实现商业价值？于是有了搜索引擎和推荐系统。

第二，个性化的内在需求。推荐系统可以提升用户体验，如果一个 App 呈现在你面前的东西大量是你不喜欢的，你还会用它吗？打开抖音或者头条，呈现给你的都是你感兴趣的信息，可能一看就是一下午，爱不释手。

推荐系统还可以挖掘"长尾"信息，例如电商系统，销售热榜往往只占 20%的内容，大量的商品往往不够热门，都在长尾里。长尾理论就是指大量的不热门商品销量累加起来可能超过热门产品，例如亚马逊图书大约 57%的收入来自冷门图书。用户体验和挖掘长尾都是推荐系统可以实现的，但是搜索引擎做不到。这是为什么呢？

1. 推荐系统与搜索引擎的辨析

两者获取信息方式不同。搜索引擎是用户主动根据关键词搜索，目标较为明确；而推荐系统是用户被动的，目标也是模糊的，系统根据用户特征和行为偏好进行推荐。

（1）系统主动化。从用户角度考虑，门户网站和搜索引擎都是解决信息过载的有效方式，但它们都需要用户提供明确需求，当用户无法准确描述自己的需求时，这两种方式就无法为用户提供精确的服务了。而推荐系统不需要用户提供明确的需求，而是通过分析用户和物品的数据，对用户和物品进行建模，从而主动为用户推荐他们感兴趣的物品。

（2）需求个性化。推荐系统能够更好地挖掘长尾信息，即将冷门物品推荐给用户。热门物品通常代表绝大多数用户的兴趣，而冷门物品往往代表一小部分用户的个性化需求，在电商平台火热的时代，由冷门物品带来的营业额甚至可能超过热门物品，因此挖掘长尾信息是推荐系统的重要研究方向。

2. 推荐系统的四大要素

推荐系统主要包含的四大要素：产品 UI、数据、领域知识和推荐算法。

（1）产品 UI

最先优化的一定是产品 UI（User Interface，用户界面）和 UE（User Experience，用户体验），即人机交互设计和用户体验设计。推荐系统的 UI 通过展示推荐物品（物品标题、缩略图、简介等）来给用户推荐相应的物品，优异的用户体验设计也能够提升推荐系统的推荐效果。

（2）数据

推荐算法主要需要 3 部分的数据，分别是用户数据、内容数据、用户和内容关联数据。

用户数据：指用来建立用户模型的数据，这些数据因不同的推荐算法而不同，典型的用户数据包括用户兴趣点、用户描述、用户的社交好友关系等。

内容数据：指用来描述一个被推荐内容主要属性的数据，这些属性主要都是跟具体的内容相关的，如一部电影的导演、演员、类型和风格等。

用户和内容关联数据：是指反映用户与内容内在联系的数据，分为隐式和显式两种。显式主要是指评价、打分、购买等能明显反映用户对内容感兴趣的交互数据，隐式指的是用户的点击、搜索记录等间接反映用户对内容感兴趣的交互数据。

（3）领域知识

领域知识，与之对应的是常识和通识。每个产品都涉及领域知识，存在于市场上，相应地总是有一部分价值是大多数其他产品无法替代的，这部分就涉及领域知识。电商产品有自己的领域知识，比如普通用户更在意的是价格而不是兴趣；音乐产品也有自己的领域知识，比如一个歌手的"死忠粉"，你推荐给他该歌手的任意一首歌都是徒劳的，因为他早就听过了。类似这些在一个领域总结出来的普适规律，对于推荐系统的效果提升非常有用：有的是避免出现不必要的推荐引起用户疲劳，有的是大幅提高某些指标，有的是缩短模型的训练周期。

（4）推荐算法

推荐算法通常是某类推荐模型的实现，它负责获取数据，例如用户的喜好和可推荐项的描述，以及预测给定的用户组会对哪些选项感兴趣。目前为止，有许多推荐算法可供选择，但为需要解决的特定问题选择一种特定的算法仍然很困难。每一种推荐算法都有其优点和缺点及其限制条件。在实践中，一般会测试几种算法，以发现哪一种最适合系统用户，因此需要了解它们的工作原理。

推荐算法通常被分为几大类：协同过滤推荐算法，基于内容的推荐算法，基于关联规则的推荐算法，等等。

3. 推荐算法的指标

对预测和推荐结果的评估也是推荐系统十分重要的环节，一个推荐算法的优劣直接体现在这些评估指标上。一般来说，按照推荐任务的不同，常用的推荐质量量度方法可以划分为如下3类。

（1）对预测的评分进行评估，适用于评分预测任务。

（2）对预测的商品集合进行评估，适用于 Top-N 推荐任务。

（3）按排名列表对推荐效果加权进行评估，既适用于评分预测任务，也适用于 Top-N 推荐任务。

3 类量度方法对应的具体评价指标分别为：评分预测指标，如准确度指标，有平均绝对误差、均方误差根、标准化平均误差和覆盖率；集合推荐指标，如精确度、召回率、接受者操作特征和曲线下面积；排名推荐指标，如半衰期效用和折扣累积收益；等等。

6.2.2 推荐系统算法

1. 协同过滤推荐算法

协同过滤（Collaborative Filtering，CF）推荐算法通过在用户活动中寻找特定模式来为用户产生有效推荐。它依赖于系统中用户的惯用数据，例如通过用户对其阅读过的图书的评价可以推断出用户的阅读偏好。这种算法的核心思想就是：如果两个用户对于一些项的评分相似程度较高，那么一个用户对于一个新项的评分很可能类似于另一个用户。值得注意的是，它们推荐的时候不依赖于项的任何附加信息（例如描述、元数据等）或者用户的任何附加信息（例如喜好、人口统计相关数据等）。协同过滤推荐算法又可以分为基于用户的协同过滤推荐算法、基于项目的协同过滤推荐算法、基于模型的协同过滤推荐算法。

（1）基于用户的协同过滤推荐算法

基于用户的协同过滤推荐算法先使用统计技术寻找与目标用户有相同喜好的邻居，然后根据目标用户的邻居的喜好产生目标用户的推荐。其基本原理就是利用用户访问行为的相似性来互相推荐用户可能感兴趣的资源，如图 6-10 所示。假设用户 A 喜欢物品 A、B、C，用户 B 喜欢物品 A、B、C、D，从这些用户的历史喜好信息中，可以发现用户 A 和用户 B 的爱好是比较相似的，同时用户 B 还喜欢物品 D，那么可以推断用户 A 可能也喜欢物品 D，因此可以将物品 D 推荐给用户 A。

（2）基于项目的协同过滤推荐算法

基于项目的协同过滤算法，根据所有用户对物品或者信息的评价，发现物品和物品之间的相似度，然后根据用户的历史偏好信息将类似的物品推荐给该用户。图 6-11 可表明基于项目的协同过滤推荐的基本原理，用户 B、C、D 都喜欢物品 a 和物品 b，而用户 A 喜欢物品 a，从这些用户的历史喜好信息中可以认为物品 a 与物品 b 比较类似，喜欢物品 a 的用户都喜欢物品 b，基于这个判断用户 A 可能也喜欢物品 b，所以推荐系统将物品 b 推荐给用户 A。

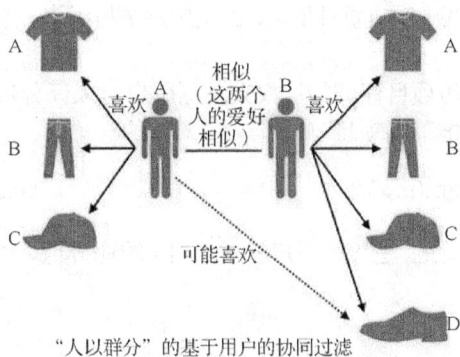

"人以群分"的基于用户的协同过滤

图6-10　基于用户的协同过滤推荐案例

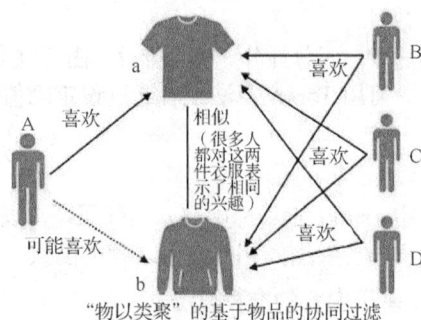

"物以类聚"的基于物品的协同过滤

图6-11　基于项目的协同过滤推荐案例

（3）基于模型的协同过滤推荐算法

基于模型的协同过滤推荐就是指基于用户喜好信息，训练一个推荐模型，然后根据实时的用户的喜好信息进行预测推荐。一般的做法是使用机器学习算法建立用户和项目的相互作用模型，从而找出数据中的模式。在一般情况下，基于模型的协同过滤算法被认为是建立协同过滤推荐系统的更先进的算法。有许多不同的算法可用于构建模型并基于这些模型进行预测，例如，贝叶斯网络、聚类、分类、回归、矩阵分解、受限玻耳兹曼机等。这些算法在为了最终赢得 Netflix 奖的解决方案中扮演了关键角色。Netflix 发起了一个竞赛，从 2006 年到 2009 年提供一百万美元的奖金，颁发给产生的推荐系统比他们自己的推荐系统精确 10% 以上的团队。获奖的解决方案是 Netflix 研发的一个集成（即混合）了超过 100 种算法的模型，这个模型采用了矩阵分解和受限玻耳兹曼机。

矩阵因子分解（如奇异值分解等）将项和用户都转化成了相同的潜在空间，它代表了用户和项之间的潜相互作用。用户偏好矩阵可以被分解成一个用户主题矩阵乘一个主题项矩阵。矩阵分解背后的原理是潜在特征代表了用户如何给项进行评分。给定用户和项的潜在描述，可以预测用户将会给还未评价的项评多少分。

由于协同过滤算法仅依赖于用户的惯用数据，因此协同过滤算法需要最低限度的专业工程的努力，以产生足够好的结果，但是，它们也有局限性。例如，协同过滤算法倾向于推荐流行的项，很难推荐给有独特口味的人（即感兴趣的项并没有产生足够多的惯用数据）。这被称为流行性偏见，它通常用基于内容的过滤算法解决。协同过滤算法的一个更重要的限制是所谓的"冷启动问题"，系统不能够给没有（或非常少）惯用活动的用户进行推荐。

协同过滤算法流程如下。

协同过滤算法流程分 3 步，第一步，数据表示，构建 UI 矩阵；第二步，根据 UI 矩阵计算用户/物品相似度，获取最近邻居集；第三步，汇总计分，产生推荐。

第一步，数据表示，收集用户的评分数据、评价行为数据等，并进行数据清理、转换，最终形成 UI 矩阵。

第二步，最近邻搜索，计算目标用户/项目与数据库内各个用户/项目的相似度，寻找相似度最高的作为最近邻居集。

$$\text{sim}(i,j) = \cos(i,j) = \frac{i \cdot j}{\|i\| \times \|j\|} \tag{6.1}$$

$$= \frac{\sum_k R_{ik} R_{jk}}{\sqrt{\sum_{l \in I_i} R_{il}^2} \sqrt{\sum_{l \in I_j} R_{jl}^2}}$$

其中，R_{ik} 为用户 i 对项目 k 的评分，I_i 为用户 i 评过分的项目集合，k 是用户 i 与用户 j 重合的评分数目。

第三步，汇总计分，产生推荐。由 K 个最近邻用户/项目评分的加权来预测用户对未评分项目的评分。可用 Top-N 算法或者通过设定阈值来确定要推荐的项目。

$$p_{a,i} = K\sum_{u=1}^{Q} \text{sim}(a,u)R_{u,i} \tag{6.2}$$

其中，$\text{sim}(a,u)$ 目标用户 a 与邻居用户 u 的相似度，$R_{u,i}$ 是邻居用户 u 对项目 i 的评分值，K 为目标用户和各邻居间相似度值之和的倒数。

2. 基于内容的推荐算法

基于内容的推荐是指根据物品或内容的元数据，发现物品或内容的相关性，然后基于用户的喜好记录推荐给用户相似的物品或内容。与协同过滤算法不同的是，基于内容的推荐算法是基于项目的内容（例如标题、年份、描述等）比较项目之间的相似度的，并没有考虑用户过去使用项目的情况。例如，如果一个用户喜欢电影《指环王：护戒使者》和《指环王：双塔奇兵》，然后使用电影的标题信息，推荐系统可以向用户推荐电影《指环王：国王归来》。在基于内容的推荐算法中，假设可以获取到项的描述信息，并将其作为项的特征向量（例如标题、年份、描述等）。这些特征向量被用于创建一个反映用户偏好的模型。各种信息检索（例如 TF-IDF 等）和机器学习技术（例如朴素贝叶斯、支持向量机、决策树等）可被用于创建用户模型，从而为用户产生推荐。

图 6-12 给出了基于内容推荐的一个典型的例子，即电影推荐系统。首先需要对电影的元数据建模，这里只简单地描述了一下电影的类型；然后通过电影的元数据发现电影间的相似度，因为类型都是"爱情，浪漫"，所以电影 A 和 C 被认为是相似的电影（当然，只根据类型是不够的，要得到更好的推荐，还可以考虑电影的导演、演员等）；最后实现推荐，对于用户 A，他喜欢看电影 A，那么系统就可以给他推荐类似的电影 C。

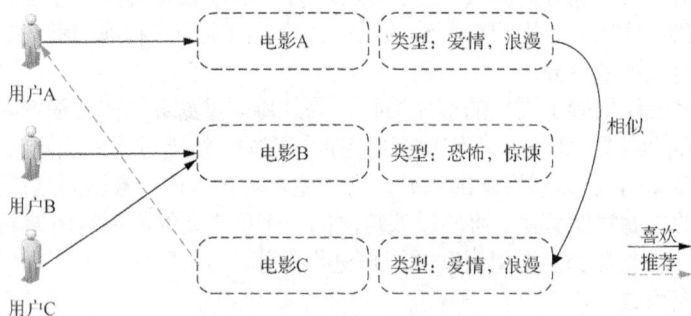

图 6-12 基于内容的推荐案例

基于内容的推荐算法克服了协同过滤算法的很多不足。具体来说，基于内容的推荐算法可以克服流行性偏见和新项目的冷启动问题，这些问题在前面介绍协同过滤算法的时候已经讨论过。然而，值得注意的是，纯粹基于内容的推荐算法的性能通常不如协同过滤算法。基于内容的推荐算法通常还存在过度专业化（Over-Specialisation）的问题，即用户可能会得到过多相同类型的项目（如推荐所有的"指环王"系列电影），而不会推荐其他不同的但用户可能感兴趣的项目。此外，基于内容的推荐算法中，仅仅使用了包含在项目元数据中的词汇（如标题、年份、描述），这限制了推荐算法的实用性，不能帮助用户探索和发现词汇之外的内容。

3. 基于关联规则的推荐算法

前面几个推荐算法其实都涉及"看过 XX 的还看过"，或者"买过 XX 的用户还买过"类似的推荐理由。实际上支撑类似理由的一个很重要的推荐算法就是基于关联规则的推荐算法。即通过一定的逻辑来寻找物品之间的相关关系。请注意是相关关系并不是相似关系，又或者说寻找的并不是严格意义上属性上的相似，单纯只是为了寻找它们之间的关联性。

这就要从"啤酒与尿布"的故事说起，或许很多朋友听过这个故事，即超市对用户的购物清单进行分析，发现一个很奇怪的现象，那就是很多用户经常在购买尿布的时候顺带会购买啤酒。这是一个很奇怪的组合，单纯从物品属性的角度上看，两者之间很难有明面上的关系，但事实就是它们确实存在某种关联。超市于是将这两种商品放在同一个货架中，结果大大提升了两者的搭配销售额。

这就是一个推荐场景，即在用户浏览尿布的时候适当进行啤酒的推荐，从而提升搭配销售的效果。可通过它们的历史搭配售卖情况，来分析每个搭配之间的合理性，即分析不同商品组合之间的相关性。这种相关性很难解释，但确实有效，这正是数据分析的魅力所在。

Apriori 算法是常用的用于挖掘出数据关联规则的算法，它常被用来找出数值中频繁出现的数据集合，可以认为这些频繁出现的数据集合中的数据项存在一定的关联性，简而言之，可以认为这些数据项之间存在某种"相关性"。这些找出的集合有助于进行业务决策，比如在电商的网购数据中，如果发现某一些商品经常一起被购买，那么可以认为这些商品之间存在某种"相关性"，从而可以优化网站中这些商品的排列位置、优化商品的仓库位置或者将这些"相关"的物品推荐给正在浏览对应物品的用户，以达到增加经济效益、节约成本的目的。

对于 Apriori 算法，需要明白下面几个概念。

交易集：包含所有数据的一个数据集合，数据集合中的每条数据都是一笔交易。

项：交易集中的每个商品被称为一个项。

模式/项集（Item Set）：项组合被称为模式/项集。

支持度：一个项集在整个交易集中出现的次数或出现的频度，比如：sup({A,C})=2 表示 A 和 C 同时出现的次数是 2 次。

最小支持度：交易次数达到最小支持度的情况，该项集才会被计算。

频繁项集：如果项集的支持度大于等于最小支持度，那么该项集被称为频繁项集。

置信度：一个项集在整个交易集中出现的次数或该项集中项的频度，该值越大，表示同时出现的概率越大，具体计算如下所示。

$$\text{sup}(X,Y)=\frac{X\cap Y\text{ 的数据量}}{\text{总的数据量}} \tag{6.3}$$

$$\text{con}(X,Y)=\frac{X\cap Y\text{ 的数据量}}{\text{含 }X\text{ 的数据量}} \tag{6.4}$$

其中 $X\cap Y$ 即 X 和 Y 两项同时出现所组成的新项集。

Apriori 算法本质就是找出购物数据集中的最频繁的 k 项集。Apriori 算法采用迭代的方法，先搜索出候选 1 项集及对应的支持度，剪枝去掉低于最小支持度的 1 项集，得到频繁 1 项集。然后对剩下的频繁 1 项集进行连接，得到候选频繁 2 项集，筛选去掉低于最小支持度的候选频繁 2 项集，得到频繁 2 项集，以此类推，迭代下去，直到无法找到频繁 $k+1$ 项集为止，对应的频繁 k 项集的集合即算法的输出结果。Apriori 算法示意如图 6-13 所示。

已知有数据集合 D 和支持度阈值 α，利用 Apriori 算法计算最大的频繁 k 项集的具体过程如下。

步骤一：扫描整个数据集，得到所有出现过的 1 项集，得到候选频繁 1 项集。

步骤二：令 $k=1$。

步骤三：挖掘频繁 k 项集；扫描数据计算候选频繁 k 项集的支持度，去除候选频繁 k 项集中支持度低于阈值的数据集，得到频繁 k 项集。如果得到的频繁 k 项集为空，则直接返回频繁 $k-1$ 项集作为算法结果，算法结束。如果得到的频繁 k 项集只有一项，则直接返回频繁 k 项集作为算法结果，算法结束。基于频繁 k 项集和频繁 1 项集，连接生成候选频繁 $k+1$ 项集。

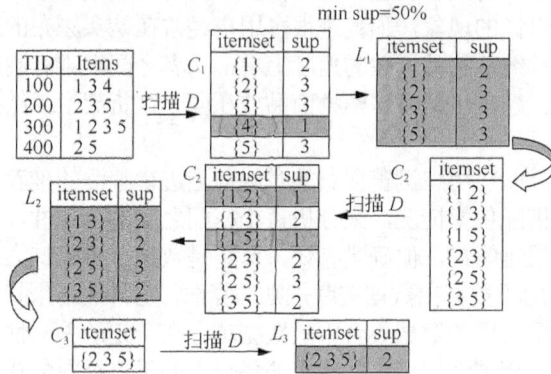

图 6-13 Apriori 算法示意

步骤四：$k=k+1$，转入步骤三。

Apriori 算法是一种非常经典的频繁项集的挖掘算法，理解、掌握 Apriori 算法的原理，对数据挖掘相关算法的学习具有非常好的促进作用。

可将关联规则算法应用到网上商城中，例如天猫超市、京东超市，可以对用户购物单进行关联分析，挖掘潜在的商品之间的联系。天猫超市和京东超市在做推荐的时候可将这些商品之间的联系规则融入，以提升效益和相应的购买体验。

比较上述介绍的推荐算法：基于内容的推荐算法只考虑了对象的本身性质，将对象按标签形成集合，如果你消费集合中的一个则向你推荐集合中的其他对象；基于协同过滤的推荐算法，充分利用集体智慧，即在大量的人群的行为和数据中收集答案，以帮助对整个人群得到统计意义上的结论，推荐的个性化程度高，基于以下两个出发点，即兴趣相近的用户可能会对同样的东西感兴趣和用户可能较偏爱与其已购买的东西类似的商品，也就是说考虑了用户的历史习惯，对象客观上不一定相似，但由于人的行为可以认为其在主观上是相似的，就可以产生推荐了；而基于关联规则的推荐算法，并不是简单地计算物品之间的相似度距离，而是通过对历史数据进行数据挖掘，挖掘潜在的物品之间的关联，这些关联可能从表面看并非由物品之间的属性决定，可能由别的因素决定，即从数据中发现潜在的价值应用于推荐系统，有时候会产生意料之外的效果。

4. 相似度量度方法

在推荐算法中，一个非常重要的步骤就是计算用户或者项目之间的相似度。相似度计算方法能够精确计算用户/项目特征向量之间的距离，从而得出用户/项目之间的相似程度。假设现在仅仅计算两个实体向量之间的距离，实体向量分别用 x、y 表示，默认表示的是一维向量。常用的相似度刻画方法有如下几种。

（1）余弦相似度

余弦相似度的几何意义就是两个向量的空间夹角的余弦值，它的取值范围在-1 到 1 之间。取值为-1 表示完全相反，取值为 1 表示完全相同，其余值表示介于二者之间。对于 n 维空间的两个向量，可以通过以下公式计算余弦相似度。

$$\cos <x,y> \geq \frac{xy}{|x||y|} \tag{6.5}$$

（2）皮尔逊相关系数

皮尔逊相关系数的实际意义是两个随机变量 x 和 y 之间的线性相关性，它的取值范围在-1 和 1 之间。-1 表示负线性相关，1 表示正线性相关，其余值表示介于二者之间。

$$\rho_{x,y} = \frac{\cos(x, y)}{\sigma_x \sigma_y} \tag{6.6}$$

（3）欧氏距离

距离量度中十分常见的是欧氏距离，常用于计算多维空间中两个点之间的绝对距离。

$$d(x,y) = \sqrt{\sum_{i=1}^{n}(x_i - y_i)^2} \tag{6.7}$$

5. 推荐算法评测方法

自推荐系统研究开始以来，对预测和推荐结果的评估一直都是十分重要的环节，一个推荐算法的优劣直接体现在这些评估指标上。一般来说，按照推荐任务的不同，常用的推荐度量指标可以划分为 3 类。

（1）评分预测指标

为了衡量推荐算法结果的准确性，通常使用一些常见的预测误差指标，平均绝对误差（Mean Absolute Error，MAE）、均方误差（Mean Squared Error，MSE）、均方根误差（Root Mean Squared Error，RMSE）和标准平均绝对误差（Normalized Mean Absolute Error，NMAE）是其中具有代表性的指标。

① 平均绝对误差（MAE）

$$\text{MAE} = \frac{1}{U}\sum_{u \in U}\frac{1}{O_u}\sum_{i \in O_u}\left|p_{u,i} - r_{u,i}\right| \tag{6.8}$$

U 代表测试集中用户集合，i 代表测试集中 item 集合，$O_u = \left\{i \in I \mid p_{u,i} \neq \varnothing \land r_{u,i} \neq \varnothing\right\}$（$r_{u,i}=\varnothing$ 代表 u 没有对 i 评过分），$r_{u,i}$ 代表 u 对 i 的评分，$p_{u,i}$ 代表预测的 u 对 i 的评分。

单个用户 u 的标准平均绝对误差（NMAE）为：

$$\text{NMAE} = \frac{\text{MAE}}{r_{\max} - r_{\min}} \tag{6.9}$$

其中 $r_{\max}$ 和 $r_{\min}$ 分别为用户 u 评分区间的最大值和最小值。

② 均方根误差（RMSE）

$$\text{RMSE} = \frac{1}{U}\sum_{u \in U}\sqrt{\frac{1}{O_u\sum_{i \in O_u}(p_{u,i} - r_{u,i})^2}} \tag{6.10}$$

将式中的根号去掉即均方误差（MSE）。

（2）集合推荐指标

由于数据稀疏和冷启动问题的存在，有时直接预测用户对 item 的评分是困难的，为此有学者提出了 Top-N 推荐算法，即不预测用户对 item 的评分，而是根据 user-item 的隐式交互（例如点击、收藏等）来生成一组用户最有可能喜欢的 items 集合推荐给用户。

Top-N 推荐中最广泛使用的推荐质量量度指标主要有如下几种。（$R(u)$ 代表根据用户在训练集上的行为给用户做出的推荐列表，$T(u)$ 代表用户在测试集上的行为列表。）

① Precision，精确度，表示推荐项目总数中相关推荐项目的比例：

$$\text{Precision} = \frac{\sum_{u \in U}\left|R(u) \cap T(u)\right|}{\sum_{u \in U}\left|R(u)\right|} \tag{6.11}$$

② Recall，召回率，表示相关推荐项目数量中相关推荐项目的比例：

$$\text{Recall} = \frac{\sum_{u \in U} |R(u) \cap T(u)|}{\sum_{u \in U} |T(u)|} \tag{6.12}$$

③ F1，表示精确度和召回率的结合：

$$\text{F1} = \frac{2 \times \text{Precision} \times \text{Recall}}{\text{Precision} + \text{Recall}} \tag{6.13}$$

④ 接受者操作特征（Receiver Operating Characteristic，ROC）与曲线下面积（Area Under Curve，AUC）。

AUC 指标用于衡量一个推荐系统能够在多大程度上将用户喜欢的商品与不喜欢的商品区分开来。

可以用以下方法来近似计算系统的 AUC：每次随机从相关商品集即用户喜欢的商品集中选取一个商品 α，与随机选择的不相关商品 β 进行比较，如果商品 α 的预测评分值大于商品 β 的评分，那么就加 1 分，如果两个评分值相等就加 0.5 分。这样独立地比较 n 次，如果有 n' 次商品 α 的预测评分值大于商品 β 的评分，有 n'' 次两评分值相等，那么 AUC 就可以近似写作：

$$\text{AUC} = \frac{n' + 0.5n''}{n} \tag{6.14}$$

显然，如果所有预测评分值都是随机产生的，那么 AUC=0.5。因此 AUC 大于 0.5 的程度衡量了算法在多大程度上比随机推荐算法精确。AUC 指标仅用一个数值就表征了推荐算法的整体表现，而且它涵盖所有不同推荐列表长度的表现。但是 AUC 指标没有考虑具体排序位置的影响，导致在 ROC 曲线面积相同的情况下很难比较算法的好坏，所以它的适用范围也受到了一些限制。

（3）其他评估指标

为了获得更高的用户满意度，在推荐过程中还应考虑除了以上量度指标之外的其他指标。为了评估这些指标，学术界提出了各种衡量新颖性、多样性和稳定性的指标。

① 多样性和新颖性

假设 $\text{sim}(i,j) \in [0,1]$ 为物品 i、j 之间的相似性，那么用户 u 的推荐列表 $R(u)$ 的多样性可以定义为：

$$\text{Diversity}\big[R(u)\big] = \frac{\sum_{i,j \in R(u)_{i \neq j}} \big[1 - \text{sim}(i,j)\big]}{\frac{1}{2}|R(u)|\big[|R(u)-1|\big]} \tag{6.15}$$

除了多样性以外，新颖性也是影响用户体验的重要指标之一。它指的是向用户推荐非热门、非流行商品的能力。推荐流行的商品纵然可能在一定程度上提高推荐准确率，但是却使得用户体验的满意度降低了。量度推荐新颖性最简单的方法是利用推荐商品的相似度。推荐列表中商品与用户已知商品的相似度越小，对于用户来说，其新颖性就越高。由此得到推荐新颖性指标：

$$\text{Novelty}_i = \frac{1}{Z_u - 1} \sum_{j \in Z_v} \big[1 - \text{sim}(i,j)\big], i \in Z_u \tag{6.16}$$

式中 Z_u 表示推荐给用户 u 的 n 个 item 集合。

② 稳定性

预测和推荐的稳定性会影响用户对推荐系统的信任，如果一个推荐系统提供的预测在短时间内没有发生强烈变化，则它是稳定的。推荐系统的稳定性可以用平均绝对位移（Mean Absolute Shift，MAS）来量度。

假设现有一系列已知的用户评分数据集合 R_1，根据 R_1 对一组用户未评分的 item 集合进行预测，得到一组预测评分数据集合 P_1。经过一段时间的交互后，用户对一些未评分的 item 有了评分，此时再对 P_1 中的 item 评分进行预测，得到新的预测评分数据集合 P_2，则 MAS 可表示为：

$$\mathrm{MAS} = \frac{1}{|P_2|} \sum_{(u,i) \in P_2} \left| P_2(u,i) - P_1(u,i) \right| \tag{6.17}$$

6.2.3　推荐系统应用

推荐系统能够帮助用户发现自己想要的商品，帮助商品找到对其感兴趣的用户，前者例如电影、歌曲的推荐等，后者例如广告推送等。产生推荐系统主要是因为信息过载，用户难以从大量信息中发现自己想要的信息。对于商品来说，线上购物网站可以包含大量的商品，挖掘长尾商品，并且将这些长尾商品推荐给用户，是推荐系统的重要作用。

以淘宝商品推荐为例，淘宝对于商品的推荐大多根据用户的浏览记录或者用户的购物车，例如图 6-14 中用户最近浏览过水杯并将水杯放入了购物车。在不同的场景，淘宝可以根据商品相似度进行推荐，通过用户基础信息进行推荐，也可以通过用户的行为数据进行推荐。

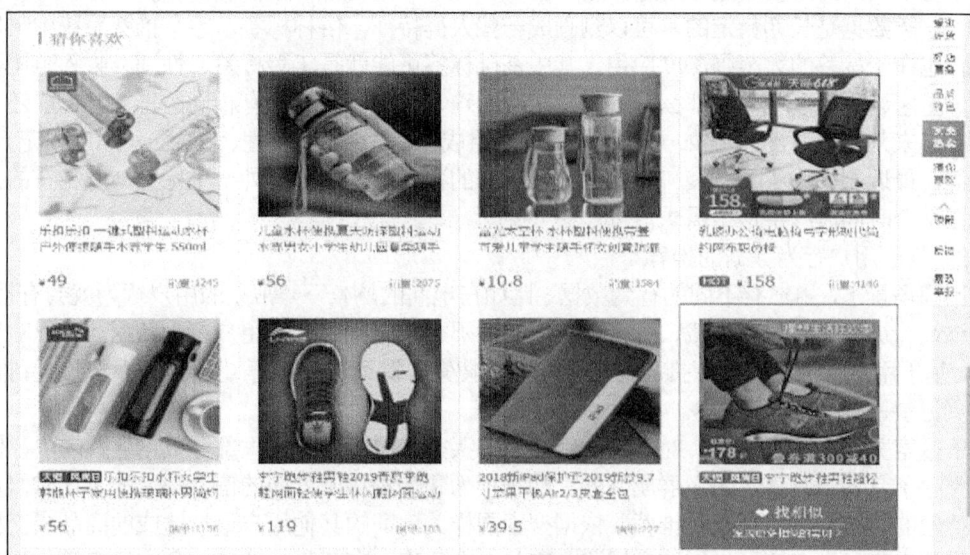

图 6-14　淘宝商品推荐

淘宝有一套加权求和法的推荐方法，就是选取商品的某些属性，并且针对各种属性对于用户选择的重要性进行主观的评估，然后赋上权重，进行累加计算，得出每种商品和其他商品的相似性。案例如下：水杯类目中选择 3 个属性，即材质、样式、颜色，其中材质重要等级为 3，样式重要等级为 2，颜色重要等级为 1。现有 3 种水杯：

- 水杯 A（塑料，大肚杯，透明无色）；
- 水杯 B（陶瓷，直筒杯，透明无色）；
- 水杯 C（玻璃，直筒杯，白色）。

比对的两个商品每种属性的相似度关系值：

- 材质是否相同（不同为 0，相同为 1）；
- 样式是否相同（不同为 0，相同为 1）；
- 颜色是否相同（不同为 0，相同为 1）。

再根据加权累加公式 $x = x_1 f_1 + x_2 f_2 + \cdots + x_n f_n$，可以得到表 6-1 所示的结果。

表 6-1   水杯相似度结果

相似度	水杯 A	水杯 B	水杯 C
水杯 A	8	1	0
水杯 B	1	8	2
水杯 C	0	2	8

假设当前用户加入购物车的为水杯 A，那么淘宝的推荐系统就会推荐这个相似度分数比较高的其他类型目录下的商品。可以验证的是，图 6-18 中所有水杯的材质均为塑料，这也表明最终的推荐商品材质都基本一样。

除此之外，由于淘宝用户量庞大，浏览记录等数据量随之爆炸式增长，对于这样的海量数据，可以对人群进行划分，将有相似属性、相似行为的用户分为一类人，然后这一类中的人某一个人喜欢 A 产品，那么其他人也有极大的可能喜欢 A 产品。

（1）基于用户基础信息的推荐

可以基于用户基础信息进行推荐，用户注册和后期行为过程中系统可以收集、分析出一些固定数据，这类数据是长期稳定的，可以刻画成一些人群特征，俗称标签。整个推荐系统中最厉害的地方，也在于标签的大范围深度应用，其中基础标签可能就是年龄标签、性别、收入范围、兴趣爱好、星座、生活区域等，那么标签完全相同的这一类人极有可能有相同的喜好（一般还会加入行为一起来判断相似性）。比如一个用户的标签组成为：21~28、女性、低收入人群、爱宠人士、双鱼座等，最近刚好购买了一袋"巴拉巴拉"品牌的狗粮，那么则另外一个标签与她相符的人，也可能在某个时间段产生这个需求。

（2）基于用户行为数据的推荐

在不同场景下，用户有不同的行为数据。比如在电商的场景下，常见的用户行为就会有搜索、浏览、咨询、加购、支付、收藏、评价、分享等，那么通过记录这些用户行为数据，可以对应进行推荐。基于用户行为数据进行推荐可以分为基于搜索关键词进行推荐、基于浏览记录进行推荐、基于购买记录进行推荐。

基于搜索关键词进行推荐，对于一个新注册的买家来说，这时候大部分数据存在缺失，因为这个买家除了具备一些基本的人群属性外，购物行为和购物偏好方面的信息是空的。这时候可以根据他搜索的关键词来进行跟踪推荐，依据搜索同样关键词的其他用户最后达成的商品成交概率来进行合理推荐。举个例子：如连衣裙这个产品，在风格上有韩版、欧美、复古风格等，那么搜索引擎通过分析以前搜索"连衣裙"这个关键词的其他消费者，发现 70%以上的消费者最终都购买了韩版的，那么韩版就是一个高概率成交风格。所以，推荐系统将展现这一类型的商品在这个新用户面前。

基于浏览记录进行推荐，对于淘宝而言，用户在整个网站中和 App 中的所有浏览记录的时间脉络，它全部有记录，可以做到判断用户在何时看到什么商品。浏览的行为背后即代表关注，表明用户对此商品感兴趣，那么可以根据这一类商品的相似度进行关联推荐，用户所有浏览行为都是商品推荐的重要依据。举个例子：每次你搜索并且看完一些商品后，关闭淘宝，过一段时间再打开淘宝，你就可以看到在"猜你喜欢"模块中出现之前浏览过的同类商品。

基于购买记录进行推荐，用户已经购买了某商品，这证明用户对商品的认可，甚至是对这个店铺的认可，尤其是在例如衣服、鞋子、宠物用品等复购率较高的商品中。如果用户在这个店铺里面买过商品，那么用户在搜索相关的关键词的时候，这个店铺中符合要求的商品就会被优先展现（尤其是新上架的商品）。举个例子：淘宝中，用户收藏的店铺、浏览过的店铺等，都会以一种强个性化的方式得到优先推荐，而且会给你添上标签"购买过的店铺"。在绝大多数类目里面，这种最高级别的推荐都是非常明显的。

6.2.4　推荐系统案例

本节着重对案例进行分析，主要涉及网易云音乐推荐和电影推荐。

1. 网易云音乐推荐

网易云音乐的歌单推荐有两种，第一种是推送每日推荐歌曲，第二种是推送歌单组合，如图 6-15 所示。这里只给出每日推荐歌曲的推荐方法。

图 6-15　网易云音乐主页

每日推荐歌曲的原理较为简单，即在海量的用户数据（如行为记录等）中对用户进行划分，对同一群体的用户推荐其余用户喜欢的音乐。其中运用的算法很复杂，本文仅仅对相关的基础算法和过程进行推断。

首先对音乐进行归类并建立评分规则，这是前面说到的给内容分类，是每个平台推荐前要做好的准备。简单说就是给音乐贴标签，把相同/相似标签的音乐归到一起，所以一首歌可能会被归到多个类别里，比如说同一个歌手的歌、同种曲风或者表达某一个情绪等。其次对用户听音乐行为建立评分规则有助于更好地分析用户的喜好，从而进行更精确的推荐。网易云评分规则举例如图 6-16 所示。

听歌操作		收录操作	
完整听过	1	喜欢	1
频繁听	3	收藏	2
跳过	-1	评价	1
频繁跳过	-3	喜欢的歌手	1
多次单曲循环	3		

图 6-16　网易云评分规则举例

接着建立用户模型。制定评分规则后，就可以得到每个用户和与该用户相关的每首歌的一个得分，根据这些数据就可以给用户建立相应的模型从而为其做精确推荐（见图6-17）。

然后寻找相似的用户。这里的相似度计算方法就拿欧氏距离进行举例，欧氏距离非常直观。如图 6-18 所示，根据得出的评分，可以制作二维图，简单明了地看出用户在哪个位置，比如 A 用户就与 D 用户距离最近，所以可以给 A 用户推荐 D 用户喜欢的歌曲。

用户\歌曲	最长的电影	车站	每天爱你多一点
A	3	2.5	3
B	1.5	3.5	3.5
C	3	2.5	3
D	2.5	2	3.5
E	3	3.5	4

图 6-17 网易云用户打分

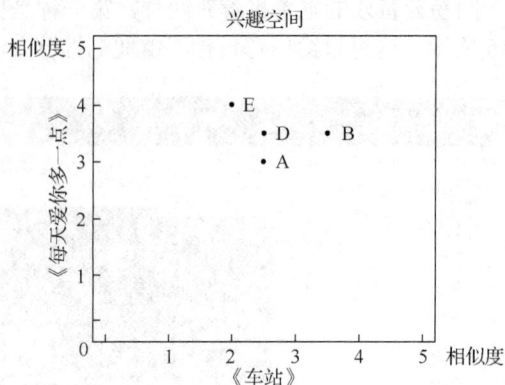

图 6-18 用户相似度

2. 电影推荐

这里通过具体实验案例的方式讲解如何在经典数据集 MovieLens 上进行推荐。MovieLens 包含用户对电影的评分数据集，通过对 MovieLens 采用协同过滤的算法对用户进行电影推荐。

（1）数据描述

MovieLens 是推荐系统常用的数据集，如图 6-19 所示，在 MovieLens 数据集中，用户对自己看过的电影进行评分，分值范围为 1~5，其中包括两个不同大小的库，适用于不同规模的算法。小规模的库包含 943 个独立用户对 1682 部电影所做的 10000 次评分的数据，大规模的库包含 6040 个独立用户对 3900 部电影所做的 100 万次评分的数据。

实例用的语言为 Python，用 pandas 库读取 MovieLens 中的小数据集。

	user_id	item_id	rating	timestamp
0	196	242	3	881250949
1	186	302	3	891717742
2	22	377	1	878887116
3	244	51	2	880606923
4	166	346	1	886397596

图 6-19 MovieLens 数据集前 5 条

（2）数据统计与分析

接着通过 pandas 查看各列数据细节情况，如图 6-20 所示。

通过对 user_id 和 item_id 进行去重操作，得到 user_id 共有 943 个，item_id 共有 1682 个，与数据对应的 user_id 及 item_id 的编号刚好是 1~943 和 1~1682，且经验证 user_id 与 item_id 均不存在重复的情况，可见数据已经清洗好，不需要重新处理。接着可以将数据集拆分为训练集和测试集，分别进行处理。

	user_id	item_id	rating	timestamp
count	100000.00000	100000.000000	100000.000000	1.000000e+05
mean	462.48475	425.530130	3.529860	8.835289e+08
std	266.61442	330.798356	1.125674	5.343856e+06
min	1.00000	1.000000	1.000000	8.747247e+08
25%	254.00000	175.000000	3.000000	8.794487e+08
50%	447.00000	322.000000	4.000000	8.828269e+08
75%	682.00000	631.000000	4.000000	8.882600e+08
max	943.00000	1682.000000	5.000000	8.932866e+08

图 6-20　MovieLens 数据集各列情况

（3）评分矩阵

接着生成 $m \times n$ 的评分矩阵，m 表示用户数量，n 表示电影的数量，评分矩阵表示所有用户对所有电影的评分。图 6-21 仅展示前 5 个用户对 1682 部电影的评分。

	0	1	2	3	4	5	6	7	8	9	…	1672	1673	1674	1675	1676	1677	1678	1679	1680	1681
0	5.0	3.0	4.0	3.0	3.0	5.0	4.0	1.0	5.0	3.0	…	0.0	0.0	0.0	0.0	0.0	0.0	0.0	0.0	0.0	0.0
1	4.0	0.0	0.0	0.0	0.0	0.0	0.0	0.0	0.0	2.0	…	0.0	0.0	0.0	0.0	0.0	0.0	0.0	0.0	0.0	0.0
2	0.0	0.0	0.0	0.0	0.0	0.0	0.0	0.0	0.0	0.0	…	0.0	0.0	0.0	0.0	0.0	0.0	0.0	0.0	0.0	0.0
3	0.0	0.0	0.0	0.0	0.0	0.0	0.0	0.0	0.0	0.0	…	0.0	0.0	0.0	0.0	0.0	0.0	0.0	0.0	0.0	0.0
4	4.0	3.0	0.0	0.0	0.0	0.0	0.0	0.0	0.0	0.0	…	0.0	0.0	0.0	0.0	0.0	0.0	0.0	0.0	0.0	0.0

图 6-21　用户评分矩阵

通过 Python 代码查看评分矩阵的稀疏性，得到结果为 6.3%，即只有 6.3% 的用户和电影有互动记录。

（4）相似度矩阵

由经验分析可得使用基于用户的协同过滤算法应该胜于基于物品的协同过滤算法，所以下文仅仅讲解基于用户的协同过滤算法。

如图 6-22 所示，对 i，j 用户进行相似度计算，可以采用余弦相似度或者皮尔逊相关系数等，以此类推对所有用户之间都进行相似度计算，得到 $m \times m$ 的相似度矩阵，$s(i,j)$ 即表示用户 i 与 j 的相似值（见图 6-23）。

	1	2	3			$n-1$	n
1				…	…		
	…	…	…	…	…	…	…
i	$R(i,1)$	$R(i,2)$	$R(i,3)$	…	…	$R(i,n-1)$	$R(i,n)$
	…	…	…	…	…	…	…
j	$R(j,1)$	$R(j,2)$	$R(j,3)$	…	…	$R(j,n-1)$	$R(j,n)$
	…	…	…	…	…	…	…

图 6-22　用户评分矩阵 i，j 行进行相似度计算

图6-23　用户相似度矩阵

（5）预测用户对电影的评分

将 $m \times m$ 的用户相似度矩阵与 $m \times n$ 的评分矩阵进行矩阵的乘法操作，得到 $m \times n$ 的最终得分矩阵，例如相似度矩阵第 i 行 S_i 乘评分矩阵第 j 列 R_j 得到 p_{ij}，即预测到的用户 i 对电影 j 的评分。

接着需要对评分进行归一化处理，考虑两种要素：第一种是需要将最终的评分归一化到 1～5，第二种是针对用户的评分进行归一化，例如某些用户有自己的评分体系，就需区别对待。假设用户 i 对他最喜欢的电影的评分为 3 分，对其他好电影的评分也为 3 分，而用户 j 则对他最喜欢的电影的评分为 5 分，而对一些无聊的电影的评分都为 3 分，这时候就要区别对待，进行归一化处理。所以最终的结果计算如式（6.18）所示，S 表示相似度矩阵，R 表示评分矩阵：

$$p_{i,j} = \overline{R}_i + \frac{\sum_{k=1}^{n}\left[S_{i,k}(R_{k,j} - \overline{R}_k) \right]}{\sum_{k=1}^{n} S_{i,k}} \tag{6.18}$$

最后将均方根误差（RMSE）作为评价指标，读者也可以选用其他评价指标进行评分：

$$RMSE = \sqrt{\frac{1}{n}\sum x - \overline{x}} \tag{6.19}$$

最终基于用户的协同过滤算法预测均方差误差为 3.1659，而基于物品的协同过滤算法预测均方差误差为 3.4641。这与之前的判断相符。

最后进行总结，对于不同的数据，要做到更好地推荐不要首先对数据进行分析，在没有经验的情况下对每种算法可以进行相关实验对比，选出较优的推荐算法。这种对比不仅需要注重最终的算法误差，还需要考虑额外的因素，例如长时间精准推荐会让用户产生乏味感，需要掺杂推荐相似度低一点儿的物品，还有例如用户已经购买过 iPad，系统就不应当继续推荐 iPad，而应当推荐 iPad 保护套等衍生品，而这一规则对于衣服、图书则不适用。所以要构建一个好的推荐系统十分复杂，未来还需要在相关算法和系统领域进行更多的探索。

6.3　社交商务分析

6.3.1　社交商务分析概述

社交商务是指在社交网络上展开的商务活动，社交网络是社交商务的基础。随着互联网和移动互联网的飞速发展，涌现出一批在线社交平台，国内有大家熟知的 QQ、微信、钉钉、微博等，这些在线社交平台都拥有大量的用户，以及复杂的用户-用户关系。本节将从社交网络的基本概念入手，主要介绍社交网络数据分析的相关模型和方法。

1. **社交网络基本概念**

网络可以看作由一些节点经边连接而构成的系统。点可以指代多种有联系的个体，如城市、动物、蛋白质等，边即点之间的连线，对应于这些个体之间的关系。网络在我们的社会生活中无处不在：例如，城市之间可以由公路、铁路、航线相连从而构成城市公路网、铁路网或航空网，网页和网页之间相互链接构成万维网，动物之间存在捕食关系从而构成食物链，蛋白质可能需要相互协作才能完成生物的某种机能。社交网络是一类特殊的网络，在社交网络中，个体就特定为"人"，而边则可以指代人与人之间的各种关系，如 QQ 上的好友关系、钉钉上的同事关系、通信网络中的通话关系、微博中的关注/被关注关系、人人网中的同学/朋友关系等。

2. **社交网络的统计特性**

用网络来刻画某些关系，是社会关系研究的重要手段，也是网络研究的基础。图 6-24 所示的社交网络是一个无向无权网络，每个节点表示一个用户，用户之间的关系用边表示。如果用户之间没有关系，则用户之间不存在连边。为了方便后续模型和方法的描述，这里对社交网络中的几个重要的概念进行简要介绍。

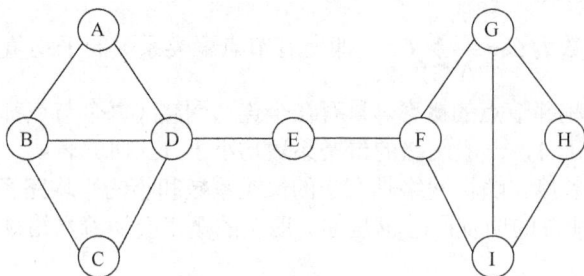

图 6-24　社交网络示意

（1）节点的度：一般用 K 表示，其意义是该节点的边数。在图 6-24 中，节点 A 与 2 个节点直接相连（节点 B 和 D），则节点 A 的度 $K_A=2$；节点 D 与 4 个节点直接相连（节点 A、B、C 和 E），则节点 D 的度 $K_D=4$。

（2）网络路径（Network Path）：两点之间连通的路径。在图 6-24 中，节点 A 到节点 E 的路径有 A—D—E、A—B—D—E、A—B—C—D—E，即网络路径为 3。

（3）网络距离（Distance）：两点之间的最短路径中经过的边的数目。在图 6-24 中，节点 A 到节点 E 的最短路径为 A—D—E，则两点之间的网络距离为 2。

（4）介数（Betweeness）：网络中通过该节点（或边）的最短路径的条数，表示该节点（或边）的位置的重要程度。在图 6-24 中，对节点 B 而言，有一条最短路径（A—B—C）经过该节点，则节点 B 的介数为 1。读者可根据图 6-24，计算节点 E 的介数，体会节点 E 在网络中的重要性。

（5）平均路径长度：所有节点对之间距离的平均值，它描述的是网络中节点间的分离程度，即网络有多小。

在网络研究中，定义最短路径（Shortest Path）为网络中任意两个节点之间多条路径中长度最短的路径。网络中任意两个节点之间最短路径的最大值称为网络直径，也就是说，要计算一张图的直径，首先要计算任意两点间的最短路径，在所有的这些最短路径中，最长的是这张图的直径。在由 N 个节点组成的网络中，第 i 个节点到第 j 个节点的距离 d_{ij} 定义为从第 i 个节点到第 j 个节点最少需经过的节点数，即最短路径边的数量。网络的平均路径长度 L 定义为任意两个节点之间的距离的平均值，即：

$$L = \frac{1}{\frac{1}{2}N(N+1)} \sum_{i \geqslant j} d_{ij} \quad\quad (6.20)$$

（6）聚类系数：一个网络中节点聚集程度的系数。在现实网络中，尤其是在特定的网络中，由于相对高密度的连接点关系，节点总是趋于建立一组严密的组织关系，这种概率往往比两个节点之间随机建立一个连接的平均概率更大。这种相互关系可以用聚类系数进行量化表示。聚类系数表达的是成簇的固有趋势，比如在朋友关系网络中，你朋友的朋友很可能也是你的朋友，你的两个朋友彼此很可能也是朋友。我们可以将聚类系数 C 定义为一个节点的相邻节点，也可以定义为彼此的相邻节点。对于第 i 个节点，聚类系数可以定义为：

$$C_i = \frac{2E_i}{K_i(K_i - 1)} \quad\quad (6.21)$$

式中，K_i 是第 i 个节点的度，E_i 是这 K_i 个节点之间存在的边的数量。聚类系数即与该节点相邻的所有节点之间连边的数量占这些相邻节点之间最大可能连边数量的比例。图 6-25 显示了无向图中某个节点的聚类系数。

整个网络的聚类系数为 $C = \frac{1}{N} \sum_{i=1}^{N} C_i$，即所有节点聚类系数的平均值，也就是同一个节点的两个相邻节点仍然是相邻节点的概率。只有在全连通网络（每个节点都与其余所有节点相连接）中，聚类系数才等于 1，一般网络的聚类系数均小于 1。研究表明，规则网络具有大的聚类系数和大的平均路径长度，随机网络具有小的聚类系数和小的平均路径长度。事实上，例如在朋友关系网络中，你朋友的朋友同时也是你的朋友的概率会随着网络规模的增加而趋于一个常数。

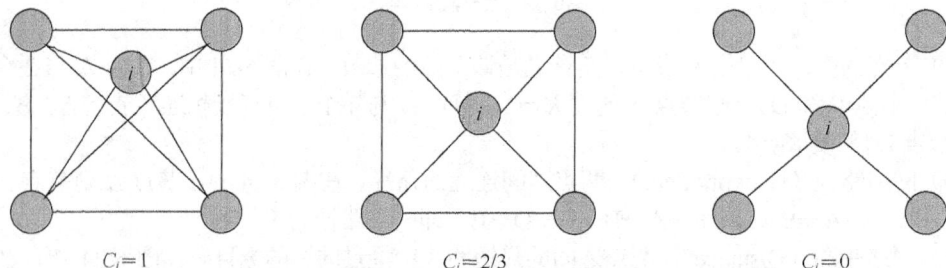

图 6-25　无向图中某个节点的聚类系数

3. 社交网络数据形式及其获取

网络表示的是节点之间的关系，其数据主要有邻接矩阵和多维列表两种表示形式。假设网络共有 N 个节点，M 条边。则其邻接矩阵中 A 是一个 $N \times N$ 的矩阵，其中元素 $A_{ij}=1$ 表示节点 i 和 j 之间有边相连，否则 $A_{ij}=0$。其多维列表数据共有 M 行，每一行表示相应的两个节点之间有连接关系。表 6-2 所示是图 6-24 所示网络的邻接矩阵表示形式，表 6-3 所示是该网络的多维列表表示形式。两种表示形式各有优缺点，邻接矩阵更为直观，在进行分析的时候比较方便，比如统计节点的度，只需要对矩阵进行每列求和即可，但是对于节点数很多的时候（比如微信里 10 亿以上的活跃用户），邻接矩阵的维数很高，处理的空间复杂度过高；多维列表形式直接表示网络的各条边的信息，所占空间相对较小，方便数据的存储和传输。

在线社交数据可以通过网络爬虫的方法进行采集，网络爬虫（Web Crawler）又可以称为"网络蜘蛛"（Web Spider），它是一种使用编程语言开发的用于自动搜集互联网信息的程序。它在社交网站上先抓取几个种子用户的信息,然后找到这些种子用户的所有好友,采用广度优先搜索[1]的方法,依次抓取种子用户的一级邻居、二级邻居、三级邻居……直至算法终止,将抓取的节点关系数据保存到本地数据库。此外,互联网上有许多不同来源的社会网络数据,如斯坦福的 SNAP、Pajek datasets、LPG 链路预测小组的数据收集网站等,数据可供分析与研究。

表 6-2 上述社交关系的邻接矩阵表示形式

用户	A	B	C	D	E	F	G	H	I
A	0	1	0	1	0	0	0	0	0
B	1	0	1	1	0	0	0	0	0
C	0	1	0	1	0	0	0	0	0
D	1	1	1	0	1	0	0	0	0
E	0	0	0	1	0	1	0	0	0
F	0	0	0	0	1	0	1	0	1
G	0	0	0	0	0	1	0	1	1
H	0	0	0	0	0	0	1	0	1
I	0	0	0	0	0	1	1	1	0

表 6-3 上述社交关系的多维列表表示形式

边序号	用户 1	用户 2
1	A	B
2	B	C
3	B	D
4	A	D
5	C	D
6	D	E
7	E	F
8	F	G
9	F	I
10	G	I
11	G	H
12	H	I

4. 社交网络中心性

在社交网络中,“意见领袖”或者说网络中的重要用户对网络的影响很大。面对众多商品,人们倾向于购买他们喜欢的明星所代言的;置身于舆论争辩之中,“粉丝”更愿意支持自己的偶像。社会化营销的关键在于人人参与,然而从微博实际被转发的情况来看,意见领袖的作用依然不可忽略。事实上,早在 1957 年,研究者就指出,社会中的意见领袖对人们的观点、表现和行为的影响甚于媒体,相比之下他们更具影响力,也更值得信任。研究者还道出了意见领袖所具备的特质:价值观念的展现、专业能力和他的社交网络特性。马尔科姆·格拉德威尔在《引

---

1 广度优先搜索(Breadth First Search, BFS):一种图形搜索算法,搜索速度快。它从根节点开始,沿着树的深度一层层遍历树的节点。假如所有节点均被访问,则算法终止。

爆点》一书中提出了"个别人物法则"，他认为在社会中存在为数不多的有巨大影响力的人，如果你能联系并影响他们，就可借助他们影响数百、数千、数万甚至数百万的人。这一观点被广泛用于微博营销中，而此行为也产生了大量的微博账号用以支持这种营销手段。格拉德威尔将这些有影响力的人的特点总结为人脉广、说服力强并在其领域深受信任，这与卡茨的观点非常一致。近年来，人们的行为越来越多地呈现在线上的社会网络中，这一点极大加深了科学家们对意见领袖的认识。

本节所要阐述的主要问题就是如何寻找网络中的这些意见领袖，进而发挥他们在网络中的作用。网络研究中有一个重要的工具，即网络中心性（Centrality），其反映的就是用户在网络中的重要程度。社交网络中的意见领袖的挖掘，可以通过网络中心性测量来完成。社交网络上的用户的价值不取决于用户本身，而取决于周围用户的评价。由于网络中心性的重要性，近年来发展出了大量的方法来定义网络中心性。可将社交网络中心性的定义方法分为基于数量、位置和质量3个维度。

（1）基于数量的社交网络中心性定义方法

基于数量的社交网络中心性定义方法比较简单，其中数量即用户的好友数。用户拥有的好友数越多（度越大）就越重要。这个概念在商业环境中被广泛应用，比如由于有庞大的粉丝数量，流量明星成为各种产品代言和广告的首选。由于他们受到广大粉丝的直接关注，其广告行为能够直接影响其他用户，影响人数众多，进而形成更多转化和购买，因此也就不难理解明星为什么那么受广告商的青睐。在信息传播过程中也有同样的效果，名人发的微博，常常能够引起大量转发而形成热门话题；名人的行为，常常能够受到大量粉丝的关注而上热搜。

因此，在社交网络数据分析中，可以直接通过计算用户的度，来判断用户的重要性。假设社交网络 A_{ij}，则其用户 i 的度可以表示为：

$$k_i = \sum_{j}^{N} = 1 A_{ij} \tag{6.22}$$

其中 N 为网络中的用户总数。通过大量的实际网络数据分析证明，网络中的节点的度的分布不是我们所预期的正态分布，而是更具异质性的幂律分布。类似于经济社会中的"二八定律"，网络中存在少部分人，他们拥有庞大的粉丝，而大部分用户只拥有少量的粉丝。这一实证发现引起了科学家的大量关注，网络的优先连接机制从理论上构建网络演化模型，重现了网络中的幂律度分布特性。该模型的构建是现代网络科学研究的奠基性的工作，使得网络科学的研究有了质的飞跃。

（2）基于位置的社交网络中心性定义方法

首先想象一下秘书这个职业，其本身职位的权力并不大，但是我们都知道，秘书是一个很有实权的岗位。秘书的权力来自其在网络中的位置，其他人要和领导进行信息或者资源的传递，一般要通过秘书才能实现，这就是秘书比较重要的原因。古语常言"宰相仆人七品官"说的也是这个道理，这就是基于位置的社交网络中心性。某些用户可能本身并不掌握资源（朋友数量不太大），但是他处在网络中比较重要的位置，缺少了这些用户，网络就不复存在。回看图6-24中的节点 E，其本身只有两个邻居，和其他节点比较没有任何优势，但是左边的节点（A、B、C 和 D）要想与右边的节点（F、G、H 和 I）发生联系，必须通过节点 E，其重要性就凸显出来了。这类节点一般又被称作桥节点，或结构洞[1]。

---

1 结构洞：1992年，伯特在《结构洞：竞争的社会结构》一书中提出了"结构洞"（Structural Holes）理论，以研究人际网络的结构形态，分析怎样的网络结构能够带给网络行动主体更多的利益或回报。所谓"结构洞"就是指社会网络中的空隙，即社会网络中某个或某些个体与有些个体发生直接联系，但与其他个体不发生直接联系，即无直接关系或关系间断，从网络整体看好像网络结构中出现了"洞穴"。

根据前面介绍的介数的定义可知，处在很多最短路径上的节点的介数比较大，亦即其他节点要发生信息或资源的交互，必须在很大程度上依赖于这类节点。因此可以直接用介数来定义基于位置的社交网络中心性。假设社交网络的用户节点集合为 V，则节点 i 的介数可以表示为：

$$B_i = \sum_{s \neq i \neq t \in V} \sigma_{st}(i) \tag{6.23}$$

其中，s、i、t 为 3 个不同的用户节点，$V_{\sigma_{st}}(i)$ 为网络中用户 s 到 t 的最短路径中经过节点 i 的数目。介数可以很好地刻画基于位置的网络中心性，但是由于在计算结束时，需要计算网络中所有节点对之间的最短路径，这个算法的复杂度很高，对于大规模网络几乎无法计算。因此该中心性指标只能在小规模的社交网络中计算，适用性并不好。

基于位置的网络中心性指标，即考察用户是处于社交网络的核心位置还是边缘位置。在社交网络中，如果一个用户节点处于网络的核心位置，其往往也有较高影响力；而处在边缘位置的大度节点影响力往往有限。现在的问题是对于一个社交网络，如何确定哪里是核心位置？Kitsak 等人提出用 k-shell 分解法（k-shell Decomposition）来确定网络中节点的位置，即将外围的节点层层剥去，处于内层的节点即网络的核心位置，其拥有较高的影响力。这一方法可以看成一种基于节点的度的粗粒化排序方法。具体的分解过程如下：网络中如果存在度为 1 的节点，从度中心性的角度看它们就是最不重要的节点，把这些度为 1 的节点及其所连接的边都去掉，剩下的网络中会出现一些新的度为 1 的节点，再将这些度为 1 的节点去掉，循环操作，直到所剩的网络中没有度为 1 的节点为止。此时，所有被去掉的节点组成一个层，记为 $k_s=1$。对一个节点来说，剥掉一层之后在剩下的网络中节点的度就称作该节点的剩余度。按上述方法继续"剥壳"，去掉网络中度为 2 的节点，重复这些操作，直到网络中没有节点为止。那么，最后剥离出来的节点就是最核心的节点，越往后面，节点的重要性越大。

如图 6-26 所示，其中所有节点为原网络，中间白色部分就是最内层的核心节点，浅灰色部分是第二层节点，深灰色部分是最外层节点。由此可见，大度节点有可能因处于核心位置而具有较大的 k_s 值（最内层中的节点），也可能因为处于边缘位置而具有较小的 k_s 值（最外层中的节点）。在这个方法下，大度节点不一定是重要节点。在社交网络上的信息传播实验验证了该方法的有效性：分别以网络中的最内层节点和最外层节点为信息传播源，让信息在网络中按照一定的规则进行传播，最后以最内层节点为初始传播源的信息传播范围广、传播速度快，这在一定程度上验证了处于核心位置的节点在信息交互中具有重要作用。k-shell 分解法计算复杂度低，在分析大规模网络的层级结构等方面有很多应用。然而，此方法也有一定局限性：第一，k-shell 分解法有很多不能发挥作用的场景，比如在星形网络[1]中，显然中心节点有最强的传播能力，但是进行 k-shell 分解的时候，星形网络中的所有节点会被划分在同一层（$K_s=1$）；第二，k-shell 分解法的排序结果太过粗粒化，使得节点的区分度不大，k-shell 分解法划分的层级比度中心性方法划分的层级少很多，很多节点处在同一层上，它们之间的重要性难以比较；第三，k-shell 分解法在网络分解时仅考虑剩余度的影响，这相当于认为同一层的节点在外层都有相同的邻居数目，显然不合理。

（3）基于质量的社交网络中心性方法

在度中心性的描述中，我们关注的仅仅是用户的朋友的数量。假设在一个社交网站中，用户知道该评价规则，刻意地通过"买粉"等不正当手段，获得了大量的"僵尸粉"，虽然该用户的粉丝数很高，但是其重要程度依然值得怀疑。因此，在考虑用户中心性的时候，其好友的质量也是不得不考虑的因素。如果和用户相连的都是中心性比较高的用户，那么该用户的中心性自然也就很高。

---

1 星形网络的结构以一个节点为中心，其他节点都与该中心节点直接相连，它们除了与中心点有连接之外，与其他节点之间没有连接。

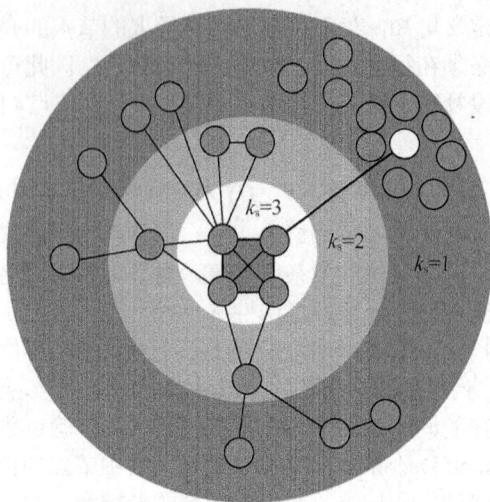

图 6-26　社交网络的 k-shell 分解过程示意图

　　早期搜索引擎在给网页排序的时候也遇到了同样的问题。早期的搜索结果排名，都是按照与一个网页建立链接的其他网页的数量来排序的。但是有的网站了解到这个排名规则之后，就制造了大量的"水军"网页，把它们与想要提高排名的网页链接起来，在这个规则之下，该网页就自然能够在搜索结果里面排在前面。在这种情况下，PageRank 算法出现了，它不仅关注一个网页有多少链接指向它，还关注指向它的网页自身的影响力。PageRank 是很多搜索引擎的核心，它用一种迭代的思想来衡量网络中节点的质量。PageRank 最初用于网页排序，它将互联网中的网页链接关系看成用户之间的社交关系，PageRank 算法思想同样适用于重要用户的挖掘。

　　PageRank 的基本思想是：一个页面的重要性取决于指向它的其他页面的数量和质量。初始阶段，网页通过链接关系构建起网络图，每个页面设置相同的 PageRank 值（简称 PR 值），通过链接关系对网页的 PR 值进行更新。在每一个时间步的迭代更新中，每个页面将其当前的 PR 值平均分配到本页面链出的页面上，这样每个链接即获得了相应的权值。而每个页面将所有指向本页面的入链所传入的权值求和，即可得到新的 PR 值。当每个页面都获得了更新后的 PR 值，就完成了一轮 PageRank 迭代计算。通过若干轮的迭代，会得到每个页面的最终稳定 PR 值，最终 PR 值越大的网页在系统中就越重要。

　　假定给定所有节点的初始 PR 值 $\mathrm{PR}_i(0)$，$i=1,2,\cdots,N$，把每个节点在第 $t-1$ 步时的 PR 值平分给它所指向的节点，则每个节点的新的 PR 值为它所分得的 PR 值之和，于是有：

$$\mathrm{PR}_i(t) = \sum_{j=1}^{N} a_{ij} \frac{\mathrm{PR}_i(t-1)}{k_j^{\mathrm{out}}} \tag{6.24}$$

　　其中，k_j^{out} 表示节点的出度，如果有从节点 i 指向节点 j 的边，则 $a_{ij}=1$，否则 $a_{ij}=0$。式（6.24）表明，一个节点的重要性等价于指向它的那些节点的重要性的加权组合。PageRank 算法过程可以用有向网络上的随机游走[1]的过程进行描述和解释。

　　现在来看一个例子，如图 6-27 所示，由 4 个节点构成的社交网络，箭头表示指向关系。A 节点的出度为 0，入度为 3；B 节点的出度为 2，入度为 1；C 节点的出度为 1，入度为 2；D 节点的入度为 0，出度为 3。按照式（6.24），该网络的 PR 值的计算公式为：

---

　　1 有向网络上的随机游走是指假设一定的资源在网络上从一个节点开始，按照网络路径，随机地朝着它的链出节点游走，最后该资源落在每个节点上的概率也趋于稳态，结果和 PageRank 类似。

$$\mathrm{PR}_A(t) = \frac{1}{2}\mathrm{PR}_B(t-1) + \frac{1}{1}\mathrm{PR}_C(t-1) + \frac{1}{3}\mathrm{PR}_D(t-1)$$

$$\mathrm{PR}_B(t) = \frac{1}{3}\mathrm{PR}_D(t-1)$$

$$\mathrm{PR}_C(t) = \frac{1}{2}\mathrm{PR}_B(t-1) + \frac{1}{3}\mathrm{PR}_D(t-1)$$

$$\mathrm{PR}_D(t) = 0$$

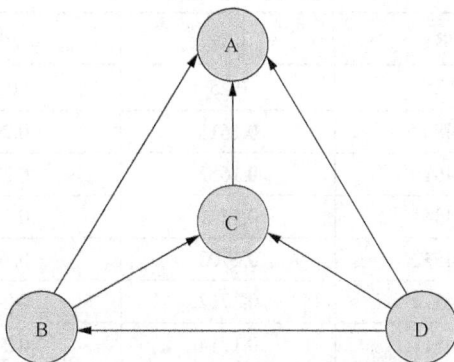

图 6-27　PageRank 算法示意图

假设初始 PR 值均为 0.25，则其 PageRank 迭代计算过程如表 6-4 所示。

表 6-4　　　　　　　　　　　　　　　　PageRank 迭代示例 1

PR 值	PR_A	PR_B	PR_C	PR_D
初始值	0.25	0.25	0.25	0.25
t=1	0.4583	0.0833	0.2083	0
t=2	0.25	0	0.0417	0
t=3	0.417	0	0	0
t=4	0	0	0	0

通过上述计算，我们发现一个问题。在这种假设计算下，对于类似图 6-27 结构的社交网络，最后的 PR 值都为 0，没有收敛到一个稳态。因此，上述 PageRank 迭代计算过程的缺陷在于一旦到达了某个出度为 0（如图中用户 A）的节点之后就会永远停留在该节点处而无法走出来，这样的节点有时候也称为"陷阱"。出度为 0 的节点被称为悬挂节点（Dangling Node），指向出度为 0 的节点的边称为悬摆链（Dangling Link）。这些悬挂节点的存在使得 PageRank 算法失效。为解决这一问题，基于基础的 PageRank 算法引入一个随机跳转概率 c，认为人们在浏览网页的时候可能会随机打开别的网页，即每一步上网者将以概率 c 跳转到一个随机选择的页面，以 $1-c$ 的概率沿着当前网页上的链接浏览，当他浏览到达一个没有链接的网页时（即出度为 0 的节点），就以相同概率 $1/N$ 随机地访问网络中的任一页面。该过程模拟真实网络用户并非通过超链接，而是直接输入网址的形式对网页进行访问，这也保证了没有任何入度的网页也有机会被访问到。于是得到最终的 PageRank 算法如式（6.25）所示。

$$\mathrm{PR}_i(t) = \frac{c}{N} + (1-c)\sum_{j=1}^{N}\left[\frac{a_{ij}}{k_j^{\mathrm{out}}}(1-\delta_{k_j^{\mathrm{out}},0}) + \frac{1}{N}\delta_{k_j^{\mathrm{out}},0}\right]\mathrm{PR}_i(t-1) \qquad (6.25)$$

其中，$\delta_{k_j^{out},0}$ 是指示函数，如果 $k_j^{out}=0$，则 $\delta_{k_j^{out},0}=1$，否则 $\delta_{k_j^{out},0}=0$。此外，也可用带重启的随机游走（Random Walk with Restart，RWR）解决陷阱问题，其思想与带跳转概率的 PageRank 思想类似，认为粒子在随机游走的过程中有一定的概率返回原点。

按照式（6.25），重新对网络（见图6-27）进行 PageRank 迭代计算，一般情况下，c 为0.15，其迭代结果如表6-5所示，具体的算法流程如图6-28所示。在稳态时，用户节点 A 的 PR 值最大，因此在这个系统中，A 用户就最为重要。

表6-5   PageRank 迭代示例2

PR 值	PR$_A$	PR$_B$	PR$_C$	PR$_D$
初始值	0.25	0.25	0.25	0.25
$t=1$	0.4802	0.1615	0.2677	0.0906
$t=2$	0.4614	0.1652	0.2338	0.1395
$t=3$	0.4441	0.1751	0.2453	0.1355
$t=4$	0.4532	0.1703	0.2447	0.1319
$t=5$	0.4515	0.1712	0.2435	0.1338
$t=6$	0.4511	0.1714	0.2441	0.1334
$t=7$	0.4515	0.1712	0.2440	0.1334
$t=8$	0.4514	0.1712	0.2440	0.1334

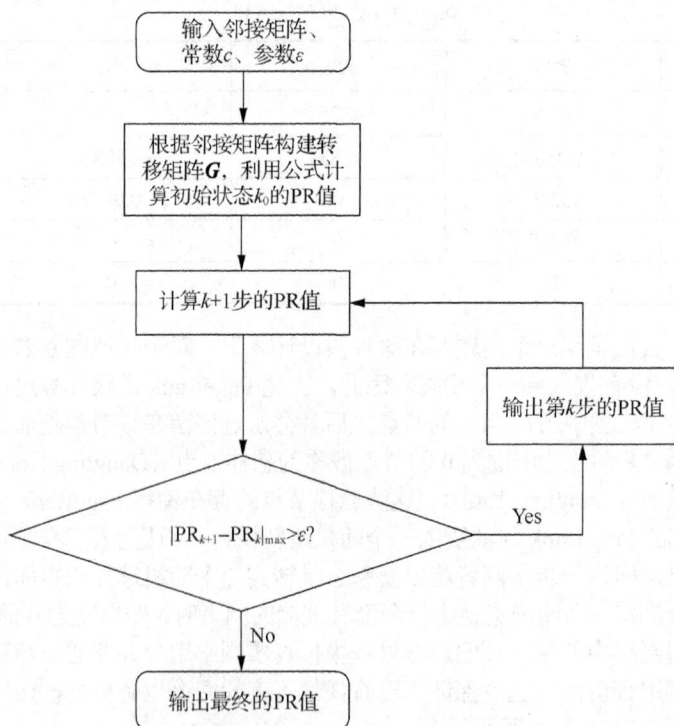

图6-28   PageRank 算法流程

其中 ε 为迭代终止条件，当两次迭代 PR 值的差小于 ε 时，认为算法达到稳态。

由于 PageRank 算法需要预先设置一个参数 c，对于实际网络社交网络来说，该参数的设置对最后中心性的量度影响很大，而且无法评判 c 取多少比较合适。为了解决这个问题，吕琳媛等人提出了 LeaderRank 的节点排序算法，在网络中引入一个节点，此节点与原网络中所有节点都有双向的连边，这样一来，迭代过程就可以避免引入概率参数，并可提高迭代收敛的速度。初始时刻给定网络中除该引入的平台节点以外其他节点的 LR 值均为 $1/N$，即 $LR_i(0)=1/N(i=1,2,\cdots,N),LR_{N+1}(0)=0$，经过迭代过程：

$$LR_i(t) = \sum_{j=1}^{N+1} a_{ij} \frac{LR_i(t-1)}{k_j^{out}} \tag{6.26}$$

其中，直到稳态，得到节点的分数值 $LR_i(t_c)$。k_j^{out} 表示节点的出度，如果有从节点 i 指向节点 j 的边，则 $a_{ij}=1$，否则 $a_{ij}=0$。由于引入节点的存在，系统中所有的节点都至少有一个出度和一个入度，原 PageRank 中的悬挂节点的问题就得以解决。通过在每页书签网络上的 SIR（Susceptible Infected Recovered）传播模型的验证，发现 LeaderRank 比 PageRank 能够更好地识别网络中有影响力的节点。此外，LeaderRank 比 PageRank 在抵抗"垃圾用户"攻击和随机干扰方面有更强的健壮性。

图 6-29 在图 6-27 所示的网络上面引入了一个平台节点，与系统中所有节点相连。在此网络下，具体的迭代过程如表 6-6 所示。在迭代 9 步之后，各个节点的 LR 值就达到了稳态。在稳态时，用户节点 A 的 LR 值最大，因此在这个系统中，A 用户就最为重要。

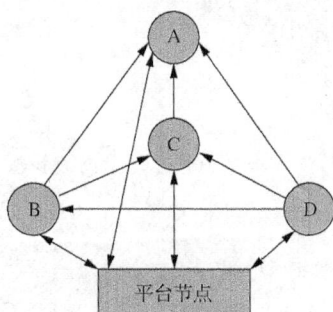

图 6-29　LeaderRank 算法网络示意

表 6-6　　　　　　　　　　　　　　LeaderRank 迭代过程

LR 值	LR_A	LR_B	LR_C	LR_D	LR_{New}
初始值	0.25	0.25	0.25	0.25	0
$t=1$	0.2708	0.0625	0.1458	0	0.5208
$t=2$	0.2240	0.1302	0.151	0.1302	0.3646
$t=3$	0.2426	0.1237	0.1671	0.0911	0.3754
$t=4$	0.2414	0.1166	0.1579	0.0939	0.3902
$t=5$	0.2388	0.121	0.1599	0.0975	0.3827
$t=6$	0.2403	0.1201	0.1604	0.0957	0.3835
$t=7$	0.2400	0.1198	0.1598	0.0959	0.3845
$t=8$	0.2399	0.1201	0.1600	0.0961	0.3838
$t=9$	0.2400	0.1200	0.1600	0.0960	0.3840
$t=10$	0.2400	0.1200	0.1600	0.0960	0.3840

社交网络中重要用户的挖掘是一个很热门的研究和应用方向，目前已开发出来的算法模型有几十种之多。其他方法就不在这里赘述了，有兴趣的读者可以参看相关论文。不同模型和方法考虑的侧重点不同，在实际应用的时候要根据问题做具体的判断，或者是综合考虑多种方法，以得到一个比较好的结果。

5. 社交网络上的信息传播

信息传播是在线社交网络的一个主要用途，在线社交网络上的信息传播的重要优势体现在通过点对点的传播方式，信息的可达性好，用户接收和参与度高。在线社交网络的迅速普及，极大地降低了人与人、人与社会之间的连接门槛，使得人们接收信息的速度更快捷、信息资源更丰富、表达对信息的观点和看法的方式更方便和直接。当在社交网络上进行产品信息推广和发布时，如果能够对信息的传播过程进行预测和控制，可以有助于提升产品的品牌效应。图 6-30 展示了微博上一条普通信息的传播过程。

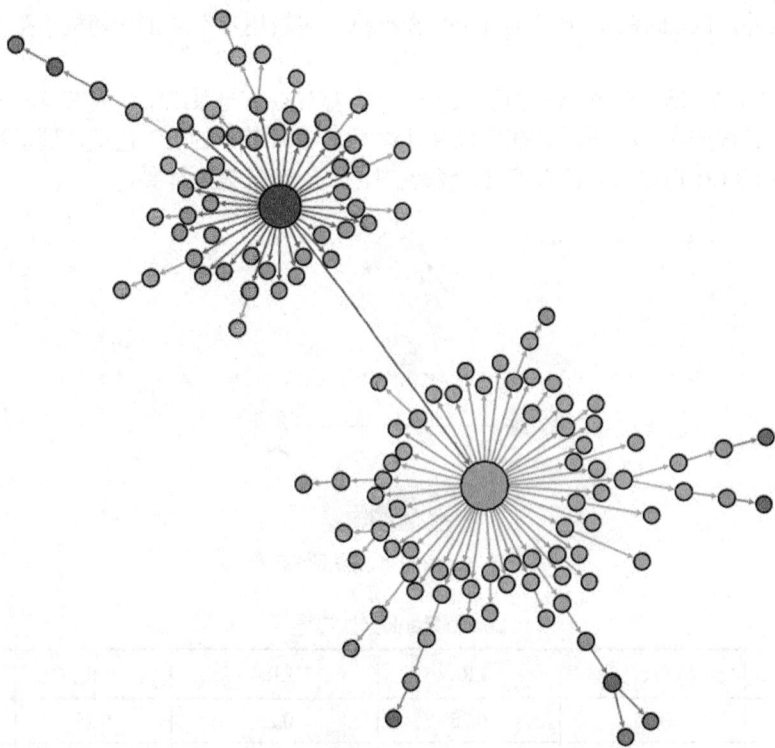

图 6-30　社交网络上一条信息的传播过程

社交网络上的信息传播主要关注以下问题。

（1）用户传播能力量度和传播意见领袖发现

社交网络的去中心化特点，使得每一个个体都可能成为一个信息的发布者、传播者或者接收者。更多社交网络用户倾向于从社交网络直接获取信息，比如很多用户喜欢通过刷微信"朋友圈"来获取信息。如前文所述，在社交网络中，用户之间有非常大的异质性，使得用户的传播能力差距很大，一条信息在社交网络上能否广泛传播，与是否被重要的用户（意见领袖）转发有很大的关系。因此，有效地定义用户的传播能力，就显得尤为重要。一般来说，社交网络上的重要节点，其传播能力都相对较高。

（2）信息传播范围预测

信息的传播范围是指信息在发布一段时间之后，能够被多少用户所接收，比如视频分享网站上的视频浏览数、分享数，微博上的总转发数、评论数和浏览数，等等。信息传播范围的预测，就是指采用一定的方法模型，利用信息传播初期的行为和数据，来预测一段时间之后信息的传播范围。目前使用比较多的方法是基于回归分析的模型来进行预测（见图 6-31）。回归模型主要认定历史的传播范围和未来的传播范围之间存在某种关联，通过考虑初期的传播节点、传播时间、传播范围、传播网络结构等特征与最终的传播范围，建立相应的回归模型，预测目标信息是否能够在社交网络上爆发。

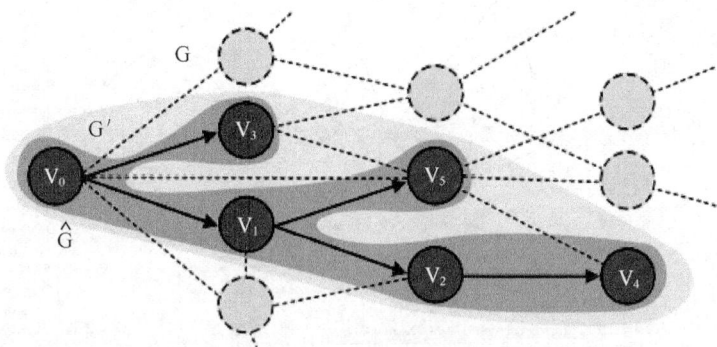

图 6-31　基于回归分析模型的信息传播范围预测

（3）用户传播行为预测

信息传播范围的预测是针对信息的整体传播特征预测，关注的是信息传播的宏观趋势；用户的传播行为预测是针对特定用户是否会对目标信息进行转发的预测，关注的是微观个体对信息的反应，比如，微博中用户的转发行为预测。用户的转发行为通常与用户的个人兴趣特征和用户的网络行为特征相关，比如信息是否是用户本身感兴趣的内容、用户的朋友对该信息的转发情况等，都会影响用户的转发行为。

6. 常用社交网络分析工具

社交网络分析是数据分析的一个重要分支，随着社交网络的发展，其越来越受到各界关注，大量的社交网络分析工具被开发出来。这里对以下 3 种常用的分析工具做简要介绍。

（1）Gephi。一款跨平台的免费开源（GPL3）网络分析和可视化软件，采用 Java 语言开发，OpenGL 为显示引擎，支持中文菜单显示。Gephi 软件的分析功能较弱，支持数据中心性分析和较少的聚类分析，但能很好地支持动态图数据分析。它的数据可视化效果强大，可以支持超过 5 万个点的复杂条件动态实时过滤。

（2）Pajek。一款 Windows 平台的免费（非商业用途）软件，用于分析和显示社会网络。其采用 Pascal 语言开发，能够分析普通网络（有向、无向、混合网络）、多关系网络及动态网络。Pajek 的分析处理功能强大，能挖掘输入数据的结构关系，根据节点的核心性、连通性等进行聚类分组，能够输出和显示社群划分的结果，并动态显示节点删减对划分结果的影响。

（3）NetworkX。一个用 Python 语言开发的图论与复杂网络建模工具，内置常用的图与复杂网络分析算法，可以方便地进行复杂网络数据分析、仿真建模等工作。NetworkX 采用字典模式构建图的数据结构，实现了多种图的经典算法，能够进行度、边、密度、图半径、最短路径、聚集系数等基本分析特征的计算，通过组合这些算法能够按需进行中心性分析、凝聚子群分析等多种较复杂的属性分析。NetworkX 软件不具有数据可视化功能，但通过与 Python 的 Matplotlib 库结合能够很方便、美观地输出二维及三维图形。

图 6-32 所示为 Gephi 软件分析社交网络示意，其中节点表示用户，连边表示用户之间的关系，节点大小表示用户的度，连边粗细表示用户之间的关系强弱。

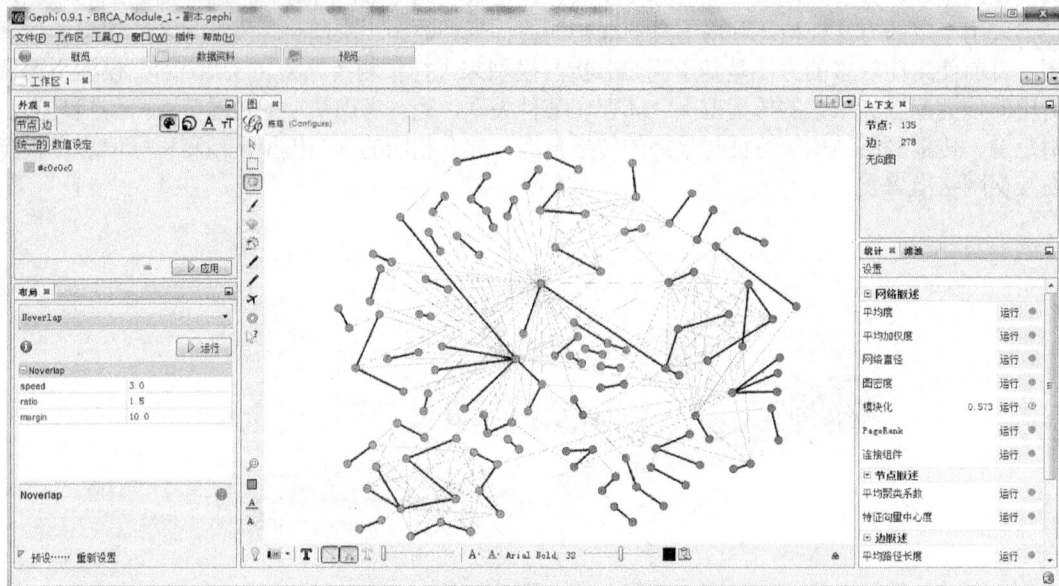

图 6-32　Gephi 软件分析社交网络示意

6.3.2　社交商务分析应用

社交商务通过对用户注册信息和访问页面行为的数据挖掘与分析，得到用户的网络行为特征，利用用户挖掘真实需求从而产生巨大的商业价值。本节将从社交商务特点介绍其在相关领域中的应用。

1．社交推荐

社交推荐是利用社交网络或者结合社交行为的推荐，具体有推荐 QQ 好友、微博以好友关系推荐内容等。根据前文所述的推荐系统推荐原理，社交推荐可定义为一种"协同过滤"推荐，即不依赖于用户的个人行为，而是结合用户的好友关系进行推荐。社交推荐的基本假设是"你朋友的朋友也是你的朋友"，因此较为简单的方法通过社交网络结构，找到和目标用户有更多共同朋友的用户，或者是和用户有更多相同群的用户，作为潜在朋友推荐给目标用户。当然，实际的算法比这个要更复杂。针对类似这种社交推荐问题，网络科学研究里面有一个重要的研究领域——链路预测，即通过已知信息，来预测网络里面的未知边信息，具体方法在《链路预测》[1]一书中有详细介绍。

对于互联网上的每一个用户，通过其社交账户能很快定义这个用户的众多特点，再加上社交网络用户数之多，使得利用社交关系的推荐近些年备受关注。此外，可根据不同社交网络之间的信息匹配进行推荐，解决新注册用户的冷启动等问题，从而提高整个社交网络的稠密程度和社交网站用户的活跃度。总之，社交推荐在内容分发、广告宣传等领域有着十分重要的地位。

2．谣言检测

谣言检测在社交网络中占有重要的地位，是舆情分析的一部分，谣言的确定对于舆情管理非

---

1 吕琳媛，周涛. 链路预测[M]. 北京：高等教育出版社，2013.

常重要。舆情分析在互联网出现之前就被广泛应用在政府公共管理、商业竞争情报搜集等领域。在社交媒体出现之前，舆情分析主要通过线下的报纸，还有线上门户网站的新闻稿件实现，这些信息的特点是相对专业、准确，而且易于分析和管理；但随着社交媒体出现，舆情事件第一策源地已经不是人民日报、新华社这样的大媒体，而通常是一些名不见经传的微博用户、个人微信公众号。由于微博中存在谣言，使得新浪微博不得不推出"微博辟谣"官方账号，一些微博里面的"大V"也有官方的辟谣账号，微信公众号也是如此。

传统辟谣方法通常用证据"说话"，随着机器学习技术的迅速发展，我们也可以通过信息传播的轨迹、信息内容等维度自动判断信息是否属于谣言，而且判断越迅速，对于舆情管理的意义就越大。为了实现上述目的，可以通过基于内容、用户多因素分析的社交网络谣言检测方法来进行谣言检测。方法具体步骤如下。

步骤一：获取文本信息例，并获取文本信息例的文本信息和用户信息。

步骤二：根据所述文本信息，建立所述文本信息例的文本内容特征模型（见图 6-33，具体的方法可以参见第 4 章）。

步骤三：根据所述用户信息，构建所述文本信息例的用户特征模型。所述用户特征模型包括内容一致性评判模型和用户影响力评价模型。

步骤四：根据所述文本内容特征模型和所述用户特征模型，构建特征向量，训练分类器，将所述特征向量输入所述分类器并输出结果，以完成识别社交网络谣言。

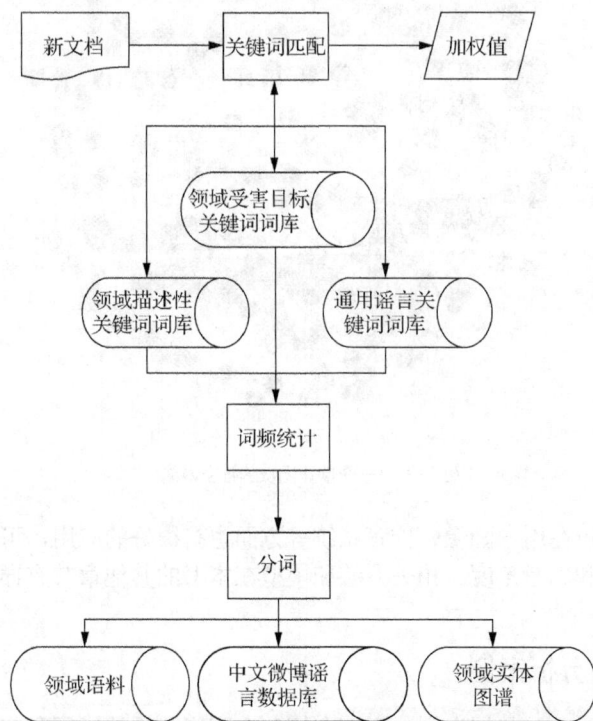

图 6-33　步骤 2 中建立所述文本信息例的文本内容特征模型

3. 消费金融反欺诈

近年来，消费金融公司快速发展，相比于传统商业银行，其形成了自己独特的优势：填写字段少、在线操作、审核速度快、放贷及时等。它们的用户通常因缺乏征信信息（一是用户年轻化，二是一些消费金融公司不具有查询征信的资格）而给消费金融业带来了巨大的信用和欺诈风险。

如何在有限信用记录甚至是"零"信用记录下进行更准确的风险控制和欺诈识别是消费金融公司降本增效的关键问题。解决这个问题通常有两种方案：一是运用商业银行广泛使用的成熟的评分卡模型；二是运用新兴的基于机器学习的信用预测评分模型。事实上，巧妙利用机器学习，可以将两种方案结合，互为补充，对预测用户信用和防欺诈有更明显的效果。

传统的信用预测评分模型考虑更多的是用户行为数据、设备数据、通讯录用户个人数据。近期的研究发现，欺诈行为具有明显的网络团伙特征（见图 6-34），社交网络数据的有效应用，可以大大提高信用预测评分模型的准确性。

图 6-34 所示为一个社交网络，图中深灰色的点代表申请贷款被拒绝的用户（信用不好），黑色的点代表穿越用户（通过申请但有逾期表现的用户），浅灰色的点代表通过申请且表现良好的用户。总结一下，该团伙的拒绝率达到 66.8%左右，说明该团伙的平均用户信用值较低；穿越用户占所有通过用户的91.4%左右，进一步验证了该团伙的欺诈性。

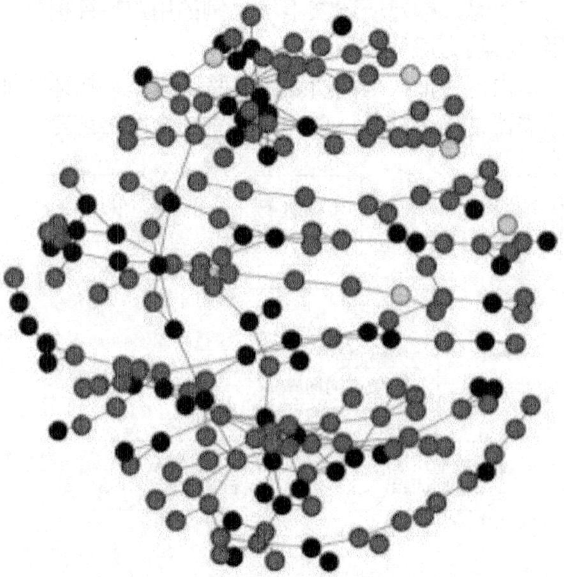

图 6-34   一个欺诈团伙的社交网络

此外，社交网络分析在用户画像、推荐系统等方面也有很好的应用，可以为相关的模型和算法提供更好的数据维度和思考角度。相关方法和模型在本书的其他章节有详细介绍，这里就不赘述了。

6.3.3 社交商务分析案例

下面以人人网的好友关系数据为例，详细介绍社会网络分析的过程和应用。相应的分析和计算，主要采用 Python 中的 igraph 包来完成。

1. 数据描述

如表 6-7 所示，其中，第 2 行数据表示"A"与"B"是好友关系，ID1 与 ID2 为相应的用户ID。由于人人网中不可避免地会出现同名用户的情况，因此把 ID 作为用户的唯一标志。

表 6-7　　　　　　　　　　　　　　　　　好友间的姓名和 ID

姓名 1	ID1	姓名 2	ID2
A	1	B	2
B	2	C	3
B	2	D	4
A	1	D	4
C	3	D	4
D	4	E	5
E	5	F	6
F	6	G	7
F	6	I	8
G	7	I	8

2. 绘制简单的好友关系网络图

由于用户与用户之间关系密切复杂，为了更直接地观察用户的好友之间形成的关系分布，通过网络图来直观地展示网络的结构。首先，从上述读取到的数据集中筛选出需要分析的网络子集。这个子集包含两个条件：网络中没有用户自身；网络中的用户都是自己的好友。然后利用 Python 的 NetworkX 包的制图功能绘制相应的网络图，如图 6-35 所示。考虑前面提到的用户同名情况，直接用 ID 来做后续的分析。

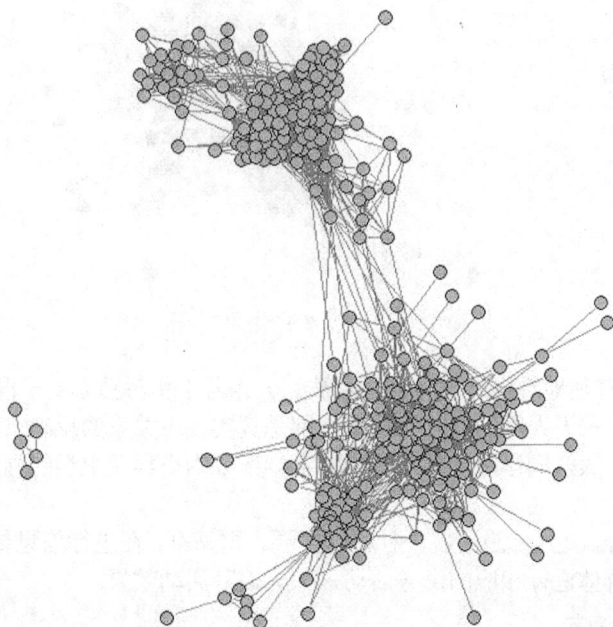

图 6-35　用户关系网络图

从图 6-35 中可以直观地看出，用户的好友网络存在一定的人群分割，可以尝试对这个网络进行一些分析以提取出其中相对独立的子群。

3. 社会划分

信息的分类和过滤是社会网络服务的一项特征，例如人人网对好友关系有一套自己的分类方式，用户可以自行对好友进行分组，从而对信息的收发做分组的管理。但是作为用户却未必能够养成并保持这种分组的习惯。与此同时，我们揣测，作为真实关系的线上反映，人人网的好友网络是能够自动呈现出一定的人群分割的，而在社会网络分析中，对网络成分的分析也确实是一项重点。通过分析网络的结构，提取出其中的子群，能够让我们更好地理解网络的组成方式，从而更好地管理和利用信息流。

社群划分的算法有很多，Python 的 igraph 包提供了若干函数以实现对网络子群的搜索。本文采用其中的 walktrap.community()函数进行社群划分，为了在网络图中展示这些子群，对不同的社群赋值不同的颜色，如图 6-36 所示。

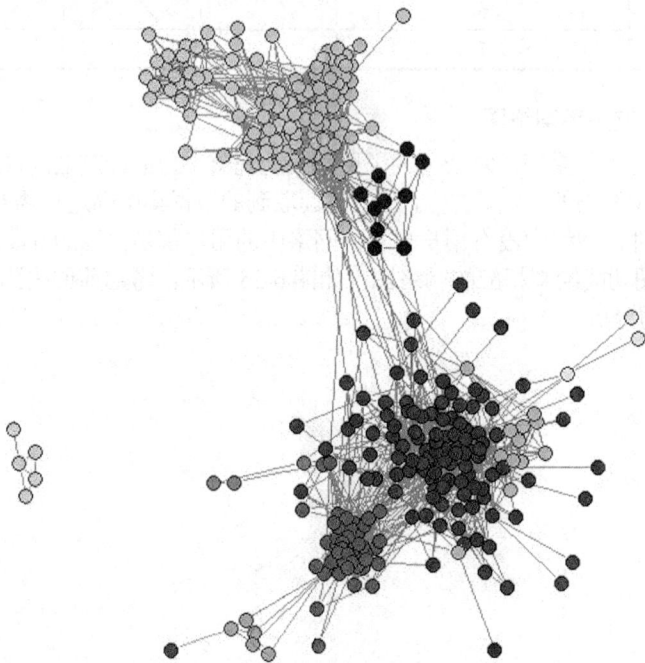

图 6-36　用户关系网络社群划分图

从图 6-36 中可以直观地看出好友网络已经被划分为若干相对独立的子群。这也与我们对人人网的直观理解相符合——人人网的好友关系基本都是真实线下关系的反映，很自然地可以划分为初中同学、高中同学、大学同学等（例如网络的上半部分为小学及中学的同学，下半部分为大学同学）。

有了这种社群划分，并且知道了各个社群的主要人群特征，在进行信息传播或是商品营销时，可以根据目标用户的群体进行相应的商务活动，大大提升活动效果。

4. 起中介作用的好友

对于前面提到的介数的概念，我们可以从中介的角度进行新的理解。介数（又可以称为中间度）用于衡量节点作为中介的程度，当网络中某个个体的介数较大时，我们认为它在很大程度上起到了中介和沟通的作用。在 igraph 包中，betweenness()函数能够简单地计算网络中各个节点的介数，得到的介数散点图如图 6-37 所示。

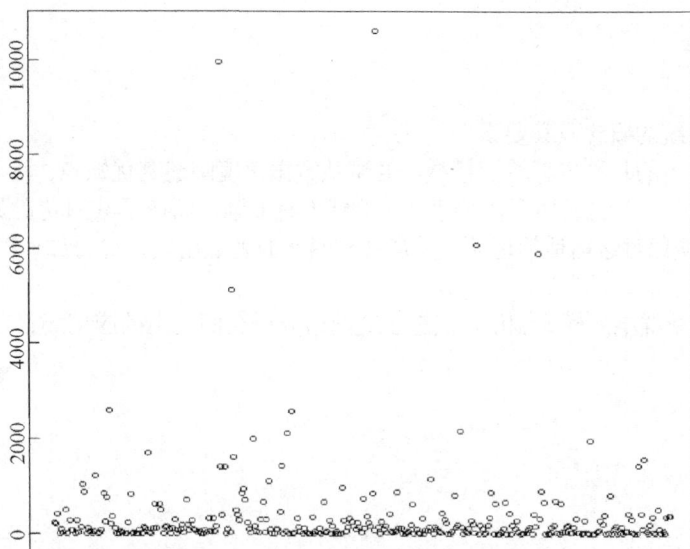

图 6-37　介数散点图

　　根据得到的介数散点图，我们人为地选择 3000 作为分界点，选取介数高于 3000 的节点并在图形中利用节点的大小展示出来，如图 6-38 所示。

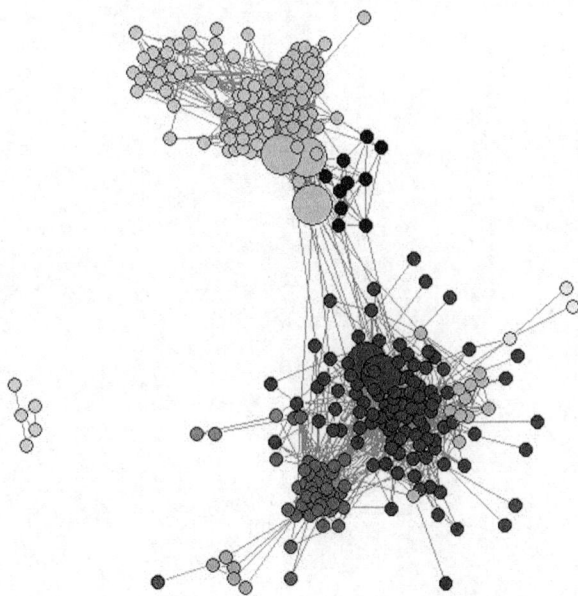

图 6-38　介数较高点在社交网络中的分布

　　从图 6-38 中也可以直观地看出，介数最高的 5 个节点，确实具有中介的地位。对这 5 个节点，基本上都有比较合理的解释，其中有 3 个人是"高中同学"兼"大学同学"，而另外两个则沟通了"网络好友"与"大学同学"，处于网络中的"结构洞"的位置。这类节点的挖掘，是进行社交商务的基础，社交商务需要很好地应用这类人在社交网络中的能力。

习题

1. 简述推荐系统的概念及其要素。
2. 比较目前常用的几种推荐算法模型，尝试从数据角度阐述其优缺点。
3. 我们常说"一个人的成功不在于他个人的能力有多强，而在于其调动资源的能力"，试从社交网络的角度谈谈你对这句话的理解，并从社交网络的观点出发，探讨如何能够快速成为某个社群的关键人物。
4. 结合现有的社群电商模式调研，试想社交网络分析在商业上的应用场景，探索其未来可能的发展方向。

第 **7** 章 电商平台数据分析

本章学习目标

熟悉各种电商业务场景下的数据分析方法。

7.1 电商平台数据分析概述

全球速卖通（AliExpress，以下简称速卖通）是阿里巴巴旗下唯一面向全球市场打造的在线交易平台，被广大卖家称为"国际版淘宝"。速卖通面向境外买家，通过支付宝国际账户进行担保交易，并使用国际快递发货，是全球第三大英文在线购物网站。速卖通的"数据纵横"功能，是基于平台海量数据打造的一款数据产品，卖家可以根据"数据纵横"提供的数据，为自己的店铺营销指导方向，做出正确决策。

本章主要以速卖通为分析平台，以"数据纵横"为分析工具，让读者以速卖通卖家的身份，细致地了解速卖通店铺起步和优化的过程。速卖通卖家通过"数据纵横"，能将整个店铺的运营建立在科学分析的基础之上，将各种指标定性、定量地分析出来，从而为决策者提供准确的参考依据。

在数据分析之前，我们首先要记住的是：所有的数据分析，都要以辅助运营、提升业绩为目标。例如，网站的页面设计要尽量满足用户的使用习惯，活动策划要戳中用户痛点或是利益点，广告投入要选择精准的用户群体，商品配发要符合用户需求，甚至数据分析报告也要以提升业绩销售为目标。

一个大型店铺的设计所涉及的数据非常广泛，店铺数据分析对象涉及流量、用户、商品、销售、服务、竞争者这几个方面，数据分析的流程如图 7-1 所示。

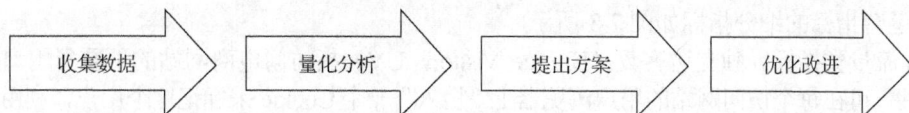

收集数据 → 量化分析 → 提出方案 → 优化改进

图 7-1　数据分析流程

从店铺中收集数据时，会面临三大难题，分别是采集内容方法问题（问题数据类型、采集技术手段）、埋点问题（埋点混乱，出现埋错、漏埋）和团队配合问题。

一般而言，收集的数据要具有准确性、一致性、可用性、完整性、及时性等特性。进行店铺数据分析时，应注意数据分析的信度、效度和深度这 3 个维度。信度是指分析结果的可靠程度，体现分析的准确性；效度是指数据分析的效率，体现分析的时效性；深度则是指数据分析对店铺的支持程度，体现分析的价值。

量化分析是指根据分析目的，用适当的方法和工具，对从电商店铺收集来的大量的第一手资料进行分析，从中获取有效结论从而提高店铺收益的过程。量化分析的目的主要有以下 3 点。

第一，从大量看似无序的数据中发现其内在的规律，提高店铺访客数和买家转化率。

第二，及时从数据中发现店铺问题，并深入挖掘原因。

第三，基于历史数据进行分析预测，形成有效决策。

根据量化分析结果，店铺可以根据不同的指标提出方案，使店铺收益最大化。提出方案时，优秀的店铺数据分析师和运营人员要具备以下几点思维：数据逻辑思维、结构化思维、商业认知思维。商业行为的认知能力，需要专业的数据分析人员具备"高层视角"，能够模仿 CEO 的思维方式和决策方法。

在优化改进的过程中，要对整理好的数据进行取舍，按照说服逻辑排序，编写相关文字观点，让客户最终接受我们分析的观点。值得注意的是：店铺的目标不是一成不变的，具体分析时也并非要对全部数据进行分析，而应根据不同阶段的运营目标进行选取和适当调整。

7.2 电商数据分析指标体系

越成熟的电商平台，越需要通过大数据能力驱动电商运营的精细化，更好地提升运营效果，提升业绩。构建系统的电商数据分析指标体系是数据电商精细化运营的重要前提。

电商数据分析指标体系分为八大类指标，如图 7-2 所示，包括总体运营指标、网站流量指标、销售转化指标、客户价值类指标、商品类指标、营销活动指标、风险控制指标和市场竞争类指标。不同类别指标对应电商运营的不同环节。

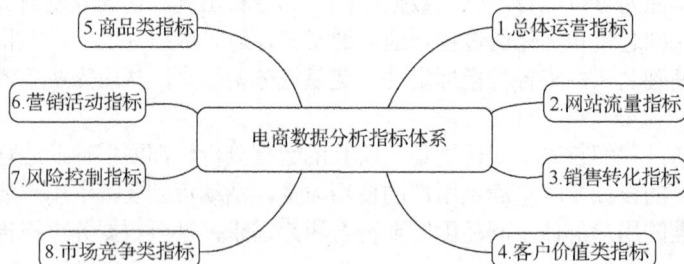

图 7-2　电商数据分析指标体系

1. 总体运营指标

总体运营指标的细分指标如图 7-3 所示。

（1）流量类指标。独立访客数（Unique Visitor，UV）指访问电商网站的不重复用户数。对于 PC 网站，可在每个访问网站的用户浏览器上"植入"一个 Cookie 来标记这个用户，利用消重技术，对同一 Cookie 在一天内多次访问网站的用户仅记录为一个用户。而在移动终端区分独立访客的方式则是依据独立设备。页面访问数（Page View，PV），即页面浏览量，用户每一次对电商网站或者移动电商应用中的每个网页访问均被记录一次，若用户对同一页面多次访问，访问量累计计算。

人均页面访问数，即页面访问数/独立访客数，该指标反映的是网站访问黏性。

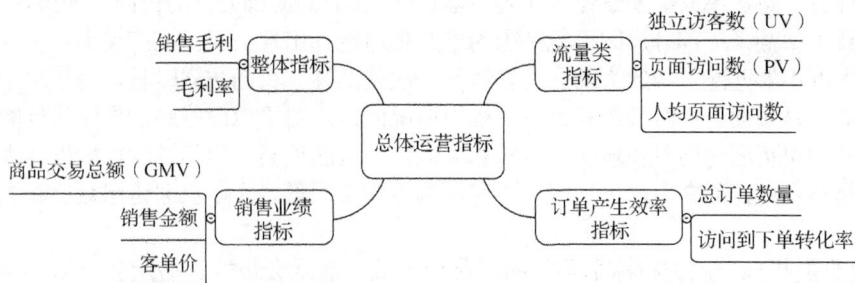

图7-3　总体运营指标的细分指标

（2）订单产生效率指标。总订单数量，即访客完成网上下单的订单数之和。访问到下单的转化率，即电商网站下单的次数与访问该网站的次数之比。

（3）销售业绩指标。商品交易总额（Gross Merchandise Volume，GMV），即只要下单，生成订单号，便可以计算在GMV里面。销售金额，是货品出售的总金额。特别地，无论这个订单最终是否成交，有些订单下单未付款或取消，都算在GMV里面，销售金额一般只指实际成交金额，所以，GMV一般比销售金额大。客单价，即订单金额与订单数量的比值。

（4）整体指标。销售毛利，是销售收入与成本的差值。销售毛利中只扣除了商品原始成本，不扣除没有计入成本的期间费用（管理费用、财务费用、营业费用）。毛利率，是衡量电商企业盈利能力的指标，是销售毛利与销售收入的比值。

2.　网站流量指标

网站流量指标的细分指标如图7-4所示。

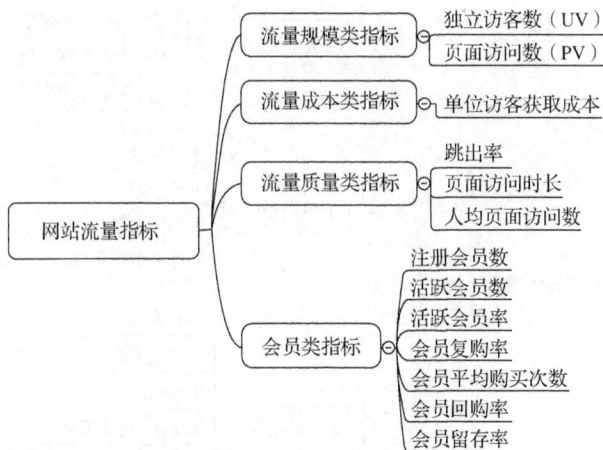

图7-4　网站流量指标的细分指标

（1）流量规模类指标。该类指标主要包括UV和PV。

（2）流量成本类指标。该类指标主要指单位访客获取成本，该指标是指在流量推广中，广告活动产生的投放费用与该活动带来的独立访客数的比值。单位访客成本一般与平均每个访客带来的收入以及这些访客带来的转化率进行关联分析。若单位访客成本上升，但访客转化率和单位访客收入不变或下降，则很可能是流量推广出现问题，尤其要关注渠道推广的作弊问题。

（3）流量质量类指标。该类指标主要包括跳出率、页面访问时长和人均页面访问数。跳出率

（Bounce Rate）也被称为蹦失率，为浏览单页即退出的次数与该页总访问次数的比值，有些也用用户做除法计算。跳出率只能衡量该页作为着陆页面（Landing Page）的访问。如果花钱做推广，着落页面的跳出率高，一部分原因可能是因为推广渠道选择出现失误，推广渠道目标人群和被推广网站目标人群不够匹配，导致大部分访客访问一次就离开。页面访问时长，是指单个页面被访问的时间。并不是页面访问时长越长越好，要视情况而定。对于电商网站，页面访问时长要结合转化率来看，如果页面访问时长较长，但转化率低，则页面体验出现问题的可能性很大。人均页面访问数，是指在统计周期内，平均每个访客所浏览的页面量。人均页面访问数反映的是网站的黏性。

（4）会员类指标。该类指标主要包括注册会员数、活跃会员数、活跃会员率、会员复购率等。注册会员数，即注册会员数量。活跃会员数，指在一定时期内有消费或登录行为的会员总数。活跃会员率，即活跃会员占注册会员总数的比值。会员复购率指在统计周期内产生两次及两次以上购买行为的会员占购买会员的总数的比值。会员平均购买次数指在统计周期内每个会员平均购买的次数，即订单总数与购买用户总数的比值。会员复购率高的电商网站平均购买次数也高。会员回购率指上一期末活跃会员在下一期时间内有购买行为的会员比率。会员留存率，会员在某段时间内开始访问你的网站，经过一段时间后，仍然会继续访问你的网站就被认作留存，这部分会员占当时新增会员的比例就是会员留存率，这种留存的计算方法是按照活跃来计算，另一种计算留存的方法是按消费来计算，即某段的新增消费用户在往后一段时间周期（可以是日、周、月、季度和半年度等）还继续消费的会员比率。会员留存率反映的是电商留住会员的能力。

3. 销售转化指标

销售转化指标的细分指标如图7-5所示。

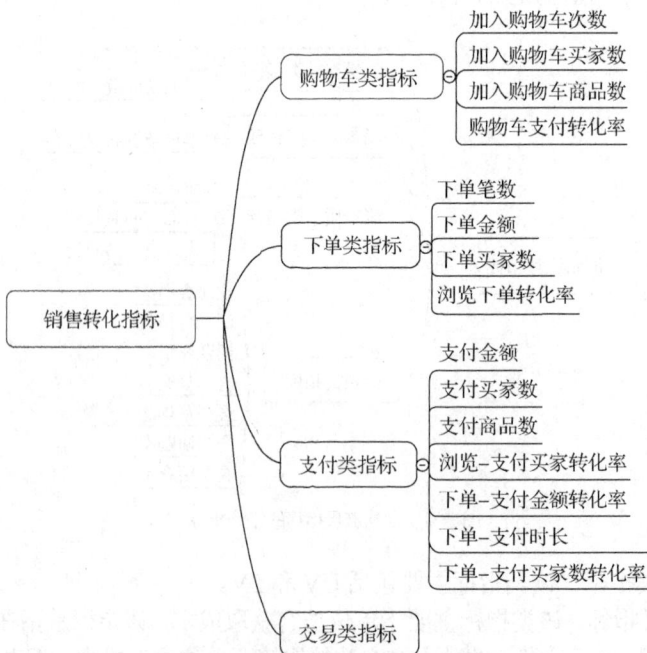

图7-5 销售转化指标的细分指标

（1）购物车类指标。购物车类指标的基础类指标，包括一定统计周期内的加入购物车次数、加入购物车买家数以及加入购物车商品数。此外，它还包括转化类指标，主要是购物车支付转化率，即一定周期内加入购物车商品支付买家数与加入购物车购买家数的比值。

（2）下单类指标。下单类指标的基础类指标，包括一定统计周期内的下单笔数、下单金额以及下单买家数。此外，它还包括转化类指标，主要是浏览下单转化率，即下单买家数与独立访客数（UV）的比值。

（3）支付类指标。支付类指标的基础类指标，包括一定统计周期内的支付金额、支付买家数和支付商品数。此外，它还包括转化类指标，包括浏览-支付买家转化率（支付买家数与独立访客数的比值）、下单-支付金额转化率（支付金额÷下单金额）、下单-支付时长（下单时间到支付时间的差值）和下单-支付买家数转化率（支付买家数与下单买家数的比值）。

（4）交易类指标。交易类指标的基础类指标，包括一定统计周期内的交易成功订单数、交易成功金额、交易成功买家数、交易成功商品数、交易失败订单数、交易失败订单金额、交易失败订单买家数、交易失败商品数、退款总订单量、退款金额和退款率。退款率等于一定统计周期内的成功退款笔数除以一定统计周期内的交易总笔数。

4．客户价值类指标

客户价值类指标的细分指标如图 7-6 所示。

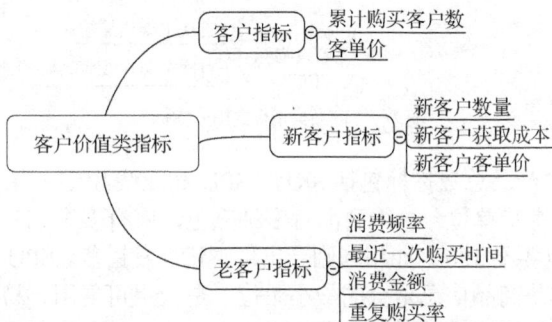

图 7-6　客户价值类指标的细分指标

（1）客户指标。常见客户指标包括一定统计周期内的累计购买客户数和客单价。客单价是指每一个客户平均购买商品的金额，也即平均交易金额，即成交金额与成交用户数的比值。

（2）新客户指标。常见新客户指标包括一定统计周期内的新客户数量、新客户获取成本和新客户客单价。其中，新客户客单价是指第一次在店铺中产生消费行为的客户所产生交易额与新客户数量的比值。影响新客户客单价的因素除了与推广渠道的质量有关，还与电商店铺活动以及关联销售有关。

（3）老客户指标。常见老客户指标包括消费频率、最近一次购买时间、消费金额和重复购买率。消费频率是指客户在一定期间内所购买的次数；最近一次购买时间表示客户最近一次购买的时间离现在有多远；消费金额指客户在最近一段时间内购买的金额。消费频率越高，最近一次购买时间离现在越近，消费金额越高的客户越有价值。重复购买率则指消费者对该产品或者服务的重复购买次数，重复购买率越高，则反映出消费者对品牌的忠诚度就越高，反之则越低。重复购买率可以按 2 种口径来统计：第一种，从客户数角度，重复购买率指在一定周期内下单次数在两次及两次以上的人数与总下单人数之比，如在一个月内，有 100 个客户成交，其中有 20 个是购买 2 次及以上，则重复购买率为 20%；第二种，按交易计算，即重复购买交易次数与总交易次数的比值，如某月内，一共产生了 100 笔交易，其中有 20 个人有了 2 次购买，这 20 人中的 10 个人又有了 3 次购买，则重复购买次数为 30 次，重复购买率为 30%。

5. 商品类指标

商品类指标的细分指标如图 7-7 所示。

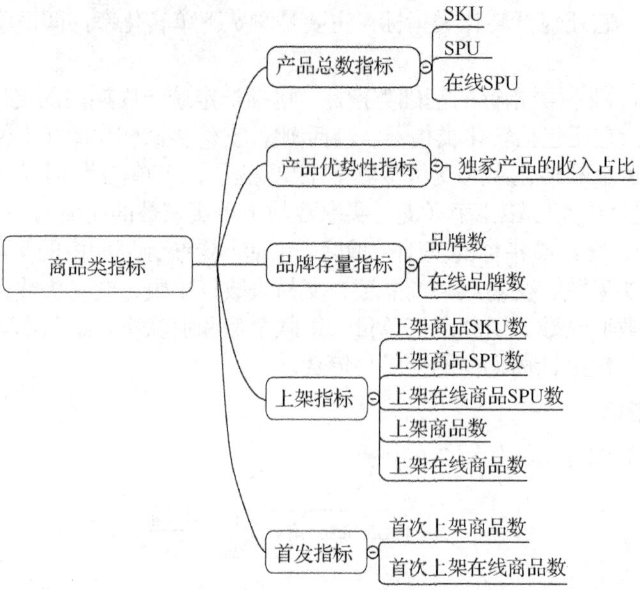

图 7-7　商品类指标的细分指标

（1）产品总数指标。产品总数指标包括 SKU、SPU 和在线 SPU。SKU（Stock Keeping Unit）是物理上不可分割的最小存货单位。一款商品有多种颜色，就有多个 SKU，如一件衣服有红色、白色、蓝色，则 SKU 编码各不相同，如相同则会出现混淆、发错货。SPU（Standard Product Unit）即标准化产品单元，SPU 是商品信息聚合的最小单位，是一组可复用、易检索的标准化信息的集合，该集合描述了一个产品的特性。通俗点讲，属性值、特性相同的商品就可以称为一个 SPU。手机"小米 10"就是一个独立的 SPU，而小米 10 的不同颜色、不同配置的产品，都算作不同的 SKU。统计销售数据，通常用到的是 SPU，比如想知道"小米 10"卖了多少台，就可通过 SPU 来查看；但分析客户和市场，通常用 SKU 更多，比如想知道"小米 10"哪个颜色和配置更受买家欢迎，就需要使用 SKU。在线 SPU 则是指在线商品的 SPU 数。

（2）产品优势性指标。产品优势性指标主要指独家产品的收入占比，即独家销售的产品收入占总销售收入的比例。

（3）品牌存量指标。品牌存量指标包括品牌数和在线品牌数指标。品牌数是指商品的品牌总数量，在线品牌数则是指在线商品的品牌总数量。

（4）上架指标。上架指标包括上架商品 SKU 数、上架商品 SPU 数、上架在线商品 SPU 数、上架商品数和上架在线商品数。

（5）首发指标。首发指标包括首次上架商品数和首次上架在线商品数。

6. 营销活动指标

营销活动指标的细分指标如图 7-8 所示。

（1）市场营销活动指标。市场营销活动指标包括新增访问人数、新增注册人数、总访问次数、订单数量、下单转化率以及投资回报率（Return On Investment，ROI）。其中，下单转化率是指活动期间，某活动所带来的下单的次数与访问该活动的次数之比。投资回报率是指，某一活动期间，产生的交易金额与活动投放成本金额的差，即（收入－成本）与成本的比值。

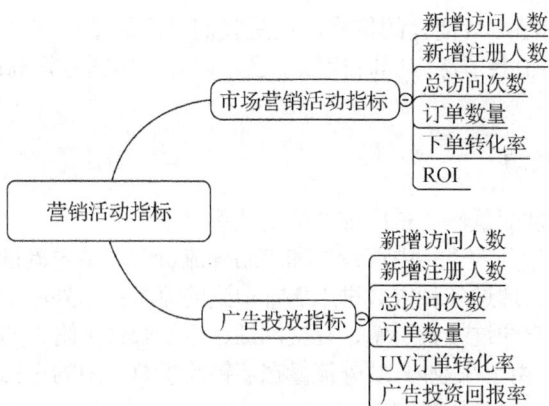

图 7-8 营销活动指标的细分指标

（2）广告投放指标。广告投放指标包括新增访问人数、新增注册人数、总访问次数、订单数量、UV 订单转化率、广告投资回报率。其中，UV 订单转化率是指某广告活动所带来的下单的次数与访问该广告活动的次数之比。广告投资回报率是指，某广告产生的交易金额与广告投放成本金额的比值。

7. 风险控制指标

风险控制指标包括买家评价指标和投诉指标。这项指标用于引导客户评价，及时监控发现问题、及时优化。风险控制指标的细分指标如图 7-9 所示。

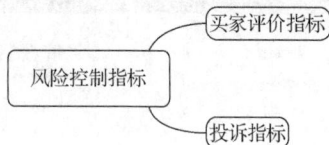

图 7-9 风险控制指标的细分指标

8. 市场竞争类指标

市场竞争类指标的细分指标如图 7-10 所示，市场竞争类指标由市场份额相关指标和网站排名组成。

（1）市场份额相关指标。市场份额相关指标包括市场占有率、市场扩大率和用户份额。市场占有率指电商网站交易额占同期所有同类型电商网站整体交易额的比例；市场扩大率指购物网站占有率较上一个统计周期增长的百分比；用户份额指购物网站独立访问用户数占同期所有 B2C 购物网站合计独立访问用户数的比例。

（2）网站排名。网站排名包括交易额排名和流量排名。交易额排名指电商网站交易额在所有同类电商网站中的排名；流量排名指电商网站独立访客数在所有同类电商网站中的排名。

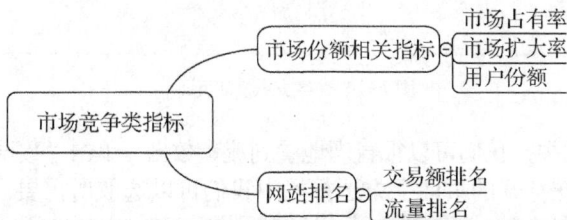

图 7-10 市场竞争类指标的细分指标

7.3 流量来源分析

流量是所有网站运营的核心，电商店铺只有有了流量才能继续发展。没有一定流量的保证，就好比我们有最优质的商品、最便宜的价格，但是我们将商品藏在家里，而别人将商品摆在商业街的货架上。"酒香不怕巷子深"的时代似乎已经过时，店铺有好商品，就应该配给大量的流量。

7.3.1 数据流量来源

我们知道要给店铺增加流量，可是店铺的流量从哪里来？

首先，业内一般把流量分为"站内流量"和"站外流量"，站内流量是指电商平台本身的流量，即用户先进入平台，再通过各种方式进入店铺得到的流量；站外流量是指用户从电商平台以外的渠道进入店铺，如用户通过搜索引擎、社交网站、电子邮件中附带的链接进入店铺或者商品详情页时店铺获得的流量。由于在业内，站外流量在店铺流量总和中的占比很小（一般不超过2%），所以店家们主要分析的是站内流量类型。

作为卖家，我们可以进入卖家后台，找到并单击"数据纵横"图标，进入"数据纵横"页面，如图7-11所示。

图7-11 "数据纵横"页面

在"数据纵横"页面中，我们可以很直观地看到流量数据。单击"数据纵横"→"经营分析"→"商铺流量来源"，在打开的页面上方选择栏中我们可以选取所需要观察流量的时间段。在这里我们可以通过商铺浏览量、浏览量占比、访客数、新访客占比来观察流量的来源，如图7-12所示。

根据卖家想要观察的时间段，在顶端日期下拉列表中可以选择"最近1天""最近7天""最近30天"3个时间段，再单击"查看"按钮选择流量数据分析的时间段，如图7-13所示。根据卖家想要优先发展的市场，目前除了可以查看全球数据，还可以自定义国家（地区）查询当地浏览量。

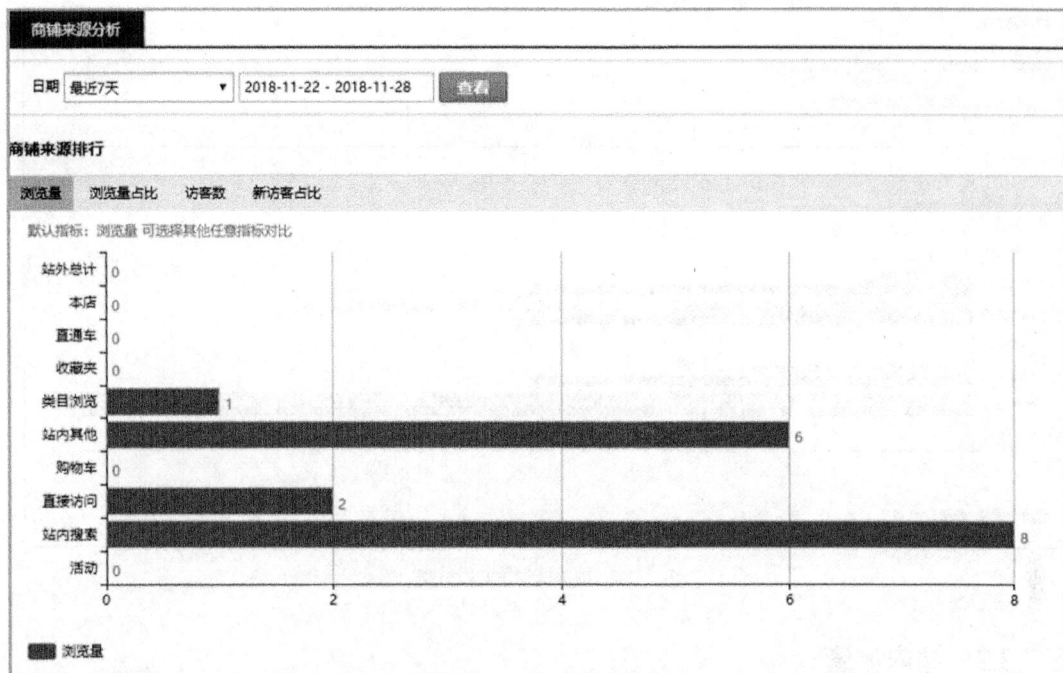

图 7-12　商铺流量来源页面

图 7-13　"商铺来源分析：日期选择"页面

　　卖家可以选择一个项目进行查看，还可以同时选择两个项目进行查看，操作灵活度非常高，在图 7-14 中就选择了浏览量和访客数进行查看。在这里，我们需要注意以下两个概念。

　　浏览量：指页面浏览量，用户每次刷新页面即被计算一次。

　　访客数：指网站独立访客，即访问网站的一台计算机客户端为一个访客。

　　在得到所有数据后，我们的目的显而易见，就是提高总有效浏览量。相应地，店铺应该通过分析优化增加新访客和由老客户转化的"回头客"。

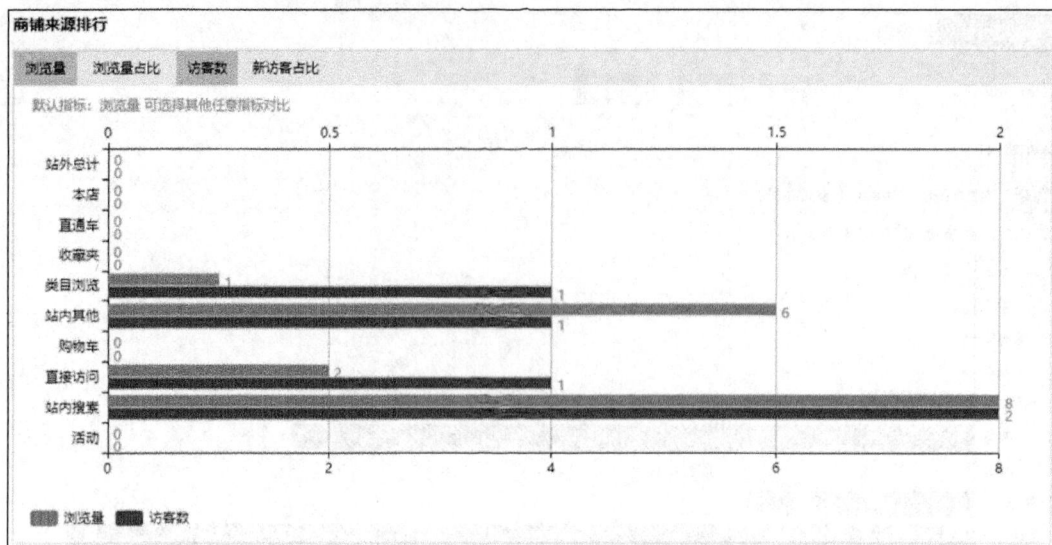

图 7-14　浏览量和访客数分析

7.3.2　站内流量

1. 站内类目流量

站内类目流量是商铺流量非常重要的组成部分。当我们访问速卖通时，可以通过搜索路径找到我们想要的商品，也可以在左侧的类目导航栏搜索浏览商品。如图 7-15 所示，首页左边的导航栏就是类目（CATEGORIES），通过类目搜索到商品所获得的流量计入站内流量。

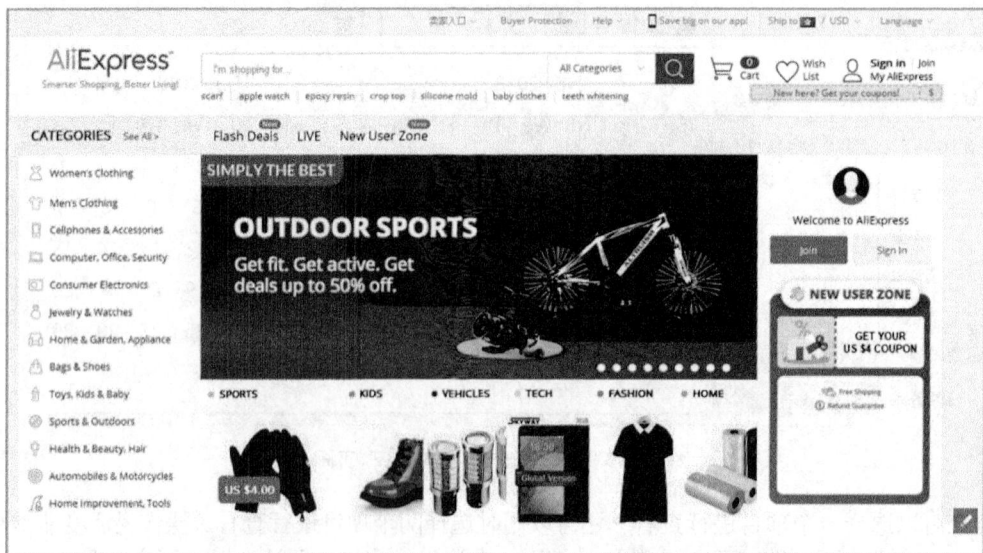

图 7-15　类目示意

在搜索商品时，在页面左侧一直都会有类目栏伴随着出现，且该类目栏会随着我们访问页面的不同而不同。类目栏能帮助浏览者对商品进行精准的定位，也可以帮助浏览者快捷地找到自己需要的商品，如图 7-16 所示。

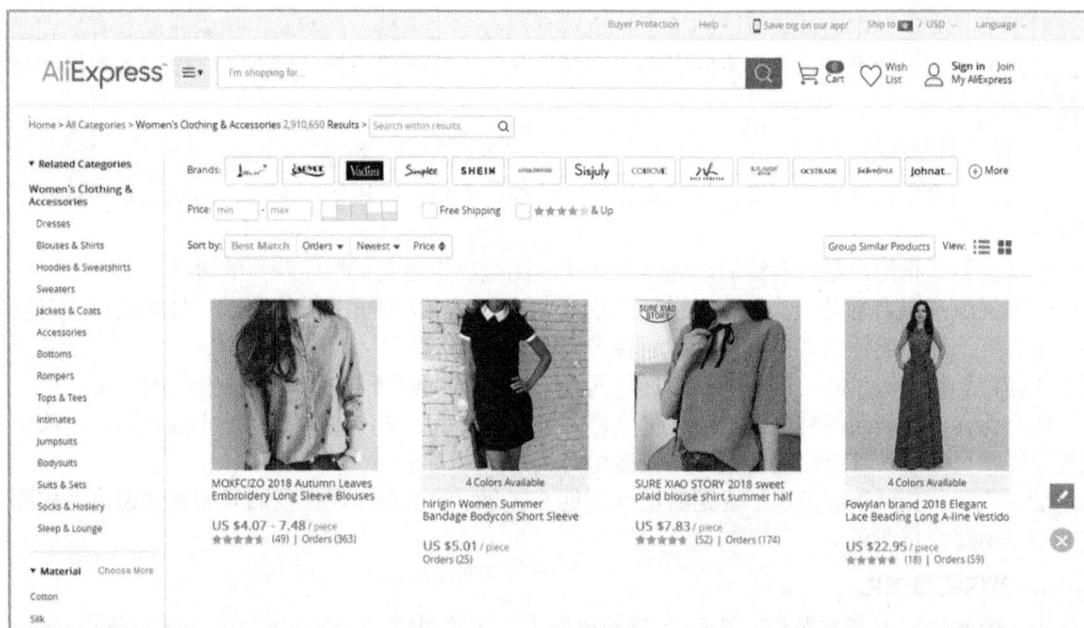

图 7-16　具体类目示意

2. 站内搜索流量

站内搜索流量即自然搜索流量，是买家在搜索框中搜索关键字出现搜索结果后，单击某个搜索结果产生的流量。如图 7-17 所示，买家想在速卖通上买一件衬衫，在搜索框中输入"shirt"并单击"搜索"按钮，在所有的输出结果中，买家随便选择一个商品单击进入该商品详情页，就会给相应的卖家增加一个站内搜索流量。

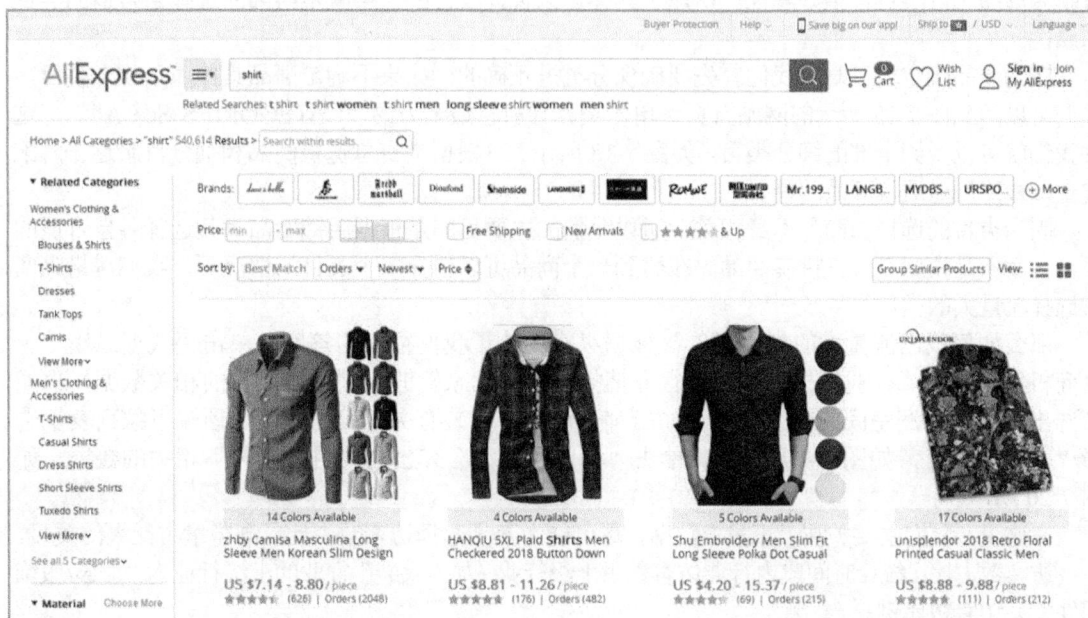

图 7-17　站内搜索示意

对于商家来说，站内搜索流量的特点是免费且流量转化率高。虽然站内搜索流量具有如此显著的优点，但它仍会受到以下因素的影响：店铺活跃度、店铺违规扣分情况、卖家服务等级和商品排名。

3. 站内其他流量

站内其他流量包括本店流量、收藏夹流量、购物车流量、直接访问流量、活动流量和直通车流量。

本店流量是指用户进入店铺后，通过在店铺中浏览"店铺宝贝"而获得的流量。

收藏夹流量顾名思义，就是用户直接从收藏夹进入商品详情页获得的流量，收藏夹流量可以从一定程度上显示店铺的客户忠诚度和老客户比例。

相应，购物车流量就是用户把商品加入购物车后，再从购物车内访问商品获得的流量。

用户保存了某商品的网页链接或者将其存入了收藏夹后，再次在网页地址栏输入地址进入访问商品详情页时，该部分流量会被计入直接访问流量。

活动流量和直通车流量属于营销流量，不是本节介绍的重点，现在我们只需要知道这两种流量并不是免费流量即可。

4. 站内流量优化

很多速卖通卖家都在苦恼，为什么营销也做了，可流量就是上不去呢？卖家们不管是参加活动也好，投钱做营销也好，都是为了增加流量，提高商品曝光率，实现浏览到订单的转化。如果卖家做了活动，还是没有流量，这个时候就应该反思一下，我们选择的商品是否迎合消费者的需求、商品发布时属性和关键词是否填写正确、图片是否吸引人、物流是否能够满足买家需求等问题。

（1）类目流量优化

类目流量优化的目的就是提高商品的类目流量，优化类目浏览的相关数据，从而带来更多的订单。得到类目流量来源数据后，如果类目流量不甚理想，我们就要对类目流量数据进行分析，重新为商品选好类目，填好属性。所以更具体地来说，我们的任务就是给商品选择最合适的类目和属性。

在为商品确定类目时，我们首先要确保分类是正确的。如果不确定商品具体属于哪个类目，我们可以回到图7-15所示的网站首页，单击类目导航栏最上方的"CATEGORIES See All"，这时我们就可以看到全部的细分类目，如图7-18所示。可根据类目总览将商品和细分目录逐一匹配排查，最终确定适合商品的类目。

因为类目的选择与商品本身相关，所以我们的主要目的是根据店铺商品为其选择各自合适的类目，而不是根据类目去拼凑商品。在碰到一个商品可以选择多个类目的情况下，我们尽量为商品选择流量大的类目。

那么如何找出流量大的类目呢？"数据纵横"给了我们很好的答案。单击"数据纵横"→"商机发现"→"行业情报"，在"行业情报"中，卖家能够得到所有类目的相关数据，也能筛选出有广阔利润空间的精细类目。如店铺内商品与女装有关，我们可以在顶端下拉列表里选择"女装"类目，如图7-19所示。单击"确定"后，会弹出与类目"女装"相关的数据，如图7-20所示。

在这里，我们主要关注"流量"数据，尽可能为商品选择访客数占比、浏览量占比大的类目。

访客数占比：统计时间段内行业访客数占上级行业（如"女装"行业的上级行业为"服装/服饰配件"）访客数比例。

浏览量占比：统计时间段内行业浏览量占上级行业浏览量比例。

图 7-18　类目总览

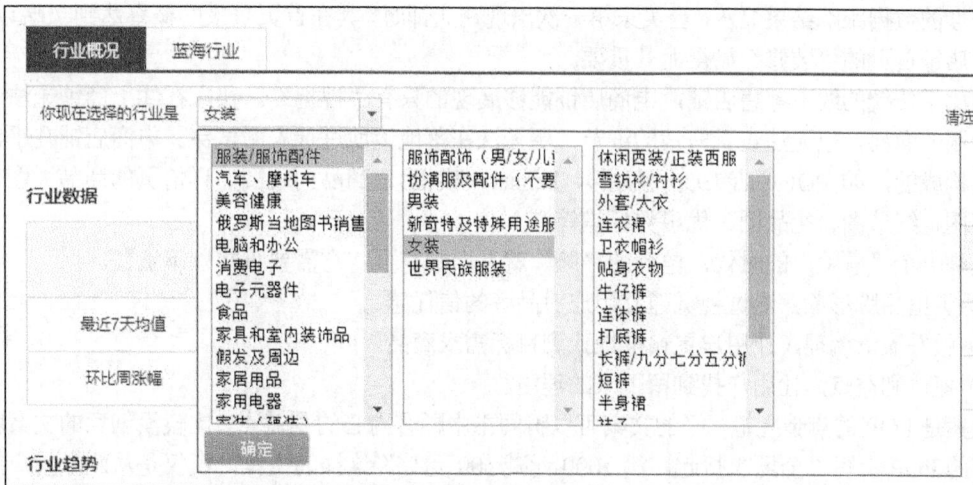

图 7-19　类目选择示意图

图 7-20　与"女装"类目相关的数据

（2）站内搜索流量优化

想要获得尽可能多的站内搜索流量，就要从多个角度进行分析优化。一方面，站内搜索流量受店铺情况影响，店铺的相关信息（活跃度、信誉、服务等）都有极大可能会影响站内搜索流量。

店铺运营者可以尝试从以下几个方面优化站内搜索流量。

① 增加店铺活跃度，多在平台参与活动。

② 减少店铺违规扣分情况，降低店铺退货率。

③ 提高卖家服务等级，优化客服服务体系。

④ 关注商品排名，尽量发布流量最高的商品。

⑤ 开通直通车（推广），提高关键词曝光率。

（3）站内其他流量优化

对于其他流量，包括本店流量、收藏夹流量、站内其他流量、购物车流量、直接访问流量、活动流量和直通车流量等，我们都需要进行引流，因为这些流量之间是相互影响、相互转化的。

从店铺诊断的角度而言，我们可以关注店铺的一个重要数据指标：店铺收藏总数。店铺收藏总数越多，说明此店铺的粉丝越多，店铺用户运营的基础越好，也就可以断定该店的流量不会太差。

长期的数据跟踪结果显示，当买家第一次出现在店铺时，其在首页登录的概率达到70%以上。因此，店铺首页的"装修"显得尤其重要。

相比于传统的线下零售店铺，电商店铺能够展现的只有"视觉"。买家在线上商铺无法亲手抚摸衣服的面料，也无法查看剪裁的细节，更无法在落地镜前进行衣服试穿。电商店铺几乎都是由图片构成的，如POP（店头展示海报）、banner（横幅）、商品列表图、详情页的商品大图、模特试穿图、细节图、礼品图、优惠券标识等。

这是一个"看脸"的时代，电商的"脸"就是店铺首页，它需要承担以下责任。

① 突出品牌形象，通过视觉建立用户对品牌的信任感。

② 做好流量梳理，让用户更精准地找到目标需求商品。

③ 抓住利益点，让用户找到留下来的理由。

文案是POP的点睛之笔，好的文案可以瞬间击中顾客内心的利益点。比较没创意的文案就是在首页的POP上写"全场3折起，满1000元减100元！"这样的文案，仅仅是从刺激用户的利益点着手，方式太过于简单粗暴，在折扣横行的网络时代其实弊大于利，因为它损伤了品牌的形象。

店铺首页的流量分配是否合理、有效，对于电商店铺而言非常重要。有些电商店铺的首页流量非常高，但是流向详情页的流量却非常少，这就是首页流量分配不合理所导致的。

7.3.3 站外流量

1. 站外流量概述

在"数据纵横"的店铺流量来源分类（见图7-12）中，我们可以看到左边坐标轴第一行就是"站外总计"，站外总计流量是指从速卖通以外的站点访问店铺的流量总和。当平台本身流量不足时，站外引流对商家来说也是比较重要的手段。

对于大多数卖家来说，站外引流的主要方式有：

（1）SEO（Search Engine Optimization，搜索引擎优化）引流（通过搜索引擎获取关键字）；

（2）联盟营销数据分析以及引流；

（3）EDM（E-mail Direct Marketing，电子邮件营销）引流；

（4）SNS（Social Networking Service，社交网络服务）引流。

2. 使用 SEO 的思路引流

SEO 是一种利用搜索引擎的排名规则来提高目前网站在有关搜索引擎自然搜索结果中的收录数量及排名的优化方式。也就是说，使网站在搜索引擎中保持排名靠前，更容易让客户搜索到。例如，搜索"古驰"，其中不带"推广"字样，或者包含"百度快照"字样的超链接，如图 7-21 所示。

古驰GUCCI中国官方网站 | GUCCI中国官网

古驰GUCCI源于意大利的时装奢饰品牌,1921年创立于意大利佛罗伦萨,是全球卓越的奢华精品品牌,了解更多古驰GUCCI产品信息,欢迎访问古驰GUCCI中国官网。

https://××××× ▾ V3 - 百度快照

图 7-21 搜索引擎优化示例

但是使用 SEO 引流，会消耗店铺大量的时间和成本，而且比起在平台内的推广方式来说起效甚微，因此速卖通店家极少会在 SEO 引流上花费很多。

7.4 成交转化率分析

有了稳定的流量以后，店铺的总访客数通常就有了根本性的保证。为了提高店铺业绩，我们接下来要关注的就是成交用户的人数。在确保总访客数稳定上升的前提下，我们引入另一个关键指标：成交转化率。在这里，"成交"是指下过订单并且完成付款的过程。

成交转化率可细分为单品转化率和店铺成交转化率，以下为两个概念的公式：

$$单品转化率 = 单品成交用户数 \div 单品总访客数；$$
$$店铺成交转化率 = 店铺成交用户数 \div 店铺总访客数。$$

单品转化率重点关注的是流量优化、商品优化以及客服优化。店铺成交转化率更多地取决于热销商品的转化率，可从平均停留时间、热销爆款流量的去向以及老客户营销来提高店铺的整体转化率。

7.4.1 单品转化率

商品的单品转化率可以通过单击"数据纵横"→"经营分析"→"商品分析"，在打开的页面中查看，页面上首先展示的是全部商品的信息，如图 7-22 所示。

单击第一栏商品右边的"展开"，我们可以看到第一行商品的相关数据，在勾选框选择"支付金额""支付订单数""商品页访客数""浏览-下单转化率"，即可查看商品的成交转化率，如图 7-23 所示。

需要注意的是，图中"浏览-下单转化率"并不是下单数与浏览数的比值，而是下单数与访客数的比值，而我们通常所说的成交转化率是支付订单数与访客数的比值。

单品转化率的影响因素主要有流量、商品本身和客服跟进这 3 个方面。除此之外，品牌影响力、老客户黏性、关联营销等也会影响单品转化率。

在流量方面，宏观影响因素是不同流量来源的占比问题，如推广导致的流量比例变动，通过增加直通车流量导致的商品访客数的增加可能会使商品的成交转化率降低。

图 7-22 "商品分析"页面

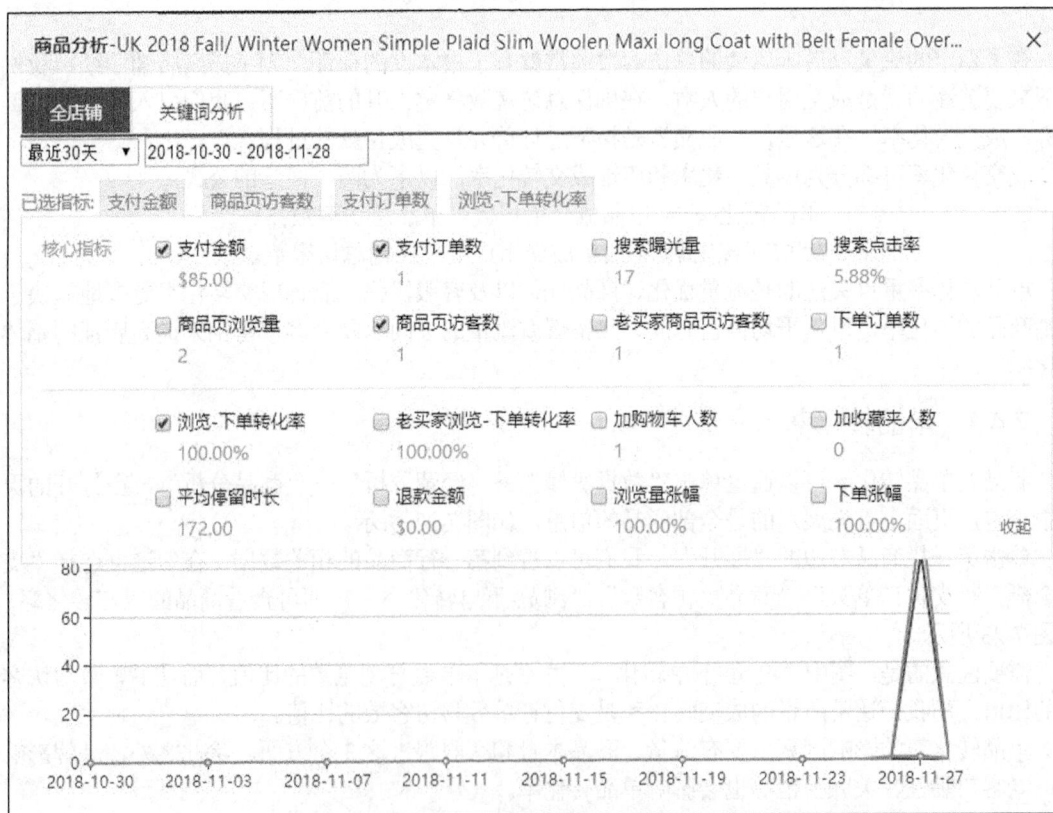

图 7-23 商品成交转化率

在商品本身方面，价格、销量、评价、商品描述都会影响单品转化率。

在客服跟进方面，优质的服务会提高客户的咨询率、下单率和付款率，售后服务也会影响买家的复购率，进而影响单品转化率。

7.4.2　单品转化率优化

1. 流量优化

流量来源骤变会导致单品转化率的变化，我们需要明确具体原因才能找到相应的优化方向，表 7-1 列举了浏览来源和单品转化率之间的关系。

表 7-1　　　　　　　　　　　　　　流量来源和单品转化率之间的关系

流量来源	单品转化率	说明
站内搜索	高	（1）主动搜索代表明确的购物意愿。 （2）影响搜索流量的重要因素是关键词
站内活动	高	（1）活动基本以单品参加。 （2）由于活动有促销机制，转化率高。 （3）活动会带动非活动商品的关联销售
直通车	中	（1）新客为主。 （2）营销可能存在精准问题
其他（收藏）	高	老客为主，转化率高
类目浏览	低	流量大但精准率低

如果店铺近期参加了站内的平台活动，如某单品参加了"满减"或者"满赠"活动，导致单品直接访问流量增加，单品转化率降低，那么此时卖家应该做的就是针对这次平台活动进行分析，确定单品转化率和流量的增长情况是不是一致。一般来说，参与平台活动的单品价格会比平时低（排除店家平时抬价的状况），所以转化率的变化不会是价格的问题。在商品足够吸引顾客的条件下，此时单品转化率降低的"元凶"是库存问题。例如参加抢购活动的商品库存较少，商品售完后仍然有大量的访客访问，或者符合买家审美的颜色款式已经售罄，这都会导致大量客户的流失。

如果店铺在站外做了推广，单品的站外流量剧增，商品的直接访问流量就会增加。但是一般来说站外推广的转化率比站内推广的转化率低很多，因此单品转化率肯定会降低。因站外推广而导致的单品转化率降低是正常情况。在这种情况下，卖家需要做的就是优化推广策略，提高站外的单品转化率，如给来自投放推广网站的顾客发放赠品，从而促进购买。

2. 商品优化

从流量角度优化了单品转化率后，接下来要做的就是从商品本身方面进行单品转化率优化。

从商品本身而言，单品转化率受以下方面的因素影响。

（1）商品描述方面影响因素：详情页样式设计和文字描述。

（2）价格方面的影响因素：定价策略和销售手段。

（3）销量方面的影响因素：累积销量、近期销量、物流方案、尺码模板。

（4）评价方面的影响因素：买家评价、评分等。

在速卖通发展早期，商品描述都是简单的文字和几张清晰度不高的图片。但是在现在的速卖通平台上几乎已经看不到以一两张图片和简单文字作为商品详情介绍的商品了，取而代之的是介绍卖点、传递价值、建立信任、引导购买等多重营销功能的商品详情页。

详情页设计只是商品优化方面的表面因素，真正促进购买的往往是针对商品进行的营销手段和定价策略。

商品的评价是顾客除去商品详情页外获得商品信息的另一大来源。商品评价从很大程度上决定了顾客的购买倾向，因为通过评价，顾客可以知道商品的色差、尺码偏差和质量好坏等。具体带图的好评会促进顾客购买，提高顾客对商品的把控度；而差评则会让顾客对商品的印象变差，从而转向同类店铺的商品。

3. 客服优化

如今，随着网购的普及，资深的电商买家越来越多，因此他们在网购过程中会向店家咨询的问题越来越少。由于网上店铺实在太多，即使有些买家对店铺的某一商品感兴趣，他们也不会直接咨询问题，而是直接去对比另一家店铺的同类商品。所以现在电商店铺的咨询率已经越来越低，从顾客开始浏览到最后咨询，一般一件商品的咨询数仅占浏览数的1%。

因此，对于如何让这仅有的 1%的顾客不再流失，是一个非常值得卖家思考的问题。其中客服服务对其的影响效果十分可观，客服优化也是每个卖家都应该注重的优化方向。在此我们只给出了客服优化的理由，至于客服服务具体怎么优化，我们将在以下内容中详细讲解。

7.4.3 店铺成交转化率

店铺成交转化率可以通过单击"数据纵横"→"经营分析"→"成交分析"，在打开的页面中查看，如图 7-24 所示。其中浏览-支付转化率也就是店铺成交转化率。

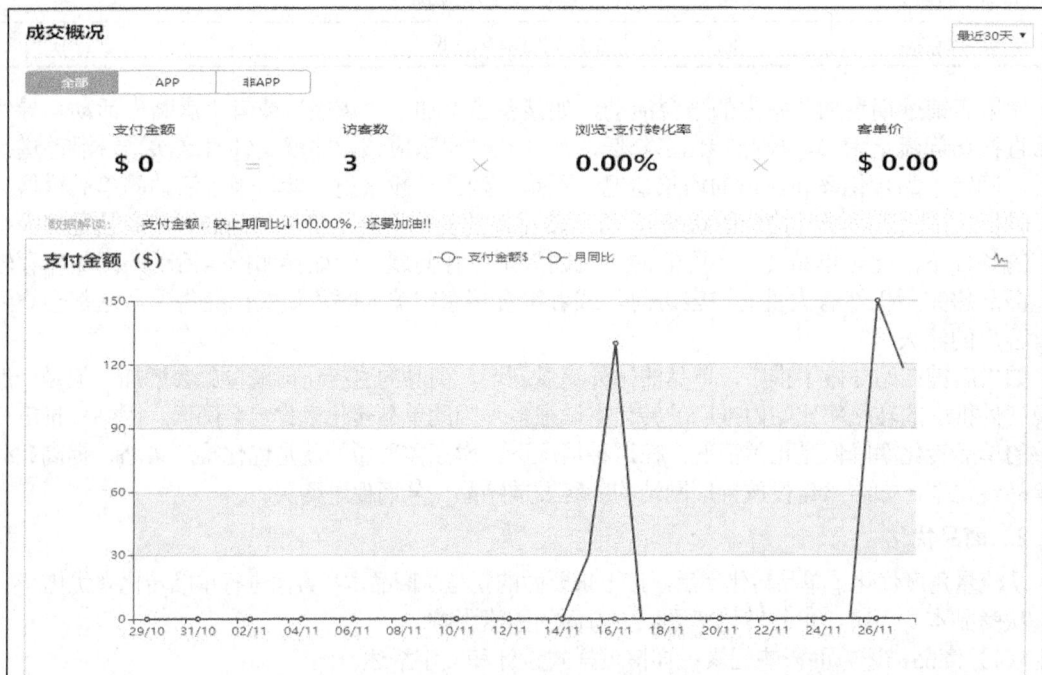

图7-24 店铺转化率分析

可以看到，在图 7-24 所示折线图中的左上角我们可以选择网页端（非 App）的成交概况，也可以选择移动端（App）的转化率进行分析。在折线图右上角，可以选择天数，如果选择"最近 7 天"，那么分析的是短期的成交转化率，适宜重大活动数据的观测和店铺调整期的数据跟踪；如果选择"最近 30 天"，那么分析的是长期的成交转化率，适合做月度报表和下月预测。

支付金额=访客数×成交转化率×客单价。这个公式十分重要，我们在接下来的章节中还会讲到，在这里我们只需要关注浏览-支付转化率这个概念。

除了关注整体数据，我们还应该关注不同板块、不同国家（地区）的数据。

影响店铺转化率的最重要因素还是单品转化率，毕竟大多数顾客都是通过单品的详情页进入店铺的，"客户是否会购买正在浏览的商品"在很大程度上会影响店铺转化率。但是除了上述影响单品转化率的因素，关联营销、店铺装修、老客户黏性、品牌影响力对店铺转化率的影响也非常大。

7.4.4　店铺转化率优化

优化店铺转化率，我们可以通过优化指标实现。店铺转化率虽然是一个数值，但是其影响因素非常多，我们需要优化的也不单是店铺转化率这一个数值，而是影响店铺转化率的许许多多个指标。

第一个指标是平均访问深度，平均访问深度=浏览数÷访客数。其数值越大，买家访问停留页面的时间越长，购买意向越大。平均访问深度是反映用户访问质量的重要指标，平均访问深度越大意味着用户对网站内容越感兴趣。但平均访问深度并不是越大越好，过大的平均访问深度可能意味着用户在网站中迷失方向而找不到目标内容。一般来说，平均访问深度在 2 以上算正常。从这个指标中，我们可以看出我们的店铺"装修"做得好不好。

第二个指标是单品流量去向。单击"数据纵横"→"经营分析"→"商品分析"→"商品来源分析"，在打开的页面中，"到本店其他商品"和"到本店其他页"这两列数据足够说明商品的流量情况。

第三个指标是回头购买率，这个指标代表老客户黏性。卖家可通过速卖通第三方软件来统计回头购买率。

第四个指标是品牌词的搜索热度，它能够反映店铺的品牌影响力。速卖通平台已经产生了很多"速品牌"的雏形，有心打造"速品牌"的卖家应该密切关注品牌词搜索热度这个重要指标。

7.5　网店商品分析

当我们引来了流量，优化了成交转化率以后，接下来要做的就是分析网店商品。网店商品分析主要分为两大模块，一是数据化选品，二是已有单品的优化。

7.5.1　新品上市模型

一个新商品上市能否取得成功是受到多方面因素联合控制的，就商品本身而言，包括商品的外观、材质、样式、价格等。因此，研究预测新商品在未来市场上的表现就要综合考评上述因素的综合作用。

市场实践表明，影响新商品上市的成败原因有很多，因此，在综合评判时可以采用"模糊综合评判方法"对新商品上市的前景进行评判，具体方法如下。

第一步：构建模糊综合评价指标体系。

模糊综合评价指标体系是进行综合评价的基础，评价指标的选取是否适宜，将直接影响综合评价的准确性。在确定影响商品因素的时候，因素往往很难被直观表现出来，因此我们选用数据指标来代表这些因素，包括同类商品访客数、浏览量、订单数等指标。

第二步：构建评价矩阵。

建立合适的隶属函数从而构建好评价矩阵 **R**，如表 7-2 所示。

表 7-2   评价矩阵

矩阵	指标 1	指标 2	指标 3	指标 4	指标 5	因素
R	X_{11}	X_{12}	X_{13}	X_{14}	X_{15}	因素 1
	X_{21}	X_{22}	X_{23}	X_{24}	X_{25}	因素 2
	X_{31}	X_{32}	X_{33}	X_{34}	X_{35}	因素 3

第三步：评价矩阵和权重的合成。

采用合适的合成因子对矩阵因素进行合成，并对结果向量进行解释。在本章中，我们采用最终结果向量"市场综合表现"水平来评判是否应该上市某商品。该向量在后续会进行系统介绍。

7.5.2 新品数据分析

1. 选品分析

很多店铺在选品时，或者店铺在刚刚起步时，卖家并不能确定什么类型的商品是能够让自己获利的。盲目地选品不仅会浪费店铺资金，消耗店铺库存空间，还会造成老客户回头率低等一系列影响。通过"数据纵横"，卖家能够把握各个类目下的商品受欢迎程度和利润空间，用数据找到一条安全的"红海之路"，这也是卖家的一个必修技能。

在选品时，我们可以单击"数据纵横"→"商机发现"→"选品专家"，在打开的"选品专家"页面中，卖家可以直观看到速卖通各个行业的热销产品词和热搜产品词，如图 7-25、图 7-26 所示。

在图 7-25 中，圆中的字均代表关键词，圆的大小代表销售量的高低，圆的颜色代表商品类别竞争力的大小，颜色越深代表竞争力越大。因此，店铺在选品时应该选择深色大圆对应的品类。

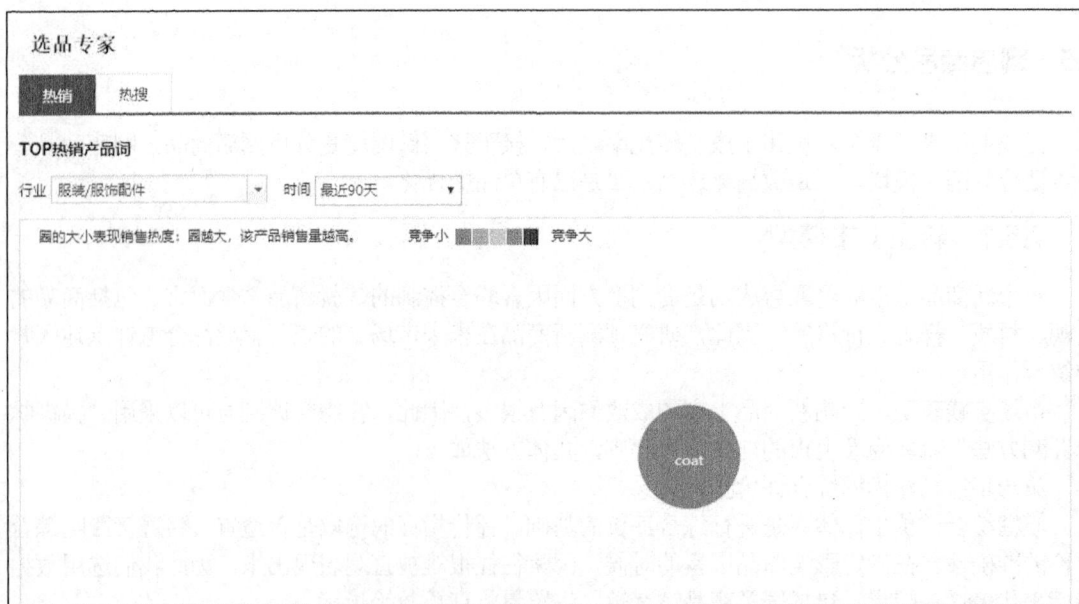

图 7-25 选品专家——热销产品词

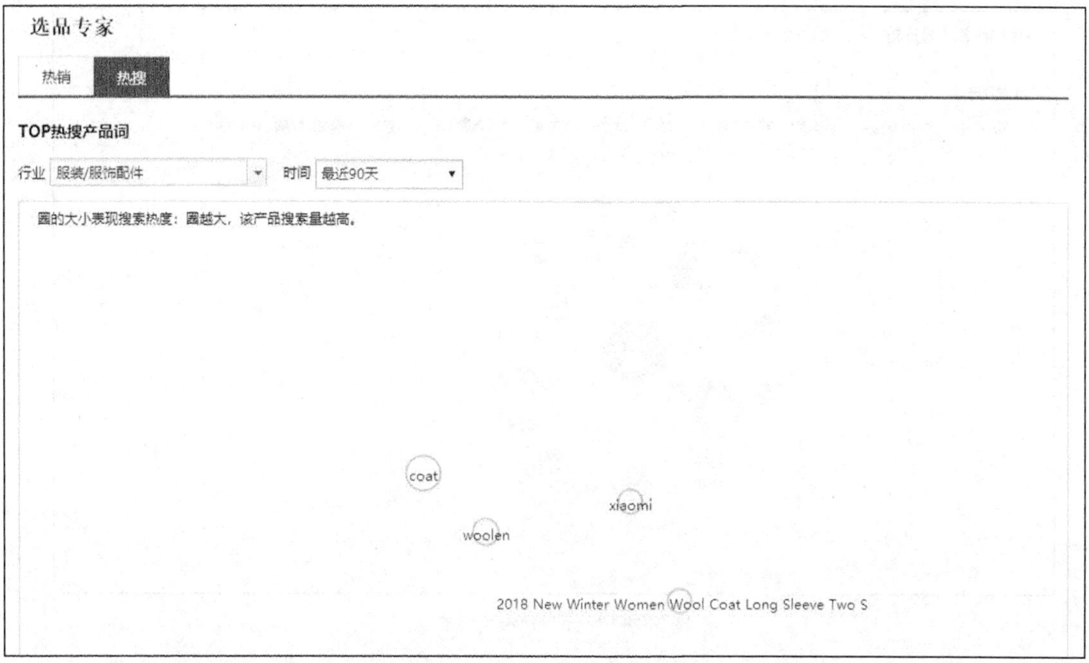

选品专家

热销	**热搜**

TOP热搜产品词

行业 [服装/服饰配件　　▼]　　时间 [最近90天　　▼]

圆的大小表现搜索热度：圆越大，该产品搜索量越高。

图 7-26　选品专家——热搜产品词

在图 7-26 中，圆的大小代表热度，圆越大说明该类商品越畅销。

分析了应该选择的品类后，我们可以查看该品类的详细信息。单击图 7-25 中的 "coat"，会出现与 "coat" 相关的信息，包括该品类的热销属性和热销关联商品，如图 7-27、图 7-28 所示。

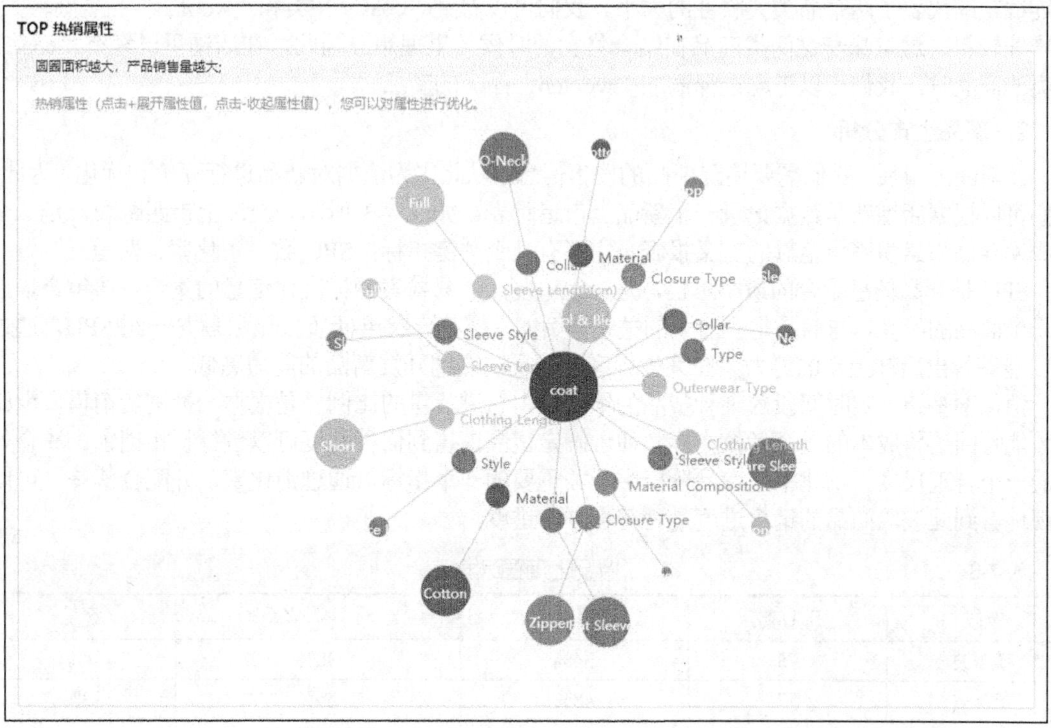

TOP 热销属性

圆圆面积越大，产品销售量越大；

热销属性（点击+展开属性值，点击-收起属性值），您可以对属性进行优化。

图 7-27　"coat" 热销属性

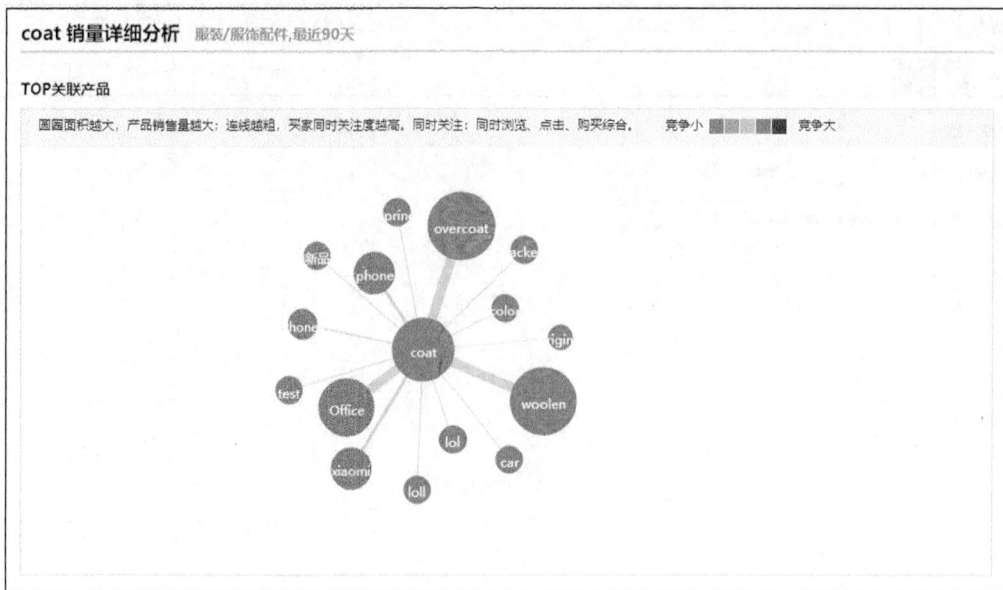

图 7-28 "coat" 热销关联商品

在图 7-27 中，我们可以看到一系列和"coat"相关的属性，相关的属性又进行了细分，如 coat—material—cotton。除了"coat"以外，在其中我们可以看到几个较大的圆，如 Short、Zipper、Cotton，这说明具有这几个属性的大衣销量很好，我们在选大衣时可以按照季节性，选取有以上几个属性的大衣品类进行销售。

我们分析了热销品类的热销属性后，还可以进行热销品类的关联分析。在图 7-28 中，圆之间的连线粗细代表了两个品类关联性的大小。我们可以看到"coat"品类和"woolen"品类圆较大，且连线较粗，这意味着这两类商品在结合售卖的时候效果理想。因此，在店铺里已经有"coat"品类的商品时，我们可以考虑选择添加"woolen"品类的新品。

2. 新品上市分析

在新品上市后，我们需要追踪新品的发售信息，以此作为依据对新品进行评价和优化。为此，我们可以根据店铺新品数据记录一个新品上市追踪表，如表 7-3 所示。新品上市跟踪表，是一个集成库存额与累积销售金额的交叉报表，它还有几个关键指标：SPU 数、消化率、落差。

SPU 是商品信息聚合的最小单位，是一组可复用、易检索的标准化信息的集合，该集合描述了一个商品的特性，与商品是一对一的关系。例如，绣花连衣裙{尺码,颜色}就是一组 SPU。通过 SPU 能够看出店铺上新的能力，在某种程度上能反映店铺开发新品的能力高低。

消化率是指一定时间段内某种货品的销售量占总进货量的比例，是根据一批进货销售多少比例才能收回销售成本的一个考核指标，便于确定货品销售到何种程度可以进行折扣销售、清仓处理的一个合理尺度。消化率是商品分析中至关重要的一个指标，通过消化率，并配合落差，可以直观地看到此波段商品的销售进度是否符合预定进度。

表 7-3　　　　　　　　　　　新品上市跟踪表

波段	SPU 数	消化率	计划消化率	落差
春 2 波	75	34%	30%	4%
春 3 波	57	48%	35%	13%
春 4 波	40	27%	60%	-33%

从表 7-3 中，我们可以得出以下结论。

（1）统计周期内，店铺共上新约 172 款春季商品，店铺上新能力比较强。

（2）"春 3 波"的商品消化率最高，达到 48%，但是比预期消化率高 13%。这表明在后期的销售过程中，春 3 波商品的销售依然会持续升温，可能存在库存不足的风险。

（3）"春 4 波"的商品消化率仅为 27%，但是计划消化率却有 60%，落差为-33%。这是本报表展现出来的最大异常，极有可能是店铺将春 4 波商品的业绩预估太高，而实际业绩并没有达到要求。

7.5.3　商品分类

一个健康的店铺，通常有 4 种商品类型：爆款、活动款、利润款、长尾款，每种类型都有其各自的特征。

在经营店铺时，我们首先需要明确的是店铺需要什么类型的商品，如缺少曝光量就选择增加爆款商品；店铺品牌效应不够时就添加活动款商品；店铺总销售额不足就添加利润款商品。关于如何选择商品，也需要进行系统的数据分析后再做打算。

1. 爆款商品

爆款商品就是销售非常火爆的商品，高曝光率、高点击率、大订单数就是它的具体表现。但是在有些时候，爆款并不是店铺的主要利润来源，甚至它还可能是一款亏钱的商品。打造爆款商品的过程中，一定要进行测试和数据化的分析，否则可能会有亏损。

要打造爆款商品，店铺前期可能会遇到商品销量少、促销费用高、制造成本高、销售利润低等情况。根据这一阶段的特点，店铺应努力做到：入市场的时机要合适，在合适的季节、合适的时段入市符合当季潮流和特征的商品；设法把销售力量直接投向最有可能的购买者，如把价格低的未来爆款商品推销给注重价格而且质量要求不是特别高的顾客。

店铺可以尝试快速渗透策略，以低价格、高促销费推出新商品。这样做的目的在于先发制人，以最快的速度打入市场，取得尽可能高的市场占有率。实施这一策略的条件是该商品的市场容量相当大，潜在消费者对商品不了解，且对价格十分敏感，商品的单位制造成本可以随着生产规模的扩大和销售量的提高迅速降低。

2. 活动款商品

打造活动款商品，目的不是盈利，而是给店铺的其他商品带来流量。通常活动款的价格不会很高，卖家的成本投入也不高。这类商品通常不获利，或者获利极少，但其与爆款配合效果很好。

活动款商品需要性价比高、库存足够，同时也需要经过数据测试，拥有一定的爆款潜质。根据卖家需要，也可以成为爆款商品。

3. 利润款商品

利润款商品是店铺中利润点最高的，是为了塑造店铺整体形象和品质而设的商品。这类商品客单价普遍很高，品质也普遍很高，利润是爆款的两倍以上。利润款商品的受众人群比较小众，目的以打造自身品牌内容为主，其卖点和特点能够激起特定人群的购买欲望。这类商品，如果作为爆款去打造，速度会很慢。

4. 长尾款商品

长尾款商品是需求不旺或销量不佳的商品。对于长尾款商品，商品销售量不高，店铺很难从这种商品中获利，大量竞争者退出市场，消费者的消费习惯已经发生改变。在这种情况下，店铺需要认真研究、分析策略以及商品退出市场的时间。商铺有以下几种策略可供选择。

（1）收缩策略

抛弃无希望的顾客群体，大幅度降低促销水平，尽量坚守促销费用，以增加利润。这样可能导致商品在市场上快速衰退，但也能从忠实于这种商品的顾客中得到利润。

（2）关联促销

至于如何选择与长尾商品相关联的产品进行促销，我们可以按照前面的内容，如按照类目之间的相关性进行产品的关联，也可以以热销产品带动长尾商品来进行销售。

（3）放弃策略

对于衰退比较迅速的长尾商品，应该当机立断，放弃经营。可以采取完全放弃的方式，如把商品完全转移出去或者立即停止生产，也可以采取逐步放弃的方式，使其所占用的资源逐步转向其他的商品。

7.5.4 商品销售分析

1. 商品类别定位分析

店铺在经营的过程中，会出现新品价格定位高、销售困难的现象，也就难免会遇到大量的库存没办法销售的状况。在这种情况下，接近正价销售的新品就是利润款吗？积压久的商品就一定是长尾款吗？下面我们需要进一步分析商品的属性。

用商品运营的专业术语来讲，新品以 3～5 折来销售是爆款，销售分布占 4 成左右，一般在重大活动中可以以这样的价格销售。而新品以 6～7 折来销售则不一定是爆款，一般而言，顾客更青睐于买 6～7 折的新品，那么卖家完全有可能按照这种特性将新品打折至 6～7 折，以销售量弥补客单价。把应规划于爆款的商品打造成利润款商品，卖家可能获利更多。

2. 商品活动定位分析

表 7-4 是一个非常有电商特色的商品销售分析表。该表通过浏览量、访客数、成交转化率、销售件数、剩余库存等几个关键数据指标，针对单品销售现状进行分析。

表 7-4　　　　　　　　　　　　　商品销售分析表

货号	客单价（元）	浏览量（次）	访客数（人）	成交转化率	销售件数（个）	剩余库存（个）
A01	98.88	21230	11500	1.23%	1020	150
A02	513	15100	93100	0.11%	160	287

该表在电商店铺做大型促销活动时非常有用，它可帮助店铺运营者进行"爆旺平滞"，然后制定不同的销售策略。同时，通过该表也可以及时发现"潜在畅销"款，提前规避库存不足的风险。

在表 7-4 中，货号为 A01 的商品客单价较低，而浏览量较高，销售件数非常多，但是剩余库存较少。在这种情况下，我们一般认为 A01 商品是该店铺的"活动款"商品。这类商品极有可能有"超卖"风险，因此在发现后应及时增加库存。

货号为 A02 的商品与 A01 商品有着完全不同的数据呈现。A02 商品客单价很高，虽然浏览量不低但是成交转化率只有 0.11%，还不到 A01 商品成交转化率的 10%。这时我们就要重新考虑 A02 商品的营销策略，可以将其作为店铺形象款继续观望，也可以参与活动提高 A02 商品的销售量。

7.6　网店客户服务分析

速卖通 DSR（Detailed Seller Ratings，卖家服务评价）主要指的是评分系统，如图 7-29 所示。

它主要包括以下 3 个部分：商品描述（Item as Described）、服务态度（Communication）和物流（Shipping Speed）。

图 7-29 店铺 DSR

商品描述：要求卖家实事求是，把商品最真实的情况展示给买家，杜绝过分夸大和造假。店铺的维权数据与描述直接相关，退货率直接影响店铺评分。

服务态度：主要考察对象是客服，包括客服响应时间、礼貌用语、售后纠纷解决情况等。

物流：包括发货时间、发货速度、快递方服务态度和商品包装等。

7.6.1 店铺维权数据分析

众所周知，电商商品有滞后 15 天的退货周期，而退货率较高会影响店铺评分。针对这种现状，行业内有一种"订单 to 订单"退货率（A to A 退货率）的计算方式：按下单时订单号的月份来统计每月的退款率。例如，顾客在 7 月购入一条女装连衣裙，不满意申请退款后 8 月才退货，那么该订单计入 7 月的退款额度。店铺的退款情况可通过单击"交易"→"管理订单"→"退款&纠纷"，在打开的页面中查看，如图 7-30 所示。

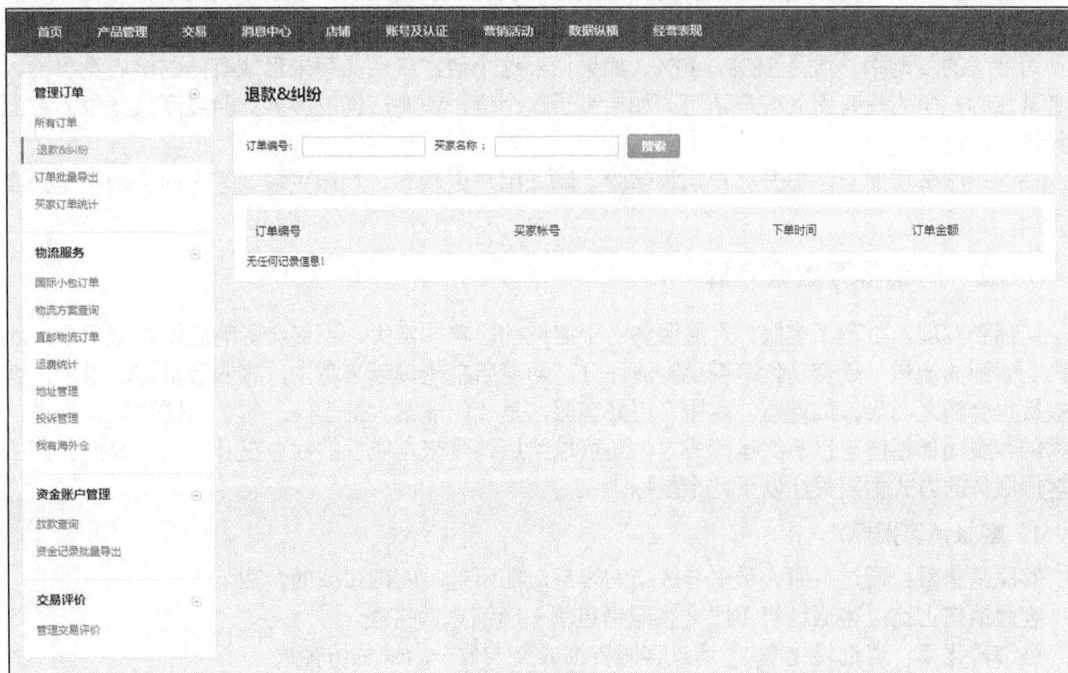

图 7-30 "退款&纠纷"页面

另外，店铺的纠纷情况分为未收到货物纠纷和货不对版纠纷两种，这两种纠纷都会计入店铺评分，可以通过单击"店铺"→"店铺表现"→"卖家服务分"，在打开的页面中查看，如图 7-31 所示。

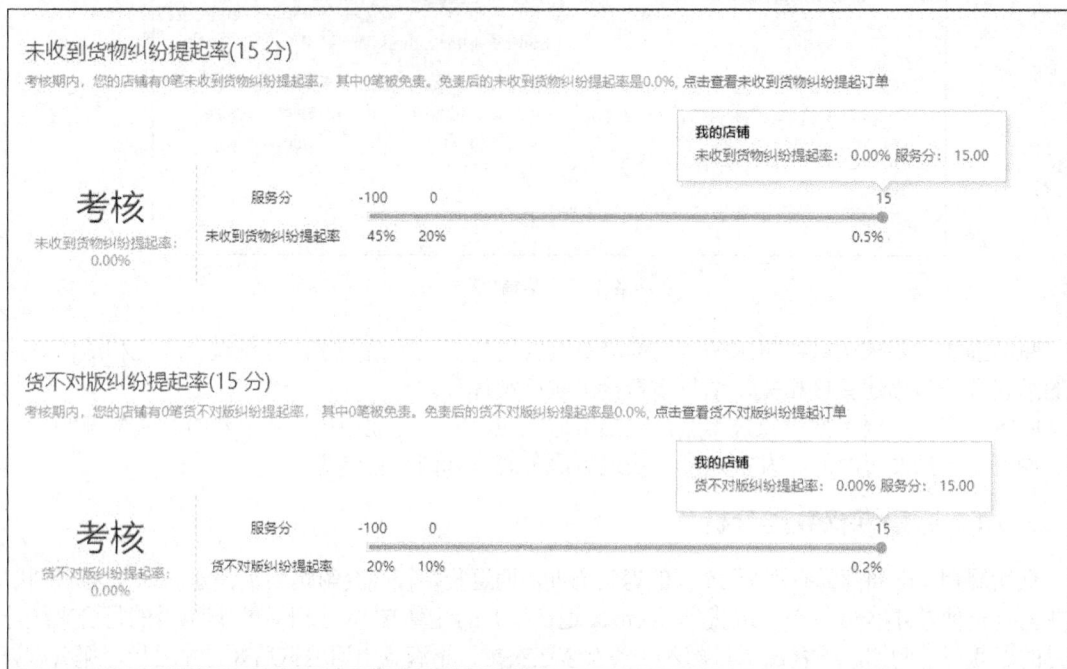

图 7-31 店铺纠纷信息

复购率在零售行业中是非常重要的一个指标。以服装店铺为例，复购率高的店铺，其客户忠诚度非常高，这意味着店铺的品牌调性、商品以及服务质量都能得到客户的认同。对于女装店铺，行业可参考的复购率一般是 18%～40%。如果低于这个值，说明品牌未形成有效的核心竞争力，或者其核心竞争力没有得到客户认可。如果高于这个值，说明店铺的服务体验或商品竞争力方面已经高于同行。

在客户服务层面上，提升客户购物体验、降低用户退款率、刺激更多老客户回头购买是必要的手段。

7.6.2 店铺客服数据分析

店铺要发展，少不了客服。客服服务对于店铺的影响非常大，不仅会影响店铺客服评分，还会影响店铺的流量、成交转化率甚至物流评分。随着店铺规模越来越大，客服数量逐渐增多，客服短板也会随之凸显。如何留住客服、用好客服，是一门非常大的学问。对于店铺管理者来说，优秀的客服团体不但可以节约运营成本，还可以给店铺带来实质性的收益提升。通过数据评判店铺客服服务的方式主要关注以下几个指标。

1. 客服销售指标

客服销售额：通过客服人员引导成交的客户，在所选时间内付款的金额。

客服销售占比：客服销售占比= 客服销售额÷店铺总销售额。

咨询转化率：咨询转化率 = 通过客服咨询成交人数÷店铺总访客数。

一个好的客服，所做的工作不仅有接待，还会在接待的同时，去主动引导，推荐顾客购买相关商品，从而提高客单价，最终提高个人及整个店铺的营业额。通过各项数据佐证，静默下单（不通过客服落实顾客自主拍下）的客单价，要低于客服客单价，并且要低很多，这就体现出了客服的重要性。

2. 客服工作指标

总接待数：所选时间内，客服接待的客户数。

最大同时接待数：在所选时间内，客服团队所有客服同时接待客户数的最大值。

平均响应时间：客服每次回复用时的平均值，用以帮助分析客服的每次响应是否及时。

平均响应时间一般与客服同时接待数有关，也就是与客服工作压力直接成正比。一般来说，五六十秒的响应时间是相对正常的，做得好的客服会把响应时间控制在二三十秒，做得不好的可能会让响应时间达到一百秒甚至更久。顾客咨询半天客服才回应，这很容易导致客户流失，这一点对于店铺来说非常冤枉。

消息回复率：消息回复率= 回复过的客户数÷总接待数 =（总接待数-未回复人数）÷总接待数。对于当日所有顾客咨询，客服都回应了，那么消息回复率是100%。

7.6.3　店铺物流评价

店铺的物流评价涉及店铺发货时间、商品物流情况、快递员态度问题。卖家可以通过单击"店铺"→"店铺表现"→"卖家服务分"，在打开的页面中查看店铺的物流评价，如图 7-32 所示。

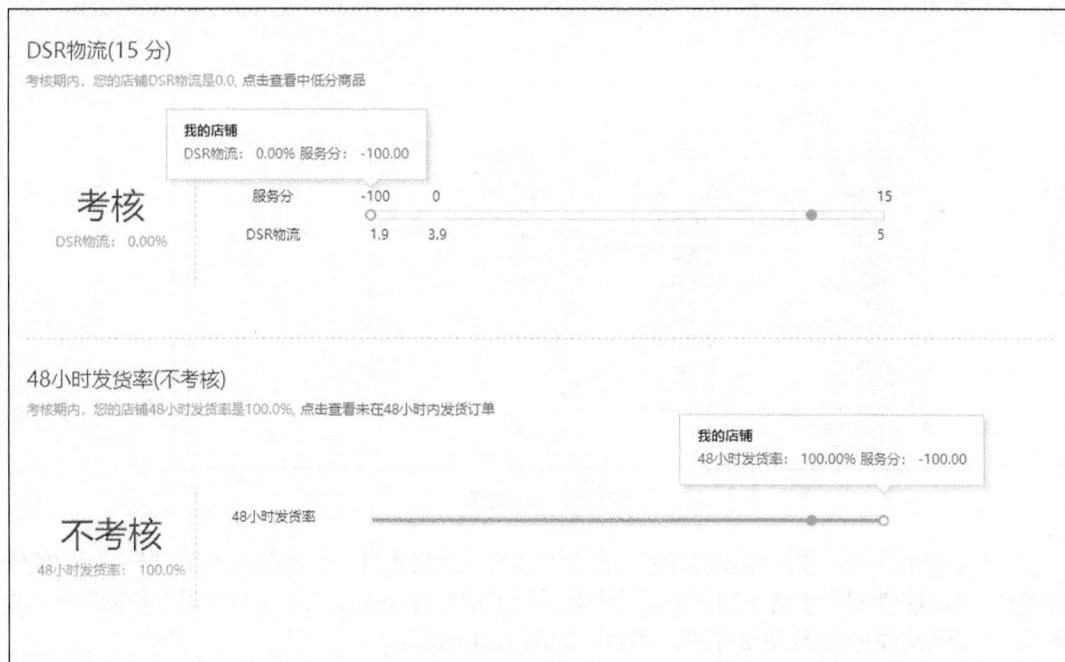

图 7-32　店铺物流评价

店铺发货时间推迟会影响顾客体验，卖家应尽量把发货时间控制在 48 小时以内。当出现有商品 48 小时内未发出的情况，我们首先考虑的就是商品库存问题，店铺应该通过"点击查看未在48 小时内发货订单"详细了解未发货的原因，并及时排查。

商品物流情况和快递员态度一般取决于店铺选取的合作物流公司。因此，店铺在考虑物流公司时，不仅要考虑运费问题，还要综合考虑物流公司的服务质量。

7.7　行业数据分析

"观史知今，当知进退。"行业规模和市场需求决定着店铺进入策略和推广策略，掌握行业信息对店铺来说意义重大。店铺参与市场竞争，不仅要了解谁是自己的顾客，还要弄清楚谁是自己的竞争对手。因此，卖家们需要对整个行业数据进行分析才能够精准把握当前市场动态。

对内，店铺可通过积累的消费者数据，分析顾客的消费者行为和价值趋向。对外，店铺可以通过获取数据加以统计分析来充分了解市场信息，掌握竞争者的行情和动态，知晓产品在竞争群中所处的市场地位，达到"知己知彼，百战不殆"。

7.7.1　市场定位分析

对某一类新上市的产品来说，市场定位十分重要。正确的市场定位会使该产品顺利地进入市场，并建立自己的品牌；相反，如果定位出现了偏差，可能会使市场营销计划受到严重阻碍，甚至导致产品上市失败。

单击"数据纵横"→"商机发现"，在打开的页面中可以看到，几乎所有卖家都能够用"行业情报"工具获取经系统处理后的行业数据，如整个行业的流量分析、成交转化分析、市场规模分析等。因此，利用"行业情报"分析行情是每一位卖家的必备技能。

卖家在单击左侧导航栏"行业情报"后，在跳出页面中选择自己所在行业，就可以看到详细行业数据。如卖家想发展"彩妆"类产品，则可以根据提示选择适用于店铺的类目细分，如图7-33所示。

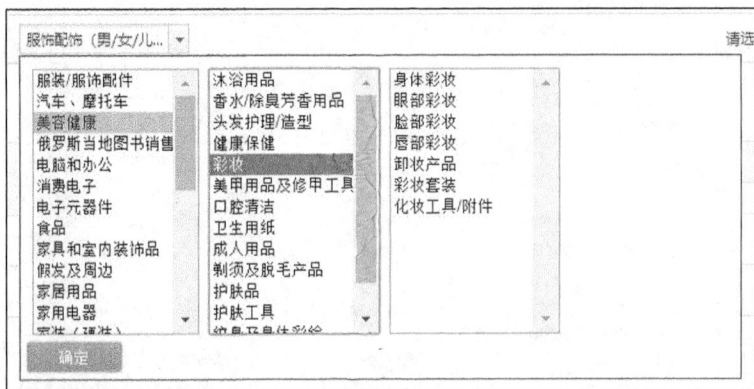

图7-33　行业选择

在"行业情报"中，卖家能够选择适合自己发展的一二级类目，也能筛选出有广阔利润空间的精细类目。不同的类目代表着不同的流量分布和不同的成交转化率。如卖家想发展"彩妆"→"脸部彩妆"，条形框内会出现更加精细的类目，如图7-34所示。

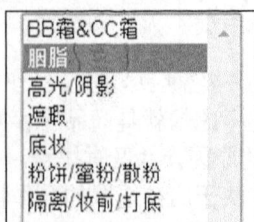

图7-34　精细类目

在图 7-34 中，我们可以先选择一种特定类目进行分析，如选择"胭脂"。为了分析类目的客观情况，避免营销或者促销情况的干扰，我们在时间周期上选择"最近 7 天"。此时，底部会出现"胭脂"类目的主要数据，如图 7-35 所示。

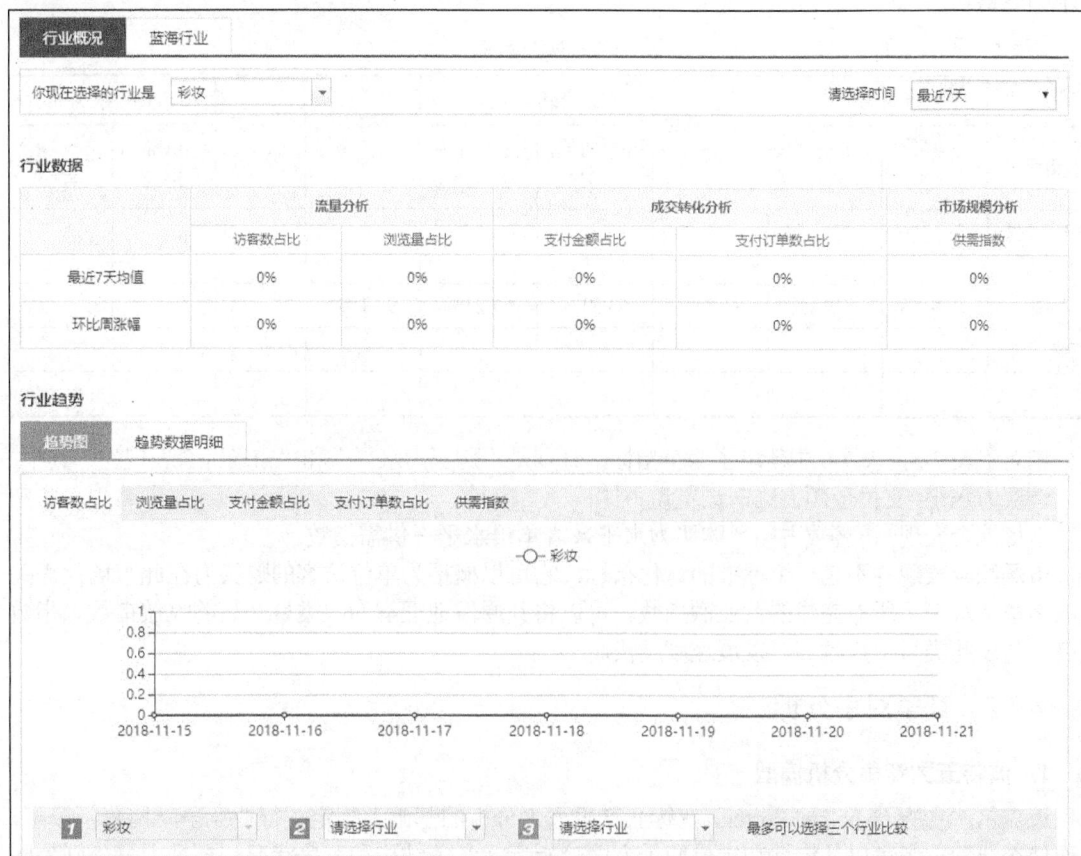

图 7-35　"胭脂"数据分析

根据相关数据，我们可以制作表格，新增"访问深度水平"指标，如表 7-5 所示。

表 7-5　"胭脂"数据

指标	流量分析		访问深度水平	成交转化分析		客单价水平	供需指数
	访客数占比	浏览量占比		支付金额占比	支付订单数占比		
最近 30 天均值	78.81%	67.18%	83.24%	53.31%	57.21%	93.18%	62.95%

在进行分析之前，我们先介绍以下几个概念。

支付金额占比：统计时间段内行业支付成功金额占上级行业支付成功金额的比例。

支付订单数占比：统计时间段内行业支付成功订单数占上级行业支付成功订单数的比例。

供需指数：统计时间段内行业下商品指数占流量指数的比例。该值越大，行业竞争越激烈；该值越小，行业竞争越缓和。

在该例中，访客数占比是指访问"胭脂"的访客数在上级类目"脸部彩妆"访客数中的占比。浏览量占比是指搜索"胭脂"类目浏览量在搜索"脸部彩妆"浏览量中的占比。访问深度水平是浏览量占比/访客数占比的值。访问深度水平可以从一定程度上反映该产品的受欢迎程度，访问深度水平越高，说明该产品更能吸引潜在客户，值得商户选择。

分析了单个类目后，我们还需要比较各个精细类目，以确定什么样的产品才是应该被店铺选择的。我们选取"BB 霜＆CC 霜""胭脂""高光/阴影"3 个类目进行比较分析，制成表 7-6 所示的表格。

表7-6   3 个类目对比数据

类目	流量分析		访问深度水平	成交转化分析		客单价水平	购买力水平	市场规模分析	
	访客数占比	浏览量占比		支付金额占比	支付订单数占比			供需指数	市场综合表现
BB 霜＆CC 霜	49.98%								
胭脂	78.81%	67.18%	83.24%	53.31%	57.21%	93.18%			
高光/阴影									
求和									

相对于表 7-5，表 7-6 中新增了两个指标，分别是"购买力水平"和"市场综合表现"，其中：
购买力水平＝支付金额占比÷浏览量占比；
市场综合表现＝访客数占比×购买力水平×客单价水平÷供需指数。
市场综合表现并不是一个标准的量化指标，它可以概括为单位访客的购买力在此市场供需关系的客单价水平下所能完成的营业额指数。可以将其通俗地理解为此类目产品的收益指数。指数越高，代表此类目销量越高，发展速度越快。

7.7.2 竞争对手分析

1. 波特五力竞争分析模型

迈克尔·波特（Michael Porter）在行业竞争五力分析的基础上制定了行业竞争结构分析模型，从而使企业管理者可以从定性和定量两个方面分析行业竞争结构和竞争状况。5 种力量分别为同行业内现有竞争者的能力、新进入者的威胁、替代产品的威胁、供方议价能力以及买方议价能力，如图 7-36 所示。

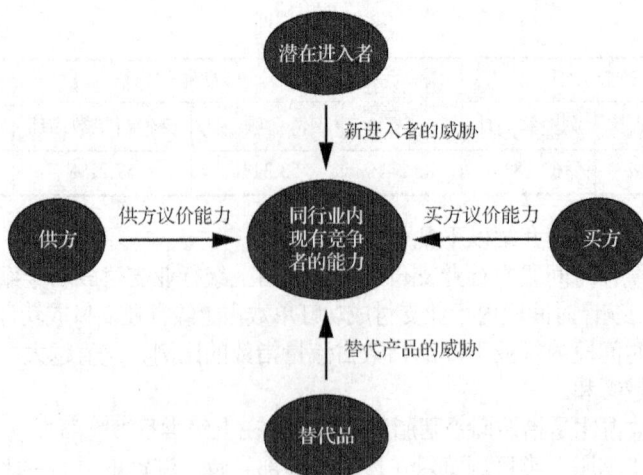

图 7-36 波特五力竞争分析模型

其中，潜在进入者指当行业前景乐观、有利可图时，引来的新的竞争企业店铺，其会使该行业增加新的生产能力，并要求重新瓜分市场份额和主要资源。替代品指与某一商品具有相同功能、能满足同一需求的不同性质的其他商品。同行业的品牌竞争者之间的产品相互替代性较高，因而竞争非常激烈，店铺均以培养顾客品牌忠诚度作为争夺顾客的重要手段。

供方主要通过提高投入要素价格与降低单位价值质量的能力，来影响行业中现有企业的盈利能力与产品竞争力。买方通过压价与要求提供较高的产品或服务质量的能力，来影响行业中现有企业的盈利能力。

2. 店铺排名

行业内竞争对手的店铺运营同样会对自身店铺运营产生重大影响。从宏观角度来看，需要分析竞争对手的运营策略、定价策略、排期策略、营销策略等，以便制订针对性的实施方案。从微观角度来看，竞争对手的店铺中存在的显性因素，如产品价格、库存、销量、活动时间、参与商品、促销策略等，很有可能成为我们的突破点。

假如竞争对手的某款"宝贝"上了"聚划算"，共有 8570 个浏览量，89 元的价格，卖了 259单，那么这个价位"宝贝"的活动转化率就是 3%。当你自己的"宝贝"也上聚划算的时候，如果需要高转化率，那么价格就要低一点儿。

可通过对竞争对手进行分析，尽可能从战略发展入手，了解对手的竞争态势，为店铺服务提供信息支持，进而为店铺持续发展和提高行业竞争力提供信息保障。例如，通过对竞争对手进行分析，可以找到市场规模大、市场对手少的价格段，从而对产品进行重新定价，抓住消费者心理，提高店铺产品点击率。

单击"数据纵横"→"实时风暴"工具，如图 7-37 所示。通过"实时风暴"，卖家可以查看主营行业实时交易额排名以及所占比例，这部分数据呈现了店铺在近 30 天内与同行业同层级的其他卖家的总成交额对比得出的分层排名情况。卖家可以通过观察此实时数据，掌握规律，及时调整店铺至最优状态。

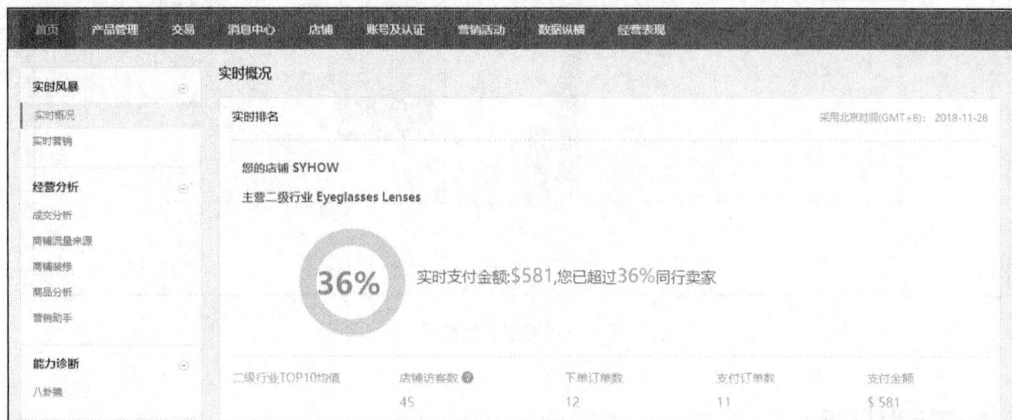

图 7-37 店铺排名

7.7.3 店铺分析

在店铺刚刚起步时，行情分析和竞争对手分析可能对新手卖家来说起不到太大的作用，这个时候卖家最好着眼于自己的店铺，从店铺数据中总结以下问题。

（1）找到什么样的产品，销量要做到什么程度

选品问题在 7.5 节有详细介绍，在此不多做解释。在店铺刚开张时，应当主要通过上下架时

间安排、优化店铺网页、获取自然流量来提高店铺销量。

（2）产品的特性和卖点的分析

卖家应该主要分析不同类型的产品带来的点击率、成交转化率和盈利，从而对不同的产品进行优化。在此过程中，卖家还可以通过产品树立自己的品牌特色，形成自己的店铺风格。

（3）找到合适的推广方式

店铺新开张，没有人气，浏览量、曝光量、销量自然很低，想参加平台活动肯定也很难，因为信誉等级不够。这时候卖家可以选择优质的第三方推广平台来增加站外流量，从而快速打破销量为 0 的局面。

在"实时概况"中，我们还可以查看店铺整体数据，尤其是店铺经营情况，包括店铺浏览量、店铺访客数、下单订单数、支付订单数和加收藏夹人数等，如图 7-38 所示。卖家如果经常关注这些数据，就可以更加细致地发现店铺存在的问题和能改善的空间。

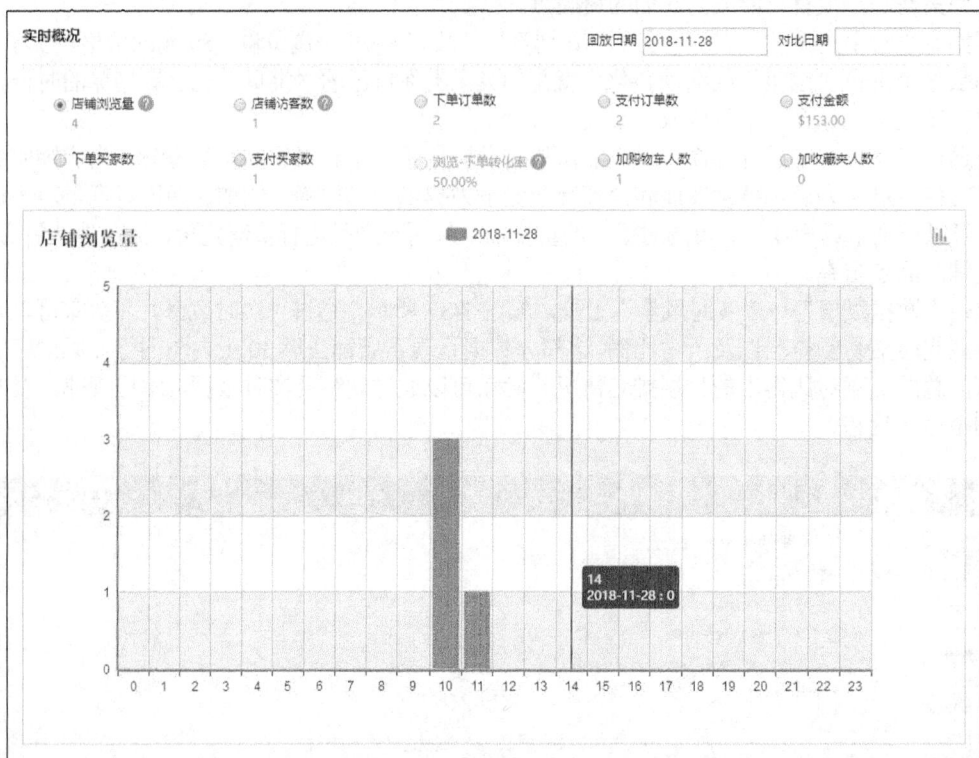

图 7-38　店铺实时概况

7.8　客户行为分析

"卖是表达，买是认同。"每个人都是消费者，店铺里每一天可能都会发生消费行为。一般而言，所有店铺都会有客户，但并不是所有的客户都是消费者。由此可见，我们的目标就是尽可能地增加消费者占客户的比例。

基本上，客户行为的范畴包括与购买决策相关的心理和实体的活动。心理活动包括评估不同品牌的属性、对信息进行推论以及形成内心决策等；实体活动则包括客户实际收集商品相关信息、店铺相关信息、与客服人员互动以及商品的实际消费与处置等。

客户行为分析就是指根据客户数据来分析客户特征、评估客户价值，从而制定相应的营销策略与资源配置计划。通过合理、系统的客户行为分析，店铺可以知道不同的客户各有什么样的需求，分析客户消费特征与经济效益的关系，使运营策略得到最优的规划。更为重要的是可以发展潜在客户，从而进一步扩大商业规模，使店铺得到快速的发展。

7.8.1　客户行为研究模型

在消费者行为研究中，习惯和态度（简称 U&A）研究是核心。U&A 是一种相当成熟和完整的消费者研究模型，主要研究内容包括产业使用者和购买者的人口统计特征、购买和使用习惯、竞争结构研究等，如图 7-39 所示。

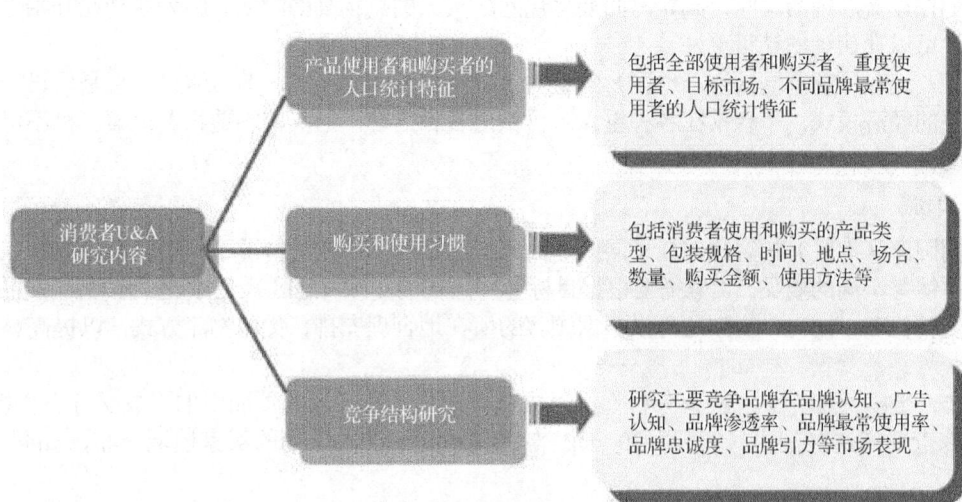

图 7-39　U&A 研究内容

U&A 研究常用于市场细分。进行市场细分的方法是根据客户对产品的偏爱程度，在同等条件下，商家应将目标市场定位于客户偏爱程度较高的市场，通常按照表 7-7 所示内容开展研究。

表 7-7　　　　　　　　　　　　　　市场细分研究

影响因素	基本变量
地理因素	地区
	城市规模
	运输发达程度
人口因素	年龄
	性别
	家庭收入
	职业
心理因素	价值倾向
	生活方式
	媒体接触
行为因素	购买目的
	品牌忠诚度
	对产品态度

获得细分市场后，店铺通常就能够选择一个包含多个细分类别的消费者群体作为自己的目标市场。在选择细分时，有两个原则很重要：第一，细分市场足够大，并且有利可图；第二，通过自身的经营可以充分接触该市场。

7.8.2 客户人群结构分析

1. 购物时间

速卖通平台面对的是全球的买家，但是不同国家（地区）的时差是不同的。一般来说，买家的购物时间主要集中在当地时间对应的下班时段。作为卖家，要分析客户属于哪个国家（地区），这样才能够分析出客户的主要购物时间。

我们在设置店铺活动时，起始时间要尽量匹配买家的购物高峰时期。因为活动在开始时有搜索加权，可以让店铺的销量更好。

另外，充分了解不同国家（地区）的重大节日也是颇为重要的。节日购物一直是假日经济中一种重要的经济模式，平台常在各种重大节日推出各种活动，给买家制造物美价廉、机不可失的购物感受。

2. 地域

不同国家（地区）的客户偏爱不同的商品。在店铺商品已定的情况下，卖家可以选择在特定的市场内销售不同的商品。卖家需要根据目标客户所在的国家（地区），选择适合销售的产品，以提高成交转化率。同时，卖家还可以根据顾客的所在地合理安排、优化物流方式，以提高整体竞争力。

单击"数据纵横"→"经营分析"→"成交分析"，在打开的页面中的"成交分布"板块，卖家可以查看所选时间内（7天、30天、自定义时间）访问店铺的买家地域分布，如图 7-40 所示。

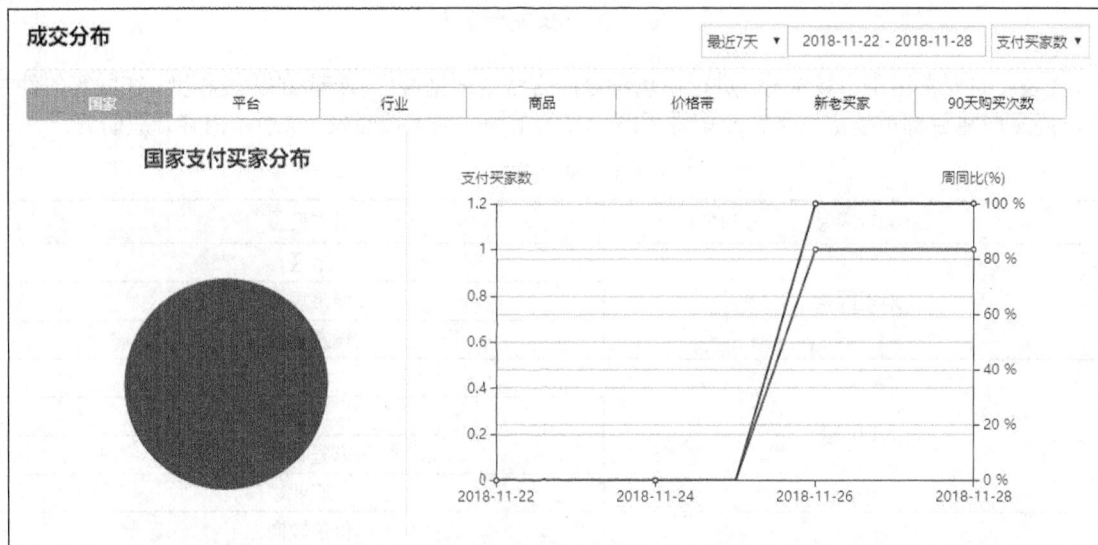

图 7-40 买家地域分布

7.8.3 客户心理活动分析

AIDMA 理论模型，由美国广告学家 E.S.刘易斯在 1898 年提出。该理论模型认为，消费者从接触到信息到最后完成购买，会经历 5 个阶段：Attention（引起注意）—Interest（引起兴趣）—Desire（唤起欲望）—Memory（留下记忆）—Action（购买行动）。

引起顾客兴趣的首要因素就是商品详情页的响应速度。如果在短时间内页面没有打开，客户很可能会立马关掉页面。一些卖家为了商品详情页的美观性，渲染了大量动画视频，从而牺牲了页面的响应速度。还有的卖家会放好几页的企业证书和资质说明，但是这些内容都不能很好地吸引客户。我们要做的就是尽可能测试商品详情页在不同国家（地区）和不同网络环境下的打开速度，通过技术手段进行优化。

做跨境电商，图片很重要。买家见不到实物，所以更多地通过图片来选择产品，因此，卖家在图片方面要重视。通常产品图片越多，曝光就会越多。卖家要尽量在上传产品图片时，保证产品的细节展示、正面展示、侧面展示以及买家秀展示来对产品进行全方位展示。另外，就是图片的质量。如果卖家没有专业的美工技术，自己也要学着对图片进行一些简单美化处理，主图清晰度要高，能够吸引人，要让买家看一眼就会单击进入详情页面。

在确认顾客需求时，很多卖家都喜欢把自己总结出来的商品卖点罗列出来，但是他们总结的很多卖点往往不是客户所需要的。例如在制作一款运动鞋的详情页时，与其展示高端的模特图和展示图，不如加入鞋底防滑测试。因为购买这类商品的客户很可能注重的并不是鞋的美观性，而是实用性。

当买家了解到商品的特点后，可能会发出疑问：商品的真实度高吗？在淘宝上，卖家通常会放上第三方质检报告、买家评论截图，甚至还有卖家的身份证信息。所有这些都是在告诉顾客：我们值得信任。国外的客户也一样，卖家也需要想尽一切办法打消国外客户的顾虑，赢得客户信任。

7.8.4　客户唤醒分析

关于客户活跃度，每家店铺都有不同的分类标准。一般的做法是：最近 30 天内有过消费记录的客户称为"活跃客户"，连续 60 天内没有消费记录的客户称为"沉睡客户"，超过 90 天没有消费记录的客户称为"即将流失客户"。

运营人员进行"唤醒计划"时，最直接的方法就是根据客户的购买记录，找到客户的手机号，进行短信营销。同时，为了提高店铺的竞争力，店铺还可以在活动页提供适当的代金券，以促进顾客购买。

表 7-8 是某店铺 12 个月内记录的客户数量。假如在一次大型活动中，客户通过短信、优惠券的激活，挽回率在 2%左右，也就是 7491 个客户中约有 150 个客户在活动中下单。按照客单价 500 元计算，本次活动中被挽回客户可以为店铺贡献约 7.5 万元的销售额，而 150 个客户人均使用了 30 元的代金券，店铺折损为 4500 元。使用这种方法虽然获客成本较高，但是胜在精准。更为重要的是，在本次唤醒成功后，可以使客户在接下来的一段时间里成为"沉睡客户"甚至"活跃客户"。

表 7-8　　　　　　　　　　　　　　　　客户数量

客户分类	客户数量	激活方案
活跃客户	1064	代金券
沉睡客户	2658	代金券、短信
即将流失客户	3769	大额代金券、短信
小计	7491	

7.8.5 客户价值分析

1. 客户特征分析（客户画像）

构建客户画像的核心工作是给客户贴"标签"，通过客户的购买行为、购买地域、购买金额、购买次数等对客户进行特征分析。从客户画像的使用情境可以看出，客户画像适用于各个产品周期；从潜在客户挖掘到新客户引流，再到老客户的培养与流失客户的回流，客户画像都有其用武之地。

2. 客户价值识别（RFM 分析）

在众多客户关系管理的分析模型中，RFM 模型是被广泛提到的。进行 RFM 分析，可定位最具价值客户群以及潜在客户群。对于最具价值客户群应提高其品牌忠诚度；对于潜在客户群则需要店铺进行主动营销，促使其产生实际购买行为。客户价值低的客户群在营销预算少的情况下考虑不实行有针对性的营销推广。

其中 RFM 分别对应以下内容。

（1）最近一次消费时间间隔（R）：客户距离最近的一次采购时间的间隔。R 分值越大，表示客户交易发生的日期越近，反之则表示客户交易发生的日期越久。

（2）最近一段时间内消费频次（F）：指客户在限定的期间内所购买的次数。F 分值越大，表示客户交易越频繁，反之则表示客户交易不够活跃。

（3）最近一段时间内消费金额（M）：客户的消费能力，通常以客户单次的平均消费金额作为衡量指标。M 分值越大，表示客户价值越高，反之则表示客户价值越低。RFM 模型如图 7-41 所示。

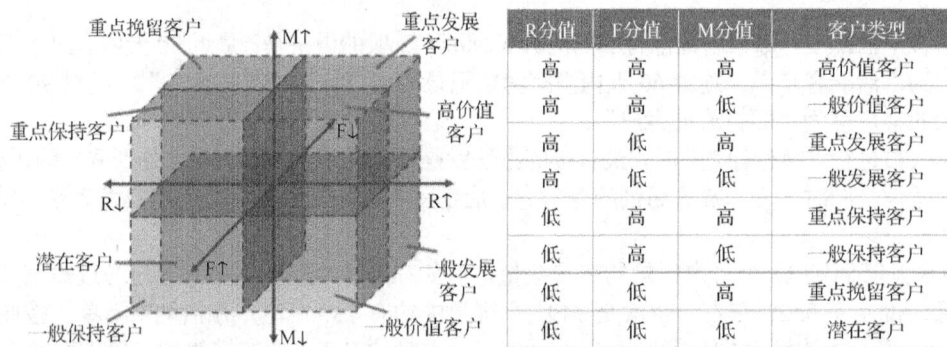

R分值	F分值	M分值	客户类型
高	高	高	高价值客户
高	高	低	一般价值客户
高	低	高	重点发展客户
高	低	低	一般发展客户
低	高	高	重点保持客户
低	高	低	一般保持客户
低	低	高	重点挽留客户
低	低	低	潜在客户

图 7-41 RFM 模型

如果店铺收集到了客户数据，并建立了客户大数据库，便可通过统计和分析来掌握客户的消费行为、兴趣偏好和产品的市场口碑现状，从而店铺可以制定有针对性的营销策略，投客户所好，带来巨大的营销效应。值得注意的是，RFM 模型适用于商品单价相对不高，或者相互间有互补性，需要多次重复购买的必要商品，如化妆品、小家电等，而对于购买周期长的商品则实用性不强。

7.9 订单漏斗分析

在店铺经营销售的过程中会产生大量的销售数据，这些数据根据用户的行为会被划分成一个漏斗状数据层，其中和订单量数据相关的漏斗状数据层称为订单漏斗。

订单漏斗分析特别适用于业务流程比较规范、周期较长且各流程环节涉及其他复杂业务的情况，通过这种分析方法，可以非常直观地发现流程中用户的流失情况，影响转化率的主要页面与环节，进而有的放矢地分析可能存在的关键问题。

7.9.1 漏斗模型

漏斗模型主要用于分析一个多步骤过程中每一步的转化与流失情况。举例来说，用户购买商品的完整流程可能包含以下步骤：

（1）在主页里搜索需要的商品；

（2）浏览商品；

（3）将商品添加到购物车；

（4）结算购物车中的商品，选择送货地址、支付方式；

（5）单击付款、完成付款。

我们可以将如上流程设置为一个漏斗，分析整体的转化情况，如图 7-42 所示。但是，根据单一的漏斗图还无法评价各步骤中转化率的高低，还需要将各转化率与行业数据、环比数据、同比数据等进行对比、分析。

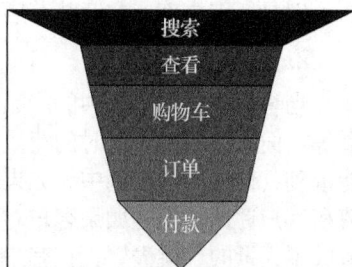

图 7-42 订单漏斗

7.9.2 漏斗指标

在进行电商运营数据分析时，可以根据漏斗模型的行为轨迹和 AIDMA 心理暗示的方向，归纳出客户在发生购买行为时的一系列操作，梳理出各个指标之间的逻辑关系。图 7-43 显示了根据上述行为划分的分析指标框架。

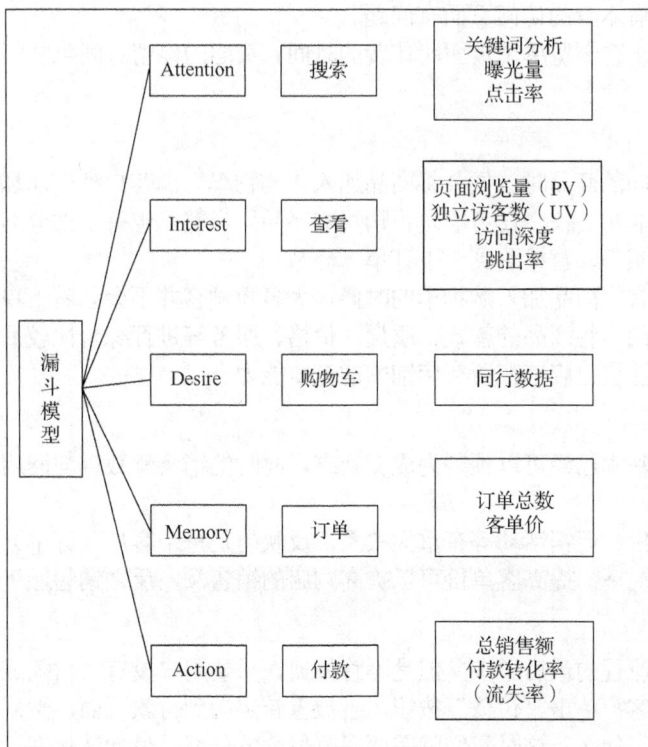

图 7-43 分析指标框架

1. 搜索

如果商家经营着一家电商店铺，但是不知道有多少客户访问自家产品，也不知道访问客户和购买客户之间的比例是多少，那么这个店铺在行业里可能不会存在太长时间。

关键词分析：搜索引擎关键词优化是获取客户信息的一个好方法，但是仅仅做好搜索引擎优化还不够。当单品曝光量很低的时候，卖家应该考虑关键词的精度问题和推广问题。

曝光量：经验丰富的卖家都知道，关键词重复次数越多曝光率越低，应控制标题所使用的所有词只使用一次，最多不超过 2 次（包括变形），可同时将长尾关键词考虑进去。例如，有卖家一开始在标题里面放 2~3 个自己想要有排名的关键词，结果这个产品始终没有什么流量，最后在一个做 SEO 的朋友的帮助下将标题里的核心关键词全部调整为 1 个，店铺流量反而增加了很多。

点击率：点击率与商品详情页设计、促销活动有重大关系，它反映了网店商品对每一个访客的吸引力。商品点击率高不一定意味着商品的销售情况很好，可能是由同行竞争、促销活动导致的；但是低点击率一定意味着店铺要着重优化产品点击率，之后才考虑利润问题。

2. 查看

当客户关注到店铺中的产品时，便会在店铺内"随意逛逛"，他们会在首页、详情页、活动页等页面来回跳动。此时的流量追踪是非常困难的，并且用户在随意逛逛的过程中，随时都有可能逛到其他的同类店铺中。如果用户对某一产品感兴趣，他们会在该产品详情页仔细查看商品详情和客户评论。但是如果客户对此产品不感兴趣，客户会在快速浏览后快速关闭该页面，于是就造成了大量的"跳失"。在客户内部跳转的过程中，会造成大量的冗余流量，这给数据分析增加了成倍的困难，此时针对某一个页面的某一项指标进行分析和解读的意义不大。

跳出率：是访问一个页面后离开网站的次数占总访问次数的比例。跳出率高绝对不是一件好事，找出跳出率高的原因是关键。在一些推广活动中，商品的跳出率都会很高，跳出率高意味着人群定位不精准，或者本身的访问页面有问题。

页面停留时间：访客浏览单个页面所花费的时间。页面的停留时间=进入下一个页面的时间-进入本页面的时间。

3. 购物车

当客户看好了意向的商品时，便会将商品加入"购物车"。客户把产品加入购物车后，那么就证明该客户对商品非常心仪，在考虑是否购买本产品。当然，也有少部分客户会不经过"购物车"而选择"立即购买"，直接跳到"下订单"环节。

同行数据：在顾客将商品加入购物车的时候，大多数顾客并不会急着下单，而是转到其他的店铺搜索相关同类产品，将商品的款式、质量、价格、服务等进行综合比较后才会下单。在这个阶段里，店家应该关注自己店铺在所有店铺中的竞争能力。

4. 订单

客户下订单后，基本已经可以预判为成交状态，此时的销售额数据与网店的总销售额基本相差无几。

客单价与商品定价、促销活动等有重大关系，反映的是每个客户（订单）的购买金额。在订单数量基本稳定的情况下，提高客单价可以提高网店的销售额，反之销售额下降。

5. 付款

付款是客户购买流程的最后一步，但是不管如何，只要用户没有"付款成功"，便永远存在客户流失的风险。当客户单击"付款"按钮，会被重新定向到付款页面，然后客户突然放弃了购买，这中间到底发生了什么？这时我们就需要了解付款转化率。付款转化率计算公式为：

$$付款转化率= 付款客户数÷下订单客户数=(1-流失率)$$

通过分析未完成付款的订单，能够了解到客户最终为何放弃购买。例如，一商家发现一个客户在很短的一段时间内，放弃购买了5件产品，对此十分奇怪。通过调查后发现，原来是页面不接受来自加拿大的订单。

7.9.3 电商总销售额分析

在电商行业，总销售额是所有电商数据分析的基础，其计算公式为：

总销售额 = UV×转化率×客单价= 展现量×点击率×下单转化率×付款转化率×客单价

分析总销售额，一方面可以监测店铺运营状态，当发现网店销售过程中存在问题时，应及时调整。在电商店铺的持续经营过程中，以上指标应该是一个相对稳定的数值，如果数值突然增大或者变小，那么通常是店铺在运营中出现了某些异常行为。店铺 UV 环比下降，会有很多种原因，例如网页服务器产生了故障，广告投放存在问题，或者上月的大型活动本月没有参加。

另一方面，总销售额还可以用来做销售回顾和销售预测，制定年度销售目标。从数学的角度分析，总销售额公式是一个乘法公式，任何微小的变化都会使总销售额变化巨大。利用这个原理，我们可以根据各项指标的趋势来预测来年的销售额，然后与财务目标以及店铺的推广策略进行匹配，便能大致预测我们的销售增长是否符合预期。

在整理和分析了目标数据后，可以大概得出导致总销售额波动的主要指标数据。然后，对这些指标数据的各个方面的影响因素进行仔细分析，即可得到总销售额大致的波动原因，并以此为依据，进行优化调整，再观测数据，然后进行调整。

7.10 关键词数据分析

免费流量是店铺赖以生存的流量来源，这种自然流量绝大部分是通过关键词搜索来访问的（有的消费者会通过类目来寻找商品）。消费者搜索关键词，然后搜索引擎根据设置的搜索规则进行搜索并显示结果。这里涉及两个非常重要的概念，一个是关键词，另一个是搜索规则。关键词即商品标题包含的词语，商品标题必须契合市场需求，才会有消费者进行搜索。同时，关键词还必须契合淘宝搜索规则，才能使商品排名靠前，这就需要对关键词进行优化。

7.10.1 关键词分类

关键词即消费者在搜索商品时所输入的词语。若商品标题中包含消费者搜索的关键词，商品就可能出现在搜索结果中以便消费者访问。淘宝规定每一款商品的标题文字不能多于30个字，因此在竞争搜索流量时，这30个字如何组织和设计就成了商家必须慎重考虑的问题。

商品标题中的词语根据作用不同分为核心词、长尾词和修饰词等几类，如果店铺经营的是品牌商品，则还会涉及品牌词。只有理解了关键词的主要类型，才能完成对关键词的有效组合，进而设计出更好的标题。

（1）核心词：体现商品名称的词语，如商品类目为牛仔裤，则核心词就是"牛仔裤""裤""裤子"等。核心词的搜索量很大，但竞争也十分激烈，竞争力不强的商品和店铺主要以核心词进行引流，通常难以获得较好的效果。

（2）长尾词：体现商品属性的词语。长尾词的特点是比较长，一般包含核心词，如"加绒牛仔裤女""牛仔裤女高腰""女士牛仔裤新款"等都是女装牛仔裤类目商品的长尾词。长尾词的搜索量相对较少，但由于精确度较高，因此转化率比核心词高。

（3）修饰词：单独体现所在行业商品属性的词语，如"女""宽松""直筒"等，都是女装牛仔裤或裤子类目商品的修饰词。

（4）品牌词：直接体现所经营商品品牌名称的词语。

7.10.2　搜索规则

为了更好地设计商品标题，以便更容易地被消费者搜索到，我们需要对搜索规则有所了解。搜索规则并不是固定不变的，为了让消费者快速找到满意的优质商品，同时让商家能够享受平台的公平和公正的对待，搜索引流会不断进行优化。例如，2009 年之前，电商平台搜索规则侧重商品的下架时间，2009 年开始侧重动态评分，2011 年则侧重分词和转化率，2013 年侧重个性化搜索，等等。

无论如何变化，影响搜索排序的因素始终体现在以下几个角度。

（1）商品角度：转化率、加购率、收藏率、动销率、销量、商品与描述相符等。

（2）服务角度：纠纷率、客服态度、咨询转化率、客服响应时间、客服在线时长、退款纠纷率、退款时长、发货速度等。

（3）运营能力角度：成交量、销售额、店铺层级、商品属性相关性、类目相关性、下架时间安排、橱窗推荐、违规降权、UV 价值、营销策划、活动安排与规划、付费推广预算、关键词选择等。

（4）视觉角度：点击率、跳失率、页面停留时间、平均访问深度等。

（5）人群角度：个性化因素、复购率、人均购买件数等。

7.10.3　关键词质量分析

关键词质量好坏与否，与以下几个指标密切相关。

（1）搜索指数：代表市场需求，搜索指数越高，说明需求量越大。

（2）搜索指数趋势：代表未来趋势，如果某关键词目前搜索指数很高，但未来趋势直线下滑，那么说明这个词没有长时间持续引流的趋势，需注意及时对其进行更换、优化。

（3）点击率和转化率：只有搜索需求，如果不能形成有效的点击和转化，最终也无法形成交易。所以关键词不能只关注搜索率，更要关注点击率和转化率，这两个指标代表了购买欲和成交率。

（4）人群精准度：电商平台将个性化搜索加入搜索引擎中，形成了"千人千面"的效果，即同一关键词，不同人群搜索到的结果会各不相同。例如搜索运动鞋，低消费水平的人群可能搜索到的是特价运动鞋，而高消费水平的人群可能搜索到的是品牌运动鞋，如果所销售商品是品牌运动鞋，却使用了特价运动鞋的关键词，就难以匹配到精准人群。

（5）商品精准度：人群精准度主要从消费者的角度分析关键词，商品精准度则应该从商品属性和卖点出发，商家选择的关键词必须与商品高度吻合，否则就会影响点击率、转化率等指标，而这些指标又是影响搜索排名和展现的重要指标。

（6）竞争度：关注商家之间的竞争能力，如果实力不如竞争对手，那么展示的就是竞争对手的商品。在竞争能力不足的情况下，直接复制竞争对手的关键词是行不通的，应该避开竞争，选择适合自己商品的关键词。

7.10.4　关键词数据分析

利用生意参谋"市场"功能板块中的"搜索洞察"功能，我们可以很方便地查看和分析关键词数据。该功能包含"搜索排行"、"搜索分析"和"搜索人群" 3 个子功能，下面分别进行介绍。

1. 搜索排行

单击生意参谋"市场"功能板块下的"搜索洞察"，选择某个类目后，页面即可显示该类目的所有关键词排行，包括搜索词、长尾词、品牌词、核心词、修饰词，商家在页面右上方可以设置查询日期。图 7-44 所示为近 30 天女装连衣裙类目的长尾词排行情况。根据搜索人气、点击人气、点击率、支付转化率等指标，可以进一步查看该长尾词的效果。

图 7-44　查看关键词排名

如果想到了与商品相关的某个关键词，想查看其搜索情况，商家可在右上方的文本框中输入该词语来查看。例如经营的某款连衣裙为黑色，想看看该类目下与黑色相关的长尾词情况，就可以在文本框中输入"黑色"，按【Enter】键后将显示对应的长尾词，如图 7-45 所示。

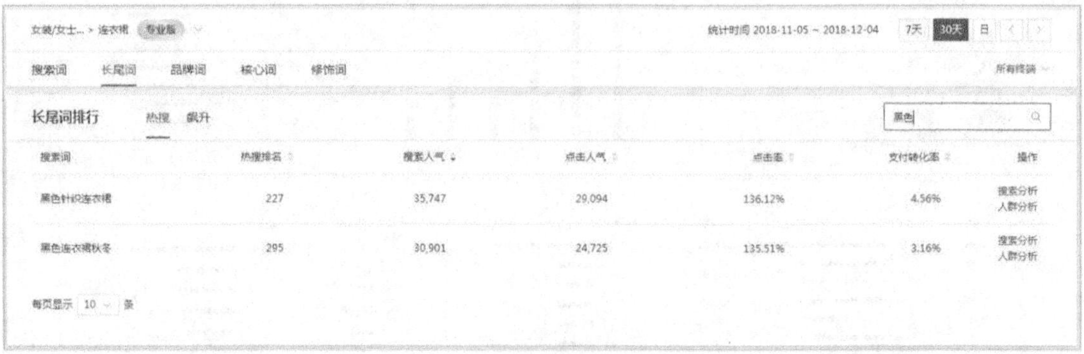

图 7-45　查找关键词

可见与"黑色"相关的连衣裙类目的长尾词也有排名，且搜索人气、点击率和支付转化率均较高。

2. 搜索分析

"搜索分析"功能可以用于单独分析某个关键词的趋势。单击左侧导航栏中的"搜索分析"即可进入"搜索分析"页面，我们在上方的文本框中输入关键词，如"牛仔裤女直筒"，将查询日期设置为"30 天"，按【Enter】键后，即可显示该关键词在近 30 天的搜索人气趋势。选中"搜索人气"单选项，趋势图将显示对应的指标数据，如图 7-46 所示。

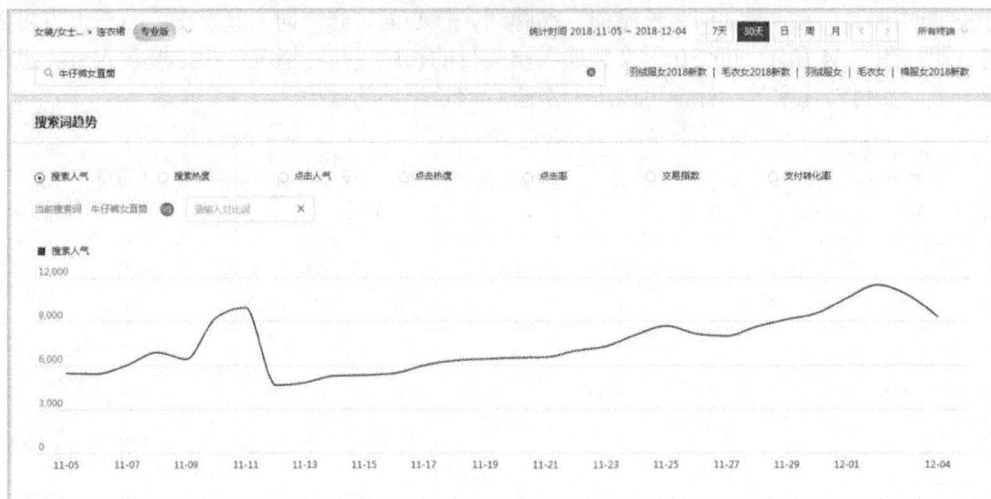

图 7-46　搜索词趋势

3. 搜索人群

"搜索人群"功能可以用于单独分析某个关键词的搜索人群画像，如性别比例、年龄结构、区域分布、品牌和类目偏好等。图 7-47 所示为搜索"毛衣女长款"后显示的人群画像数据。

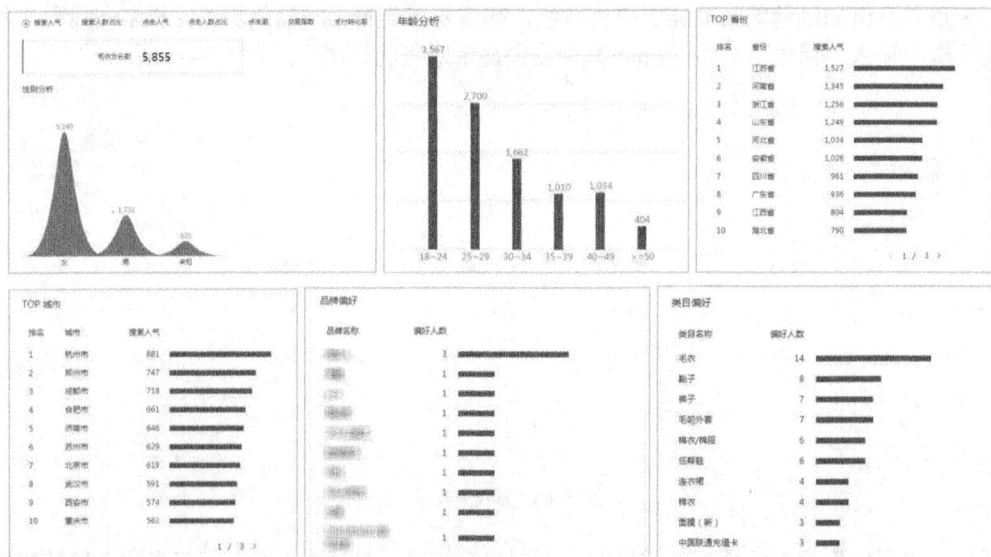

图 7-47　搜索关键词的人群画像数据

习题

1. 简述速卖通平台店铺流量的来源。
2. 简述在速卖通平台中商品转化率与店铺转化率的区别。
3. 简述在速卖通平台中商品销售分析可以分析哪些方面。

第8章　商务模型综合案例

本章学习目标

结合实际案例，熟悉数据分析方法。

商务数据模型分析是根据企业的既定业务目标和存在的问题，对大量的商务数据进行探索，运用数据模型分析方法揭示其中隐藏的规律。本章从网店商品分析、客户行为分析、订单数据分析3方面讲解商务模型综合案例。

8.1　网店商品分析

8.1.1　网店商品分析的应用概述

在商品营销方面，网店运营者不仅可以使用购物篮分析进行商品的交叉销售和提升销售，还可以用客户细分的方法对客户进行一对一的营销，以提高现有客户的满意度。与购物篮分析联系比较密切的数据挖掘技术是关联规则，关联规则可用于帮助确定如何把商品捆绑到一起销售及预测现有客户购买不同商品的可能性，以获得最佳收益。

1. 交叉销售

交叉销售是指在同一个客户身上挖掘、开拓更多的顾客需求，也就是指说服现有的顾客去购买另一种产品，也指根据客户的多种需求，在满足其原有需求的基础上实现销售多种相关的服务或产品的营销方式。

在客户交叉销售分析方面，可以利用关联分析和序列分析等技术从同一客户或同一群体客户中挖掘和开拓更多的需求，从而进行商品设计和商品组合，以有效地实施交叉销售，满足这些客户的需求。这样可以在让客户得到更多、更好的产品与服务的同时，也使店铺因销售更多的产品和提供更多的服务而获益，从而实现卖家与买家的"双赢"。

2. 推荐系统

随着电子商务活动的开展，跨境电商平台可以收集到大量用户相关数据，如用户交易数据、用户注册数据、用户评分数据、用户咨询数据等。这些数据中蕴含着丰富的用户偏好信息，推荐系统可以对用户行为和用户个人信息进行分析和处理，从中获取用户兴趣信息并进行推荐。

协同过滤推荐算法是目前研究最多且应用最广泛的推荐算法。它一般分为两类：一类是基于内容的协同过滤推荐算法，该类推荐算法计算所有用户对商品的偏好，选择与目标用户相邻的用户群，进而根据相邻用户的偏好为目标用户进行推荐；另一类是基于模型的协同过滤推荐算法，它根据用户历史购买记录和对商品的点击历史，计算商品之间的相似度，然后根据用户的历史偏好商品，找到类似的商品并推荐给用户。协同过滤推荐算法在电子商务中多用于在线动态推荐，而关联分析则常用于离线静态推荐。目前，大型跨境电子商务系统，如速卖通，都不同程度地使用了电子商务推荐系统。

8.1.2　案例1：商品关联分析

1. 商业理解

在电商店铺中，商品的摆放位置对销售起着至关重要的作用。合理的商品摆放位置不仅能缩短顾客浏览店铺的时间，还能刺激顾客的购买欲望。在购物车页面中，将一些被认为没有关联的商品摆放在一起，可能会产生意想不到的销售效果。

在个性化推荐技术的关联规则分析中，最典型的是购物篮分析，其目标是发现交易数据库中不同商品之间的联系强度，挖掘用户的潜在购买模式，并将这些模式所对应的商品展示给用户，为其提供建议或参考，从而提高用户的满意度及购买率。例如找出顾客高频率一起购买的某两种或多种商品，为店铺的捆绑销售策略提供参考。目前很多电子商务网站都采用了这种策略进行推荐。

总之，基于关联规则分析的交叉销售是店铺增长销售量的一大"利器"。其保证了店铺商品推广和营销工作的科学性、有效性和准确性，从而大大提高了交叉销售的成功率，为店铺带来更多的经济效益。

2. 数据理解

进行商品关联规则分析需要收集商品信息和用户交易数据。本案例使用的是速卖通的用户交易原始数据，其中包括商品基本信息、商品属性和12个月的订单数据。商品基本信息（见表8-1）主要包括商品编码、商品名称、商品类别、SPU数、库存数、累积销售金额；订单原始数据（见表8-2）主要包括商品编码、商品属性、用户ID、用户会员名、订单编号、交易号等。

表 8-1　　　　　　　　　　　　　　商品基本信息

序号	属性	属性描述	数据类型
1	Product Code	商品编码	Varchar(20)
2	Product Name	商品名称	Varchar(20)
3	Product Category	商品类别	Varchar(20)
4	SPU_Number	SPU 数	Number(10)
5	Stock	库存数	Number(10,2)
6	Sales	累积销售金额	Number(10,2)

表 8-2　　　　　　　　　　　　　　　　订单原始数据

序号	属性	属性描述	数据类型
1	Product Code	商品编码	Varchar(20)
2	Arributes	商品属性	Varchar(20)
3	User ID	用户 ID	Number(10,2)
4	User Name	用户会员名	Varchar(20)
5	Order Number	订单编号	Varchar(20)
6	Sale Number	交易号	Number(10,2)
7	Order Time	创建时间	Time
8	Pay Time	付款时间	Time
9	Order Price	订单总价	Number(10,2)
10	Address	收货地址	Varchar(20)
11	Receiver	收货人	Varchar(20)
12	Phone Number	收货人手机号	Varchar(20)
13	Product Number	商品数量	Number(10)
14	Delivery Statement	发货状态	Char(1)
15	Receive Statement	收货状态	Char(1)
16	Score	店铺评分	Char(10)

原数据集包含 2000 条的用户交易记录，经过统计分析，这个数据集包含的商品类别有 80 种，各种商品的交易记录如图 8-1 所示。从图 8-1 中可以看出，大部分商品都出现得比较频繁，稀疏数据较少，因此可以进行较为有效的关联规则挖掘。

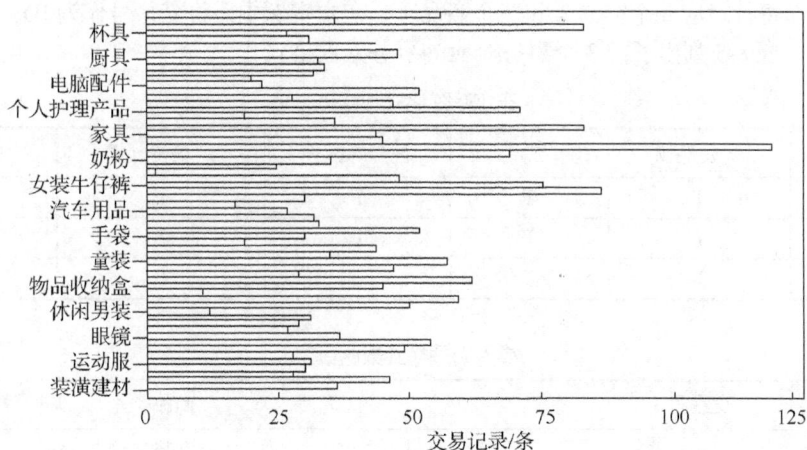

图 8-1　商品交易记录

3. 数据准备

本案例分析的是顾客的每次交易数据，其中涉及一个或者多个商品。为了分析需要，首先对该店铺销售数据进行预处理，主要包括合并数据表，删除无用的属性，处理冗余的数据、空值和零值，等等。

其次我们需要明确订单中商品的类别，根据商品类别进行不同商品间的关联分析。因此在本案例中我们将商品基本信息表和订单原始数据表进行链接，用商品基本信息表中的商品类别属性代替订单原始数据表中的商品编码属性。之所以采用商品类别进行分析，是因为商品种类繁多，如果直接对商品名进行分析，会导致置信度和支持度过低而难以获得具有指导性意义的结果。

订单原始数据表中的客户相关属性和订单相关属性都与商品间的关联分析影响很小，同时为了保护顾客的隐私，过滤掉用户相关属性（用户 ID、用户会员名、收货地址、收货人、收货人手机号）、订单相关属性（订单编号、交易号、创建时间、付款时间、订单总价、发货状态、收货状态、店铺评分）和与商品关联分析相关性较小的属性（商品属性、商品数量）。最终我们只保留了每个订单中的商品类别属性，并且添加了交易号属性来唯一标识顾客的每一次交易。处理后的数据见表 8-3。

表 8-3　　　　　　　　　　　　　　　处理后的数据

交易号	商品类别 1	商品类别 2	商品类别 3	商品类别 4
1	女装 T 恤	短裙	休闲男装	连衣裙
2	女装 T 恤	短裙	伞	—
3	女装 T 恤	短裙	高跟鞋	连衣裙
4	女装 T 恤	短裙	高跟鞋	—
5	女装 T 恤	短裙	高跟鞋	—
6	女装 T 恤	短裙	高跟鞋	洗发水

本案例借助关联规则的 Apriori 算法分析商品之间的关联性，并推测商品关联的原因。利用 Clementine 中的关联规则建模节点（即 Apriori 节点）进行建模，通常有两种格式。一种是布尔矩阵格式，即每行表示一条交易记录，列中的 T/F 值表示该商品是否在相应的交易记录中出现过（T 表示有出现，F 表示没有出现）。表 8-4 列出了根据表 8-3 转换后的前 3 条记录信息。另一种是事务处理格式，即每行对应一个交易号和一个商品项，在本案例中，将交易号作为 ID，将商品类别作为目标变量，表 8-5 列出了前 3 个事务对应的事务处理格式。

表 8-4　　　　　　　　　　　　　　　布尔矩阵格式数据集

交易号	女装 T 恤	短裙	计算机配件	男装牛仔裤	休闲男装
1	T	T	F	F	T
2	T	T	F	F	F
3	T	T	F	F	F

表 8-5　　　　　　　　　　　　　　　事务处理格式数据集

交易号	商品类别
1	女装 T 恤
1	短裙
1	休闲男装
2	女装 T 恤
2	短裙
3	女装 T 恤
3	短裙

4. 数据建模

利用 Clementine 中的 Apriori 算法进行关联规则分析，设定最小支持度为 1%，最小置信度为 50%，输入为布尔矩阵个数的交易数据，输出商品的关联规则及相应的支持度、置信度和提升度信息，如表 8-6 所示。表 8-6 中显示"高跟鞋"和"洗发水"，"童装"和"玩具"与"文具"经常被一起购买。

表 8-6　　　　　　　　　　　　　　　　Apriori 算法运行结果

规则 ID	规则后件	规则前件	支持度（%）	置信度（%）	提升度（%）
1	高跟鞋=T	洗发水=T	1.1	72.727	15.474
2	童装=T	玩具=T 文具=T	1.5	73.333	11.865
3	家具=T	地毯=T	2.0	50.0	11.364
4	玩具=T	童装=T 文具=T	2.2	50.0	10.638
5	童装=T	玩具=T	4.7	59.574	10.452
6	女装 T 恤=T	短裙=T 高跟鞋=T	1.2	50.0	10.417

5. 模型评估

构建模型时，我们将支持度设置为 1.0%，设置较低的支持度是因为考虑到数量繁多的商品对关联规则产生的影响。如果提升支持度，可能会过滤掉一些有意义的规则，或者阈值太高得不到规则。同时，对于成千上万种商品，较低的支持度也具有一定的意义，可以得出强关联规则。另外，表格中列出的规则的提升度都大于 10%，说明规则前后件的相关性还是比较强的，所以分析得出的关联规则具有较好的指导意义。从表 8-6 中，我们选取以下的关联规则向用户进行推荐。

规则 1：洗发水→高跟鞋。

规则 2：（玩具、文具）→童装。

规则 3：地毯→家具。

规则 4：（童装、文具）→玩具。

规则 5：玩具→童装。

规则 6：（短裙、高跟鞋）→女装 T 恤。

除了从支持度、置信度和提升度的角度来评估关联规则，我们还需要人工合并某些规则，如可以对规则 2{（玩具、文具）→童装}和规则 5{玩具→童装}进行合并，以规则 5 的形式呈现。同时，规则需要涉及生活常识，从店铺卖家的角度去看待这些关联规则是否符合店铺经营规律。例如，从以上的关联规则中可以看出以下信息。

（1）表中所有规则的提升度都在 10% 以上，是强关联规则。提升度超过 10% 说明商品之间具有相关性，提升度越大则说明商品的关联性越强。

（2）规则 4 和规则 5 是一对可以相互转化的规则，而且它们很好理解。对于有小孩的家庭来说，玩具和童装必不可少，因此奶妈、奶爸们往往会一站购齐这两样装备。

（3）规则 1 是一个非常有用的规则，因为规则 1 中涉及的洗发水和高跟鞋看起来没有太强的相关性，而且支持度在以上规则里并没有很突出，但是它的置信度达到了 72% 以上，提升度大于 15%。这个强关联规则看似在电商店铺中难以实现，但是它是商家合作时可以参考的十分有用的规则。

6. 部署阶段

由以上得出的关联规则，店铺可以得到商品销售的一些合理匹配，进而设定相应的推荐策略。例如在顾客购买了地毯后，如果店铺中还经营家具类商品，可以向其推荐家具类商品；或者经营童装的商家可以在童装商品详情页添加"买童装赠送玩具"的宣传语，以此来吸引顾客注意；洗发水商家和高跟鞋商家可以在大型活动中相互合作，如在高跟鞋店铺中推出"满额送洗发水"的活动，或者在洗发水商家推出"前1小时下单或下单前10名送顶尖品牌高跟鞋"活动。

8.1.3 案例2：协同过滤技术在商品推荐上的应用

1. 商业理解

在本案例中，关联规则分析主要是指从大量的商品评论记录中提取出稳定的商品间的关联规则，它表示对应的商品经常被同时评价，这个组合通常是稳定的，一般可用于捆绑推荐等静态推荐。而协同过滤则是指结合当前用户及其他用户的交易或打分记录进行推荐。例如，对于指定用户的商品评分记录，可找到与其评分相似的其他用户，并根据这些用户对其他商品的评分来预测该用户的评分，以此对该用户推荐评分较高的商品。

2. 数据理解

本案例随机选取了速卖通某大型女装店铺的部分订单数据，数据记录了 846 名用户对店铺内1120 件服装的 80000 个评分。我们主要用到表 8-2 所示的订单原始记录表的 UserID、Product Code 和 Score 属性，表 8-7 给出了订单部分数据示例。

表 8-7 订单原始数据表部分数据

User ID	Product Code	Score
14044042	24244	3
25454651	30204	3
48469889	42544	1
48661655	41648	2
15644156	25852	4

3. 数据建模

在进行协同过滤分析时，我们主要有以下 4 个步骤。

（1）构建模型

针对商品评分数据，构建适合分析的数据模型，以便用于存储用户、电影和评分数据，为此建立 DataModel 文件。为了更好地说明分析过程和原理，我们选取了 DataModel 中部分数据简化后进行文字说明，数据如表 8-8 所示。

表 8-8 带有评分的数据

用户编号	服装 1	服装 2	服装 3	服装 4
用户 1	4	4	2	2
用户 2	2	2	—	—
用户 3	—	5	3	—
用户 4	3	—	—	4
用户 5	5	2	4	—

（2）计算用户相似度

为了确定所分析用户的相邻用户集，要先计算用户相似度。这里采用夹角余弦的相似度计算方法来计算相似度。我们定义用户 x 和 y 共同打过分的产品集合为：$S_{xy} = S_x \cap S_y$，用户 x 和 y 都用 m 维向量表示，两个向量之间的相似度通过它们之间的余弦值得到，计算公式如下：

$$\cos(x, y) = \frac{x \cdot y}{|x| \cdot |y|} = \frac{\sum_{S \in S_{xy}} r_{x,S} r_{y,S}}{\sqrt{\sum_{S \in S_x} r_{x,S}^2 \sum_{S \in S_y} r_{y,S}^2}} \tag{8.1}$$

其中，$r_{x,S}$、$r_{y,S}$ 分别表示用户 x、y 对产品 S 的打分；S_x、S_y 分别表示用户 x、y 打过分的服装集合，S_{xy} 表示用户 x、y 共同打过分的服装集合。

例如，在上面的评分数据中，用户 2 和用户 1、用户 3、用户 4、用户 5 共同打分的服装集合分别为{服装 1,服装 2}、{服装 2}、{服装 1}、{服装 1,服装 2}。

用式（8.1）计算出用户 2 和用户 1 的相似度为：

$$\begin{aligned}\cos(r_1, r_2) &= \frac{(r_{1,1} \times r_{2,1}) + (r_{1,2} \times r_{2,2}) + (r_{1,3} \times r_{2,3}) + (r_{1,4} \times r_{2,4})}{\sqrt{(r_{11}^2 + r_{12}^2 + r_{13}^2 + r_{14}^2) \times (r_{21}^2 + r_{22}^2 + r_{23}^2 + r_{24}^2)}} \\ &= \frac{8 + 8 + 0 + 0}{\sqrt{(16 + 16 + 4 + 4) \times (4 + 4 + 0 + 0)}} \approx 0.894\end{aligned} \tag{8.2}$$

（3）查找 K 个相邻用户

经过用户相似度计算，接着要确定选取哪些用户为最相似用户。通常将相似度较高的用户都归到相邻用户集。在这里 K 值的设定依赖于实际数据特点或主观经验。简单起见，这里取最相似的 2 个用户作为相邻用户集。

例如，根据表 8-8 中的数据，因为数据较少，我们只选取 2 个用户作为相邻用户。分别计算出用户 2 与用户 3、用户 4、用户 5 的相似度分别为 0.606、0.424、0.738。因此，假如我们只选择最相似的 2 个用户作为目标用户的相邻用户集，则用户 2 的相邻用户集为{用户 1,用户 5}。

（4）构建推荐引擎

经过前面 3 个步骤的准备，接下来开始构建推荐引擎。协同过滤算法包括基于用户的协同过滤、基于项目的协同过滤、KNN 和 SlopeOne 等算法。这里采用基于用户的协同过滤来构建推荐引擎，即计算指定用户对其他服装的评分，进而为用户推荐服装（这里只根据预测评分的高低，为每位用户推荐前 5 件高预测评分的服装）。

例如，继续上述的例子，设 H 为用户 c 的相邻用户集，预测用户 c 对商品 s 的评价的函数形式为：

$$r_{c,s} = k \sum_{h \in H} \left[\cos(c, h) \cdot r_{h,s} \right] \tag{8.3}$$

其中，$r_{h,s}$ 表示用户 h 对商品 s 的评价，k 为标准化因子，通常为：

$$k = \frac{1}{\sum_{h \in H} |\cos(c, h)|} \tag{8.4}$$

接下来考虑用户 2 对服装的评价。从上面的计算得出，$H=${用户 1,用户 5}，$\cos(r_2, r_1) = 0.894$，$\cos(r_2, r_5) = 0.738$。用式（8.4）计算标准化因子 k，$k \approx 0.613$，由式（8.3）计算出用户 2 对服装 4 的评分为：

$r_{用户2,服装4} = 0.613 \times (0.894 \times 2 + 0.738 \times 0) \approx 1.10$

类似地，用式（8.3）可以计算出用户 2 对服装 3 的评分为：

$r_{用户2,服装3} = 0.613 \times (0.894 \times 2 + 0.738 \times 4) \approx 2.91$

可见，用户 2 对服装 3 的预测评分高于他对服装 4 的预测评分，因此可简单地将服装 3 推荐给用户 2。

通过以上 4 个步骤，可以简单地构建一个基于用户协同过滤的推荐引擎，并为每个用户提供服装推荐，推荐结果如表 8-9 所示。

表 8-9　　　　　　　　　　　前 6 个用户评分最高的 5 件服装推荐

UserID	（Top5）UserID&&Score				
11111111	8815.00	8804.00	2924.00	3014.00	3154.00
22222222	1165.00	835.00	1795.00	85.00	1725.00
33333333	1724.67	1744.67	224.67	894.67	504.50
44444444	895.00	984.50	3184.50	794.50	4744.05
55555555	3475.00	3294.50	2424.50	3104.00	2994.00
66666666	2924.50	3134.50	3284.33	2884.25	8724.01

4. 模型评估和部署

如何对构建的推荐引擎进行评估，使评价推荐的物品与实际相符，这是推荐系统另外需要考虑的问题。一方面，要考虑推荐的多样性：一般从单用户的角度查看系统给出的推荐是否具有多样性，或者从系统多样性的角度（也称覆盖率）查看系统是否能够提供给所有用户丰富的选择。另一方面，要考虑推荐的精度：习惯的做法是利用一部分数据作为训练集，而留出一部分实际用户评分数据作为测试集，通过预测评分与实际评分之间的均差、均方根等大小来评估。通常得到的值越小，说明推荐的情况和实际值越接近，若其值为 0，说明完全吻合。实际操作的推荐评估往往比较复杂，这里不做详细介绍。

通过数据准备、建模和评估，能够得到可行的推荐引擎模型，但最后要进行整合部署。这一阶段包括将输入模块、推荐模块和输出模块等整合成完整的推荐系统，从而为用户提供交互式的推荐平台。

8.2　客户行为分析

8.2.1　客户行为分析的应用概述

在跨境电商店铺的经营中，如何更深入地理解客户行为、如何预测客户的流失、如何挖掘潜在客户、如何推出适合客户消费特点的产品及服务，已经成为店铺经营者提高店铺利润而必须面对的问题。

1. 客户细分

客户细分是店铺有效实施营销策略的"基石"。店铺通过客户细分，一方面能够识别出具有价值的客户，并针对他们做个性化的营销服务；另一方面可以有效地识别店铺的潜在客户，并有针对性地开展新客户的获取工作。

对跨境电子商务行业而言，不同的客户群对店铺创造的价值会有所不同，例如不同国家（地区）的顾客对食品的偏好存在差异。不同客户群的客户对每个店铺创造的价值是不同的，所以需要分析每个群体的特性。聚类是划分客户群体的常用数据挖掘技术。

2. 客户流失预测分析

对数据密集型的跨境电商行业来说，客户流失问题具有普遍性，且代价昂贵和难以控制，不利于店铺的发展。据统计，在一般情况下，赢得一个新客户的成本比保持一位老客户的成本要高

5～6 倍。

客户流失预测分析是解决客户流失问题的一种重要手段。在客户识别过程中，可利用统计分析和数据挖掘中的分类算法建立预测模型。它通过在包含一定比例的已流失和未流失的客户样本集上建立模型进行训练，得到能够区分客户是否具有流失倾向的分类器，然后将该分类器用于预测客户未来的流失倾向。

3. 客户忠诚度分析

在客户忠诚度分析方面，可以利用 RFM 分析和聚类分析等数据挖掘技术将所有客户按忠诚度高低划分为高忠诚度客户和低忠诚度客户。对于高忠诚度客户，一方面可以采取惠赠或优惠等措施来维持这些客户；另一方面可以研究这些高忠诚度的客户所具有的一般特征，然后利用这些特征去挖掘和发现未知市场上的高价值客户，提高高忠诚度客户的比例。

8.2.2　案例 3：客户细分与流失分析

1. 商业理解

客户流失预测分析的主要商业目标就是对有流失倾向的客户进行有选择性的挽留，从而减少客户流失率。可通过建立流失预测模型挖掘出有潜在流失倾向的客户，并在此基础上结合客户细分的结果，对流失客户进行细分，找出流失倾向大的客户群体，然后根据挖掘结果帮助店铺经营者制定出具体的挽留策略和价值提升策略。

2. 数据理解

为了建立客户流失预测模型，必须收集大量的客户信息资源数据，同时需要对其进行数据预处理，得到构建模型所需的格式。因此，企业需要对模型所需的历史数据（训练数据和测试数据）进行分析和处理，以便能充分挖掘出客户的关键行为特征。

以速卖通某服装店铺的用户数据作为实验数据（包括训练样本集和测试样本集）。该样本数据集中总共包含店铺最近 1 年内的 184623 条（流失客户记录 134626 条＋正常客户记录 49997 条）记录，每条记录由 8 个客户基本特征、84 个客户行为特征以及 1 个客户类别特征来刻画。

样本数据集中主要包含以下 3 类特征数据。

（1）客户基本特征数据（主要客户资料数据）

客户基本特征数据是客户的静态数据，如表 8-10 所示，相对来说是比较稳定的，但由于这些数据在收集时会包含大量的缺失数据、不一致的数据甚至是错误的数据，所以需要进行大量的数据转换和清理工作。

表 8-10　　　　　　　　　　客户基本特征数据

序号	属性描述	数据类型
1	用户 ID	Number(10,2)
2	用户会员名	Varchar(20)
3	电话号码	Varchar(20)
4	收货地址	Varchar(20)
5	性别	Char(1)
6	邮箱	Varchar(20)
7	客户性质	Char(8)
8	国籍	Varchar(20)

（2）客户行为特征数据（主要是客户的消费行为特征数据）

每条记录包含每个客户一年内在该服装店内的消费行为数据，主要包括一年中每个月的消费总金额、消费总次数、总购买服装数等共 7 个基本消费行为特征，所以该样本数据集中共包含 84（12×7=84）个消费行为特征，详细内容如表 8-11 所示。

表 8-11　　　　　　　　　　　　　客户行为特征数据

序号	属性	属性描述	数据类型
1	Total_fee	消费总金额	Number(8)
2	Frequency	消费总次数	Number(8)
3	Total_num	总购买服装数	Number(8)
4	Shirts_fee	购买衬衫费用	Number(8)
5	Dress_fee	购买裙子费用	Number(8)
6	Trousers_fee	购买裤子费用	Number(8)
7	Coats_fee	购买外套费用	Number(8)

（3）客户类别特征数据

实验样本数据集中包含一个能够判定类别信息的类别特征，根据类别信息可知道每个样本的基本状态，如表 8-12 所示。在样本数据集中，客户类别特征（Class）由 0 和 1 来表示，0 表示该客户已经流失，1 表示该客户是正常客户，未流失。

表 8-12　　　　　　　　　　　客户类别特征数据

序号	属性	属性描述	数据类型	说明
1	Class	客户是否流失	Char(1)	0：客户已流失 1：客户未流失

3. 数据准备

数据预处理的效果会直接影响到模型的性能及分类预测的效果。一方面，通过对数据格式和内容进行调整，可以使建立的模型更加准确、简单且便于理解；另一方面，可以降低学习算法的时间和空间复杂度。这里的数据预处理主要包括数据清洗、特征构造和特征选择等过程。

（1）数据清洗

在客户样本数据集中有些客户的个人信息和月消费情况等数据存在空值。在处理含有缺失数据的特征时，如果有些特征的有效值少于总记录数据的 1/5，则可删除此类特征；如果某记录中存在大量的空值，例如在原始数据中存在有些记录有连续 11 或 12 个月都没消费的，在本案例中将删除这些记录。

（2）特征构造

在实验数据集中，有表示客户类别信息的特征，没有直接体现客户价值和客户流失倾向的特征。在本实验数据集中，消费行为特征中只包含 12 个月的消费行为，这几个特征不能充分体现客户在各季度和年度的消费情况。可根据需要构造以下特征。

年度总费用：一年内的费用总和，表示为 Year_Total_fee。

$$Year\_Total\_fee = \sum_{i=1}^{12} Total\_fee_i \qquad (1 \leqslant i \leqslant 12) \qquad (8.5)$$

同理可求得一年内 4 个季度总费用。

月消费比率：指某个月与上一个月的总费用比值。企业可构造 11 个月消费比率特征。用符号可表示为：

$$\text{rate}_i = \frac{\text{Total\_fee}_{i+1}}{\text{Total\_fee}_i} \quad (1 \leqslant i \leqslant 11) \tag{8.6}$$

同理可求得 3 个季度消费比率。

根据客户在一个年度内的消费情况可构造未消费月份数 None_fee，此特征可反映样本客户消费情况及流失情况。同时为了体现不同类别客户群体之间的消费差别，我们还需要构造 4 个不同的消费行为特征，分别为年度购买衬衫费用、年度购买裤子费用、年度购买裙子费用、年度购买外套费用。

通过构造新特征，该样本数据集中总共包含 81 个消费行为特征，即 56（原始行为特征）+4（季度总费用）+1（年度总费用）+11（月消费比率）+3（季度消费比率）+1（None_fee）+5（构造行为特征）。

在样本数据集中我们可以根据客户的年度总费用来判断客户的价值，以季度总费用、季度消费比率、月消费比率及未消费月份数来判断客户的潜在价值，采用构造消费特征总费用识别不同客户群体的消费倾向。

考虑到要对数据进行聚类分析，而聚类算法中要求对各连续型数据进行规范化，使得各连续数据的取值范围为[0,1]。因此，需要对所有连续特征数据进行规范化，采用最大最小值规范化方法。具体方法如下。

假设 s 和 s' 分别表示规范化之前的值和规范化之后的值，max_s 和 min_s 分别表示该属性的最大值和最小值，则：

$$s' = \frac{s - \text{min}\_s}{\text{max}\_s - \text{min}\_s} \tag{8.7}$$

（3）特征选择

经过数据清理和特征构造后，接下来就要进行特征选择。特征选择的效果会直接影响到分类预测模型的性能。通过特征选择，可以减少样本的维度，大大减少计算量，降低时间和空间复杂度，简化学习模型。

例如该样本数据集中用户 ID 和用户会员名的相关性很强，我们可以认为它们之间存在冗余性，则可删除与目标特征相关性小的特征，即用户会员名字段被删除。通过特征选择，用户会员名、电话号码、收货地址、邮箱 4 个基本特征被删除，购买衬衫费用、购买裤子费用、购买裙子费用、购买外套费用 4 个行为特征被删除。

经过数据预处理，实验数据集中最后留下的客户基本特征数和行为特征数分别为 2（用户 ID、性别）和 36（12 个行为特征和 24 个构造特征），最后该数据集中保留下来的特征总数为 38。

为保证实验数据的分布很好地与现实情况相吻合，我们定义浓度这个概念来进行解释，使训练出来的预测模型尽可能地抓住流失客户的特征。所谓浓度就是训练集中流失客户与正常客户的比例。如果训练集中的正常客户与流失客户的比例为 1：1，就说该训练集的浓度为 1：1。通过观察，我们注意到数据分布不平衡现象广泛存在于现实生活中。一般地，对绝大多数跨境电商店铺来说，客户流失率都比较高，也就是说，正常客户与流失客户的分布是不平衡的，每月流失的客户总是多数，而正常稳定客户只占少数。

经过上述分析，我们需要调整正常数据和流失数据的分布比例。我们在实验中，取实验训练集的浓度约为 1：2（正常客户数：流失客户数）。经过数据预处理，得到有效的正常客户样本记录数为 38564，结合预先定义的训练集浓度（1：2），我们在样本集随机选取 77128 条正常样本与流失样本共同组合成训练数据集，最后用于实验数据集的样本总记录数为 115692。

4. 数据建模

这里采用聚类算法作为客户细分的基本方法。在此聚类算法实验中，我们选取聚类阈值 r 在 $[EX, EX+0.8 \times DX]$（EX 为样本的期望，DX 为样本方差）中随机选取，得到的最后聚类结果为：训练集被聚成 17 个簇，聚类精度为 96.81%，其中簇大小占总样本比例超过 1% 的只有 9 个簇，其他 8 个簇占总样本数目都没有超过 1%，相当于小簇。

在聚类结果中，17 个簇的类别分布、各簇年度总费用平均值、平均未消费的月份数及占总体客户的比例如表 8-13 所示。

表 8-13　　　　　　　　　　　客户聚类分析结果

簇标号	簇大小	类别分布（1/0）		各簇年度总费用平均值（元）	平均未消费的月份数	占总体客户的比例（%）
1	73485	16953	56532	2543	0.017	63.52
2	465	0	465	3460	4.331	0.40
3	3950	0	3950	4032	4.706	3.41
4	3682	0	3682	3820	5.110	3.18
5	1268	0	1268	7801	4.622	1.10
6	106	86	20	179521	1.482	0.09
7	540	0	540	4350	6.528	0.47
8	6462	6462	0	3006	4.741	5.59
9	236	0	236	5047	5.010	0.20
10	168	0	168	14520	2.724	0.15
11	1954	0	1954	9014	4.389	1.69
12	635	480	155	4167	6.814	0.55
13	12816	9520	3296	8494	0.079	11.08
14	6235	5023	1212	18906	0.001	5.39
15	962	0	962	15170	4.436	0.83
16	2578	0	2578	7610	4.403	2.23
17	150	0	150	5483	4.986	0.13
合计	115692	38564	77128	—	—	100%[1]

从各簇的类别分布情况来看，有 5 个簇（簇 6、簇 8、簇 12、簇 13 和簇 14）的客户基本上都是由正常客户组成的，其他 12 个簇的客户基本上都是由流失客户组成的。

依据客户对店铺所创造的价值，可以将消费过的客户分为价值最大的 VIP 客户群（簇 6，约占总客户数的 0.1%）、能够为店铺提供较高利润的主要客户群（簇 10、簇 14 及簇 15，约占总客户数的 6.4%）、消费额一般的普通客户群（簇 5、簇 11、簇 13 和簇 16，约占总客户数的 16.1%）和数量大但价值小的小客户群（簇 1、簇 2、簇 3、簇 4、簇 7、簇 8、簇 9、簇 12 和簇 17，约占总客户数的 77.4%）。

依据上述分析，可以得出如下结论：价值最大的 VIP 客户群（Ⅰ）、能够为店铺提供较高利润的主要客户群（Ⅱ）、消费额一般的普通客户群（Ⅲ）和数量大但价值小的小客户群（Ⅳ）4 个类别的客户为店铺创造的价值是依次递减的[呈金字塔形，见图 8-2（a）]，而它们的数量却是呈

---

1 因涉及四舍五入，故总和为 100.01%。

指数式增长的[呈倒金字塔形, 见图 8-2 (b)]。

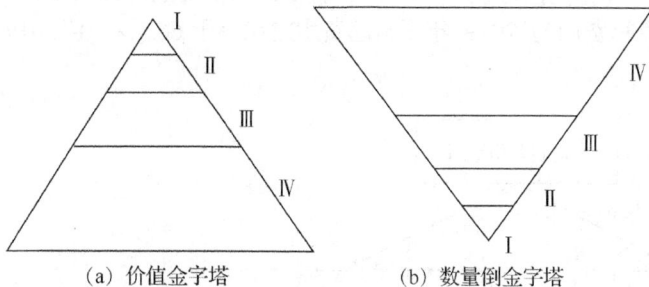

(a) 价值金字塔   (b) 数量倒金字塔

图 8-2 价值金字塔和数量倒金字塔

根据表 8-13 所示结果可以发现, VIP 客户群的客户数据在整个聚类空间中应该是一个异常簇, 其各特征空间的特征值较其他簇相应的特征值有非常大的差别, 但是该客户群 1268 的流失率也比较小, 只有约 18.87%。另外, 在主要客户群中的客户, 其平均年度消费总费用基本在 15000 元左右。这类客户主要由正常客户(簇 14)和流失客户(簇 10 和簇 15)构成, 其客户流失率达到 31.80%。在普通客户群中的客户, 其平均年度消费总费用维持在 7000~10000 元的范围内, 该客户群由 3 个流失客户(簇 5、簇 11 和簇 16)及 1 个正常客户(簇 13)组成, 其客户流失率高达 48.86%。而在数量大但价值小的小客户群中, 其客户簇多样, 由 9 个簇组成, 其平均年度消费总费用基本在 5000 元以下, 且流失的客户被划分成多种类型。

5. 建立分类预测模型

客户聚类作为预测的基础, 目标是将客户划分为不同的类别, 这样可以使预测分析在不同的客户群体上进行, 也就是说可以根据各记录的簇编号判定客户的类别。因此, 需要将每条记录所在簇编号作为一个新的特征值增加到实验数据集中。用于分类建模的数据集中包含 40 个特征(38 个基本特征+1 个聚类标号+1 个目标特征)和 115692 条记录。实验可根据各种分类算法的特点, 选择比较方便的决策树进行建模。

本实验采用决策树的 C4.5 算法进行分类预测。在实验中, 对数据集随机选取 92320 条数据用于训练, 剩余的数据作为测试集。经过分类分析后, 得到混淆矩阵(见表 8-14)。

从表 8-14 中可得流失的精确率为 61362/62227≈98.6%, 召回率为 61362/61830≈99.2%, 非流失的精确率为 29625/30093≈98.4%, 召回率为 29625/30490≈97.2%, 总的精确率为 (61362+29625)/92320≈98.4%, 可见该分类模型的性能较好。

表 8-14   C4.5 分类后的混淆矩阵

	流失	非流失	总计
流失	61362	468	61830
非流失	865	29625	30490
总计	62227	30093	92320

决策树从顶部开始分支, 直到获得最佳分类结果时才停止分支。当其达到最佳结果并获得按同一规则分类的客户时, 便在底部出现叶节点。通过决策树的树形可视化, 可以了解每个叶节点的分类规则所需的最重要的变量。在树中, 未消费月份数被认为是最重要的变量, 接着是 2019 年 4 月总费用与 2019 年 3 月总费用之比、2019 年 3 月总费用等。分类后得到的部分分类规则如图 8-3 所示。

根据图 8-3 所示的规则，具有以下特征的客户基上是流失客户：

（1）年度内未消费的月份数大于等于 9，也就是说未消费的月份较多；

（2）2019 年 4 月总费用与 2019 年 3 月总费用之比小于 66.5%，且 2019 年 3 月总费用小于 31.13 元。

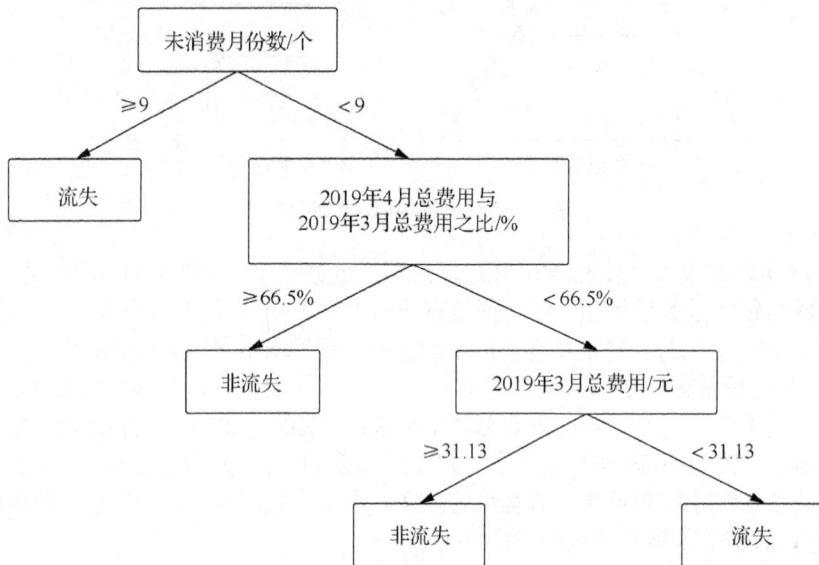

图 8-3　部分决策树规则示意

6. 评估阶段

聚类和分类预测模型所挖掘的是基于不同层面的知识，两个模型的用途和作用也不同。但是由于选取的数据可能存在一定的偶然性和必然性，不能保证挖掘出的知识就是正确和适用的，因此需要对挖掘出的模型进行评估和检验。需在评估和检验的分析结果的基础上对模型进行调整和优化，以保证所挖掘的知识更有效、更适用、更能准确地反映出市场状况。

在数据建模过程中都会得出一系列的分析结果、模型，包括聚类及分类预测模型，它们是对目标问题的多个侧面的描述。但要形成最终的决策支持信息，还需要对这些结果和模型进行综合解释和分析。

（1）聚类模型评估

聚类模型可以反映客户群的整体特性。通过对客户进行合理划分及对客户簇群的特征进行分析，可以从中判断出该客户群不同客户的消费偏好及消费特点。

除此之外，聚类结果的优劣还会影响客户分类预测模型的性能。所以，必须对聚类模型进行评估及优化。对于训练集上聚类结果的评估，可采用聚类精度及簇个数来评价其性能。一般来说，越少的簇个数、越高的聚类精度，聚类的性能就越好，反之性能就越差。但是，无论是在理论上还是在具体实践中，聚类精度和簇个数这两个指标很难达到平衡，往往不能同时满足要求。所以，我们在评价聚类性能的时候还需要结合商业知识或解释来判断聚类模型的性能。通常情况下，可以根据实际情况来尽量满足或提高一个指标的要求，而另一个指标则可根据具体商业知识来确定。

例如，在本案例中，经过计算该模型得到的聚类精度是 96.81%，簇个数为 17。这个结果对电商行业来说是可以接受的，因为不同的客户群中都存在着不同程度的客户流失现象，并且在同一个消费水平的客户群中也会存在不同消费特点的小客户群，所以聚类精度不可能达到 100%，而簇个数也基本上能够反映出各客户群的消费水平及消费特点。在模型优化方面，可以通过调整聚类阈值的大小来改变聚类精度及簇个数。在实验中通过调整不同的聚类阈值发现，当聚类阈值略小于本案例取值时，聚类精度会少量提高，但是簇个数增长幅度非常大，这样不便于分析客户群的整体特性；而当聚类阈值略大于本案例取值时，聚类精度下降幅度大，簇个数明显减少，但这种情况下很难依据各簇的特点来分析各客户群的消费特性及消费偏好。

综上所述，对聚类模型进行评估与优化是电商运营者必须做且必须做好的工作。

（2）分类预测模型的评估

分类模型的检验方法是指对已知客户状态的数据利用模型进行预测，再将得到的模型预测值和实际的客户状态进行比较。分类预测模型评估主要是指在测试集上进行验证，评估分类预测模型的主要指标有分类准确率（Accuracy）、预测召回率（预测覆盖率，Recall）、预测精度（预测命中率，Precision）以及 F-measure 值等。总的来说，这几个指标值越大，说明模型的预测效果越好。从表 8-14 所示的混淆矩阵结果中可以看出，该模型的预测性能是比较理想的，能够用于店铺运营的分类预测。

对决策树分类模型来说，主要的优化方法是调整树的结构，比如设定树的最大层数、每个节点的分支数量等。这些方法可以在一定程度上优化模型的构建效率，简化模型输出。

在本案例中，除了使用上述常用的决策树模型优化方法以外，我们将每条记录在聚类后所产生的簇编号作为新增特征添加到原始数据集中来优化模型的预测性能。表 8-15 给出了聚类前后的数据集（Dataset1 表示聚类前的数据集，Dataset2 表示聚类后的数据集）在分类预测模型上的测试结果。其中预测精度、预测召回率及 F-measure 值表示正常客户类别的测试结果，分类准确率则表示正常及流失客户类别的整体分类性能。从测试结果可以看出，Dataset2 比 Dataset1 无论在总体分类性能上还是在流失客户识别上都表现出了一定的优势（Dataset2 比 Dataset1 增加了一个新特征，即每条记录所在簇编号）。这说明增加聚类结果作为新特征能够优化分类预测模型的性能。

表 8-15　　模型优化前后结果比较

数据集	分类准确率	预测精度	预测召回率	F-measure 值
Dataset1	97.1%	97.3%	90.0%	93.9%
Dataset2	98.5%	98.4%	97.2%	97.8%

8.2.3　案例 4：客户忠诚度分析

1. 商业理解

跨境电商店铺在对新品进行营销时，会通过邮件或者短信给潜在客户发送信息或者邮件，以此提高购买率。在本案例中，某跨境电商化妆品店铺新上了一款高档面霜，想通过邮件营销给客户忠诚度高的顾客发送新品信息并给予优惠折扣，因此需要运用 RFM 分析原理挖掘不同忠诚度的客户。由于忠诚度高的顾客购买产品的可能性要比忠诚度低的顾客的大，因此店铺在针对忠诚度高的顾客进行新品营销时，既可以节约营销成本，又可以提高单品点击率和购买率。

2. 数据理解

我们选取了该化妆品店铺 1 年内的客户数据集，数据集中每行（或者每个事例）对应一个测试客户的记录，每一列是一个属性，这些属性名及其描述如表 8-16 所示。

表8-16 店铺数据的属性名及其描述

序号	属性名	数据类型	描述
1	Seq#	连续	在数据划分中的序号
2	UserID	连续	用户 ID
3	Gender	离散	性别：0 表示男，1 表示女
4	M	连续	Monetary——在店铺中 1 年内总的消费金额
5	R	连续	Recency——距离最后一次购买的月份数
6	F	连续	Frequency——1 年内总的购买次数
7	FirstPurch	连续	1 年内第一次购买至今的月份数
8	New	离散	1 表示购买了新品面霜； 0 表示没有购买新品面霜

从表 8-16 中可以看到，表中已经包含 RFM 模型所需要的 3 个变量，即 M（1 年内总的消费金额）、R（距离最后一次购买的月份数）、F（1 年内总的购买次数）。因此，可以直接用这 3 个变量进行 RFM 模型分析。此外，变量 New 的值表示顾客是否已经购买该新品面霜，可以作为决策树模型的目标变量，其他变量则作为决策树模型的输入变量以构建模型。

3. 数据准备

（1）属性选择

在构建模型之前，通常要对原始数据进行数据导入、数据清洗、属性选择等数据准备工作，以便为模型提供完整、有意义的训练数据。从表 8-16 中可知，属性 Gender 和 New 是离散型数据，其他属性为连续型数据。为构建分类模型，必须确定输入属性以及输出属性，输入属性用来训练模型，而输出属性则为此分类模型最终要分析预测的属性。本案例分类模型的输出属性是 New，并具有两个值：0（表示没有购买新品面霜）和 1（表示购买了新品面霜），代表着店铺需要分析预测顾客是否将会购买新品面霜。

此外，一个数据集中往往会存在一些对分析、处理以及构建模型没有任何意义的属性，这些属性需要过滤掉，否则将会影响后面的分析和模型预测的准确度。这里的 Seq#仅对数据记录进行标号，而没有实际意义，所以把它过滤掉。其余有意义的属性都作为分类模型的输入属性。

（2）数据审核

在数据理解阶段，仅对原始数据进行业务上的理解和基本认识。要想更加了解数据特征以及分布情况，可以利用数据审核功能对数据进行处理。数据审核可以对所有属性数据分别进行最值、平均值、标准差、偏度、有效值以及分布情况进行描述，从而帮助我们更加清楚地了解数据的特征，以便为接下来的分析工作提供依据。表 8-17 显示出目标属性 New 各值的分布比例，可以明显看出 New 属性值 0 和 1 的分布极不平衡，虽然这与实际情况非常吻合——因为购买新品的人比较少，才需要进行营销。但是这种不平衡数据分布会对构建分类模型产生不良影响，模型会倾向于值为 0 的预测，实际上店铺需要的是值为 1 的情况。因此需要对此类数据进行平衡处理，适当提高训练集中值为 1 的比例，以提高分类模型对值为 1 的预测性能。

在数据平衡处理中，样本比例的调整要结合模型和具体情况反复测试。表 8-18 显示出目标属性 New 各值在性别上的分布比例，直观地看，会发现在历史顾客中，女性和男性购买新品的人数占总人数的比例分别为 12.68%和 3.40%，而占该性别总人数的相对比例分别为 15.82%和 17.14%，可见女性顾客购买新品面霜的可能性较大。这一点有可能为后面分析预测提供一定的线索。总的来说，数据审核可以帮助分析者全面了解数据的基本特征，从而有利于后续的分析工作。

表 8-17　　　　　　　　　　　　New 各值的分布比例

值	计数	比例
0	5035	83.92%
1	965	16.08%
合计	6000	100%

表 8-18　　　　　　　　　　　New 各值在性别上的分布比例

Gender 值	New 值	计数	比例	相对比例
0	0	986	16.44%	82.86%
	1	204	3.40%	17.14%
1	0	4049	67.48%	84.18%
	1	761	12.68%	15.82%
合计	—	6000	100%	—

（3）训练集、测试集与验证集

该化妆品店铺已经给从顾客数据库中随机选择的 6000 个顾客发了邮件，顾客的回复已经和过去购买记录做了关联。这些数据被随机地分成 3 部分：

（a）训练集（2500 个顾客）用来拟合响应数据模型；

（b）测试集（1500 个顾客）用于选定最终模型后，估计使用模型时的准确性；

（c）验证集（2000 个顾客）用于比较不同响应模型的表现。

（4）平衡训练集

经过数据审核可知，目标变量 New 的属性值 0 和 1 的分布极不平衡，没有购买新品面霜的顾客（83.92%）远多于购买了新品面霜的顾客（16.08%）。因此对训练集中变量 New 取值为 1 的数据进行平衡处理，设置其平衡因子为 3.0，使这些数据所占的比例增加 3 倍，以便在训练分类模型时更好地发现和挖掘潜在的规则。

至此，数据准备工作完成，接下来进行 RFM 分析和分类建模。

4．数据建模

（1）RFM 分析

由于本案例数据中已经存在 R、F、M 这 3 个属性，因而可以直接把它们分别作为 RFM 分析中的 R 变量（Recency）、F 变量（Frequency）和 M 变量（Monetary），然后把 R 变量、F 变量和 M 变量的权重分别设为 20、50、30，箱数均设置为 5，并且设置分箱后可以根据实际情况去调整每个分箱中的上限和下限的实际值，接着进行分箱工作。表 8-19 所示为各变量的分箱情况。

表 8-19　　　　　　　　　　RFM 分析中各变量的分箱情况

变量	R					F					M				
分箱	1	2	3	4	5	1	2	3	4	5	1	2	3	4	5
下限	>10	>8	>6	>3	≥1	≥1	≥2	≥3	≥4	>8	≥15	≥110	≥179	≥238	>299
上限	≤12	≤10	≤8	≤6	<3	<2	<3	<4	<8	≤12	<110	<179	<238	<299	≤479

经过 RFM 分析后，从中挑选出 RFM 得分最高的顾客，此类顾客即通过 RFM 分析得到的具有较高忠诚度的顾客。显然，RFM 代码为 555 的顾客比 RFM 代码为 111 或者其他的顾客显得更有价值，该店铺可以挑选 RFM 代码为 555 的顾客进行营销。注意，设置不同的权重，所得到的 RFM 分数也不一样。表 8-20 显示了 RFM 得分为 500 的部分记录数据。

表 8-20　　　　　　　　　　　　RFM 得分为 500 的记录数据

UserID	Gender	New	R 得分	F 得分	M 得分	RFM 总分
14764	1	0	5	5	5	500
15795	1	0	5	5	5	500
21658	1	0	5	5	5	500
21986	1	0	5	5	5	500
23565	1	0	5	5	5	500
24665	0	0	5	5	5	500
28965	1	0	5	5	5	500
29765	1	0	5	5	5	500
31565	1	0	5	5	5	500
33478	1	0	5	5	5	500
35795	0	0	5	5	5	500
40564	1	1	5	5	5	500

就化妆品店铺这个例子来说，尽管用 RFM 模型分析得出的 RFM 总分能够得出对该店铺的忠诚度较高的顾客。但是，如果要知道这些忠诚度较高的顾客的普遍特征，然后根据这些特征去预测潜在顾客或者未来顾客的忠诚度，那么仅用 RFM 模型来分析是不够的。因为它无法详细地根据某些规则对潜在或者未来顾客进行分类。由此可见，RFM 模型的最大缺点就是只能对历史数据进行简单的等级评价，即把顾客划分到自定义的等级中，而不能充分说明这些等级里的数据具有的相同或者相似的特征。

因此，很多时候大型跨境电商平台除了使用 RFM 模型对顾客进行评分，还使用分类模型（如决策树模型）分析顾客信息，然后根据产生的规则对顾客进行分类。这样，就可以得到每一类别的顾客的共同特征，然后根据这些特征来做相关预测工作。在该化妆品店铺的例子中，也可以用决策树模型分析购买了新品面霜和没有购买新品面霜的所有客户的相关信息，然后利用客户数据构建训练模型，产生相关规则集，再根据这些规则集去预测哪些顾客会购买该面霜。

（2）决策树模型分析

在前面的步骤中，已经用 RFM 模型将 6000 个历史顾客划分了等级，分析出哪些顾客的忠诚度较高，哪些顾客的忠诚度较低。如果想进一步了解已经购买了新品的顾客具有哪些特征，然后利用这些特征去预测未来顾客的购买期望，那么可以用决策树模型来分析研究。这里选择 CRT、C5.0 和二元分类器进行模型训练，用训练集分别对这 3 种分类模型进行训练。其中，二元分类器只从 CRT、C5.0、CHAID 和 QUEST 这 4 种决策树中挑选和综合，目标属性为 New。

因为店铺比较关注哪些顾客最有可能购买新品面霜，所以我们最关心目标属性 New 的预测值为 1 的准确度。CRT 和 C5.0 的误分类损失矩阵的设置如表 8-21 所示，表明决策树把实际购买的顾客预测为不购买的顾客的代价是把实际不购买的顾客预测为购买的代价的两倍，因为前者将会使店铺损失一个忠诚顾客的购买所带来的利润。

表 8-21 CRT 和 C5.0 的误分类损失矩阵

		预测	
		0	1
实际	0	0	1
	1	2	0

在训练完模型之后，需要对这 3 种分类模型进行预测准确度的分析比较，并从中选择出预测准确度较高的模型作为测试评估阶段的目标模型。现在，用测试集对各分类模型的预测结果进行比较，表 8-22 显示的是各分类模型的预测准确度以及绩效评价。从表 8-22 中可以看出，二元分类器的预测准确度在 3 个模型中最高，达到 90.64%，其目标属性 New 值为 1 的绩效评价也达到 1.716，说明它比 C5.0、CRT 决策树模型的预测性能好，因此选择二元分类器作为测试评估阶段的目标模型。

表 8-22 各分类模型的预测准确度和绩效评价

分类模型	预测准确度	绩效评价	
		0	1
C5.0	79.46%	0.037	1.398
CRT	85.46%	0.050	0.876
二元分类器	90.64%	0.008	1.716

5. 评估阶段

在建模阶段，经过训练和测试各分类模型，选择预测准确度和绩效评价最高的二元分类器作为目标模型。在本阶段，将会用验证集对该二元分类器进行进一步评估，看该模型在验证集中的预测性能是否和在测试集中一样好。表 8-23 显示的是二元分类器在测试集和验证集的预测准确度和绩效评估的对比。从表 8-23 中可以看出，二元分类器在验证集的预测性能也表现得比较好，因此把该模型作为最终的预测模型。

表 8-23 二元分类器在测试集和验证集的预测准确度和绩效评估的对比

数据集	预测准确度	绩效评价	
		0	1
测试集	90.54%	0.008	1.716
验证集	93.01%	0.008	2.156

6. 部署阶段

回顾本案例的整个数据挖掘过程，首先主要对原始数据进行属性选择和数据审核，在对数据有了初步了解之后，分别用 RFM 分析技术和决策树模型对数据进行分析和预测，这不但可以识别出跨境电商店铺中忠诚度较高的历史顾客，而且在已知目标分类（否购买过新品）的情况下用店铺历史客户数据构建分类模型，建立相关规则，旨在预测出未来顾客是否会购买该新品，从而为店铺提高顾客响应度，以增加新品销量。而在建模和评估阶段，根据预测准确度和绩效评估这两个指标得出二元分类器的预测性能较好，因此店铺可将二元分类器作为最终的预测模型，为店铺营销提供预测信息。

在本阶段，主要工作是把最终的预测模型运用到实际的操作中，然后根据模型的分析结果来确定店铺营销的对象。

8.3 订单数据分析

8.3.1 订单数据分析的应用概述

随着速卖通平台业务量的不断扩大，速卖通面临着处理海量交易数据的问题。这些海量交易数据，如果不加以利用，就只能"堆放"在数据仓库，沦为"数据垃圾"。引入数据挖掘技术使速卖通店家可以有效地分析海量交易数据，改善其服务质量。

8.3.2 案例5：订单时间分析

1. 商业理解

通过分析客户订单数据可以知道订单之中存在的规律。下面将针对客户订单数据进行分析。

（1）客户订单有地区性的不同：不同国家（地区）的客户有不同的偏爱商品。在店铺商品已定的情况下，卖家可以选择在特定的市场内销售不同的商品。卖家需要根据目标客户所在的国家（地区），选择适合销售的产品，提高成交转化率。同时，卖家还可以根据顾客的所在地合理安排、优化物流方式，提高整体竞争力。

（2）客户订单有时间性的不同：速卖通平台面对全球的买家，而不同国家（地区）的时差是不同的。我们在设置店铺活动时，起始时间要尽量匹配买家的购物高峰时期。这是因为活动在开始时有搜索加权，可以让店铺的销量更好。

2. 数据理解

本案例使用的客户订单数据源自速卖通某大型食品店铺，该店铺经营零食、甜点、西餐和中餐主食等一系列食品。我们选取了该店铺 3 个月的订单明细，共有 10 万多条记录。分析中还需要其他具有辅助信息的数据，如客户基本信息和辅助文件。

（1）订单明细数据

每一个订单明细数据都是平台对每一次消费进行的详细记录，每条记录保存的信息如表 8-24 所示。因为客户的订单量非常大，所以订单明细记录也非常多。

表 8-24　　　　　　　　　　　订单明细数据

序号	属性	属性描述	数据类型
1	ProductCode	商品编码	Varchar(20)
2	Arributes	商品属性	Varchar(20)
3	UserID	用户 ID	Number(10,2)
4	UserName	用户会员名	Varchar(20)
5	OrderNumber	订单编号	Varchar(20)
6	SaleNumber	交易号	Number(10,2)
7	OrderTime	创建时间	Time
8	PayTime	付款时间	Time

续表

序号	属性	属性描述	数据类型
9	OrderPrice	订单总价	Number(10,2)
10	Address	收货地址	Varchar(20)
11	Receiver	收货人	Varchar(20)
12	PhoneNumber	收货人手机号	Varchar(20)
13	ProductNumber	商品数量	Number(10)
14	DeliveryStatement	发货状态	Char(1)
15	ReceiveStatement	收货状态	Char(1)
16	Score	店铺评分	Char(10)

（2）客户基本信息

除了订单明细记录，本案例还需要客户基本信息，如表 8-25 所示。由于部分信息是客户注册时采取自愿方式填写的，所以含有较多的缺失数据。

表 8-25　　　　　　　　　　　　　客户基本信息

序号	属性描述	数据类型	说明
1	用户 ID	Number(10,2)	—
2	用户会员名	Varchar(20)	—
3	电话号码	Varchar(20)	—
4	收货地址	Varchar(20)	可填多个
5	性别	Char(1)	1 代表男，0 代表女
6	邮箱	Varchar(20)	—
7	国籍	Varchar(20)	—
8	客户性质	Char(1)	1 代表超级会员，0 代表普通会员

（3）辅助文件

由于速卖通是跨境电子商务平台，因此在订单明细记录的预处理和分析中，通常需要不同国家（地区）的代码和时差参考。我们补充的各个国家（地区）的辅助文件如表 8-26 所示。

表 8-26　　　　　　　　　　　国家（地区）代码及对应国家（地区）

序号	属性	属性描述	数据类型
1	Country_eng	国家（地区）英文名	Varchar(20)
2	Country_chi	国家（地区）中文名	Varchar(20)
3	Cnt_code	国家（地区）代码	Number(8)
4	Timediff	时差	Number(8)

3. 数据准备

高质量的决策必须依赖于高质量的数据。要使数据挖掘技术能更有效地挖掘知识，就必须为它提供干净、准确、简洁的数据。然而，实际的跨境电商收集到的原始数据极易受噪声数据、空缺数据和不一致数据的侵扰，这些数据可能会影响甚至改变数据挖掘的结果，导致进行无效或错误的决策。因此在进行数据挖掘之前，应使用数据预处理技术，提高数据的质量。数据准备完成后，即可进入建模阶段。

4. 建模阶段

（1）订单时段分析

分析订单明细数据中不同时段的订单数，店铺经营者可以从中得知哪个时段是购物的高峰时段，以制定活动优惠策略，避免出现在大型活动中由于订单数暴涨带来的库存不足和客服人员不够的情况。

不同时段可能造成客户购买的食品种类不同，通过分析每个时段中订单种类的比例，可以知道零食、甜点、主食的主要时段分布情况。

本案例通过订单明细记录的创建时间，按照每天中的各个小时绘制直方图，并以1h作为时段的长度，最终构造一张包含订单创建时间、食品种类的数据表，如图8-4所示。

图8-4显示的是标准化后的一天内的数据，将3个月的订单数据全部按照订单下单时间进行分类，再整合到24个时段，即表格所示的1天实际包括3个月的订单数量。在进行时间分类时，需要考虑时差问题——我们均按照每个国家（地区）当地时间对订单进行分类，如来自美国的客户在美国时间7点下了订单，则把该订单计入7点的订单中。

通过对每小时内的订单数量和分类进行分析后，发现了一些有趣的模式。一般来说，用户在晚上和凌晨（19:00—24:00）下单的数量很多，在2:00—6:00下单的数量最少。一天中，大约在10:00—11:00，或15:00—17:00时会有一个有趣的低谷——人们在上班时段很少会下订单，而每天的午休时段会产生一个小高峰。这说明用户下订单的时间和作息时间是正相关的。

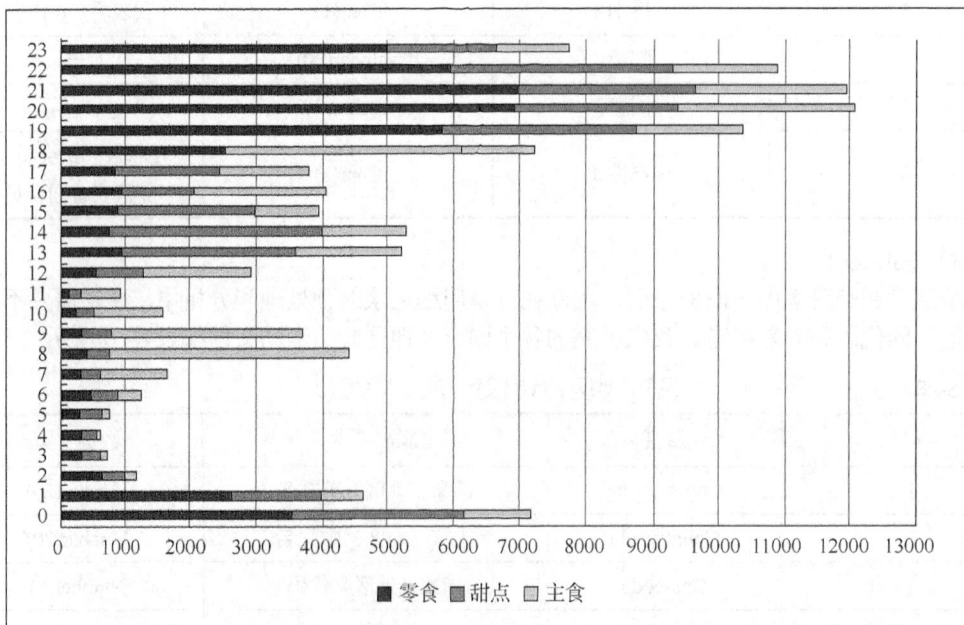

图8-4 订单时间分布

同时，它显示了在一天中，什么时候客户偏爱什么类型的食品。在一天中，购买主食的最佳时段在 8:00—9:00，因为该时段大多数客户还没开始上班，而且对主食比较感兴趣。另外，在晚上时段，尤其是 18:00 到次日 1:00，客户更加偏爱购买零食。

（2）订单区域分析

在店铺商品已定的情况下，卖家可以选择在特定的市场内销售不同的商品。分析不同客户来自哪个国家（地区）和不同国家（地区）客户的喜好，卖家需要根据目标客户所在的国家（地区），选择适合销售的产品，提高成交转化率。

不同国家（地区）的客户偏爱不同的商品，为了研究不同国家（地区）的客户对食品的偏好，本案例中分别对主食、零食、甜点 3 个类别的订单分别进行国家（地区）比例分析。在分类时，考虑到有些顾客在注册时未填写国籍，我们以订单发货地址所在地划分国籍，构造出包含国家（地区）和食品分类的柱形图，分别如图 8-5～图 8-7 所示。

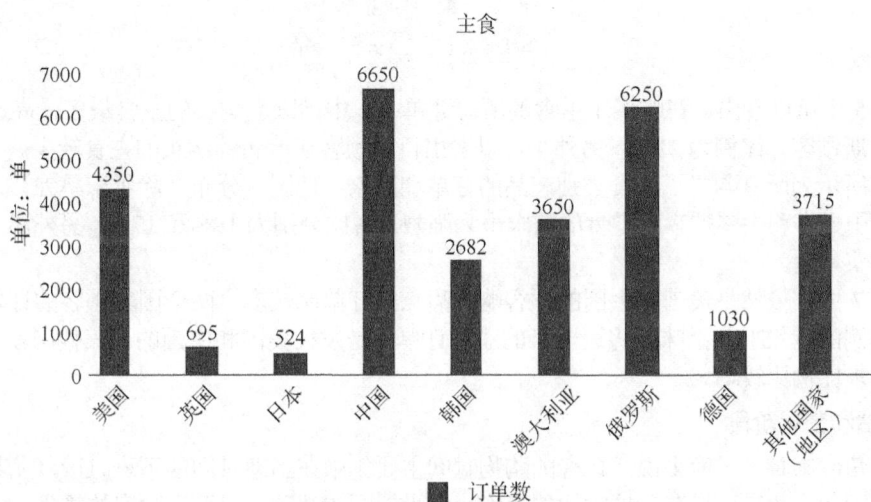

图 8-5　订单和国家（地区）分布（主食）

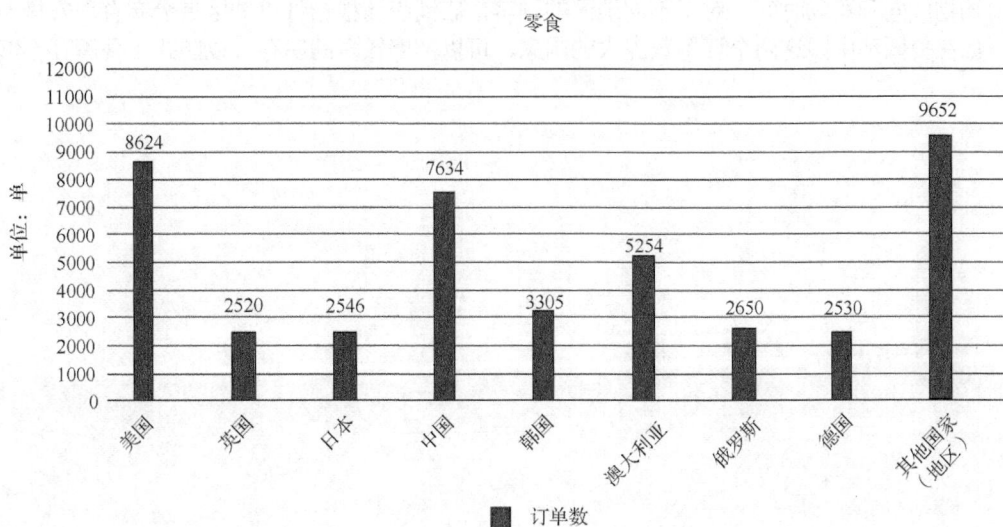

图 8-6　订单和国家（地区）分布（零食）

甜点

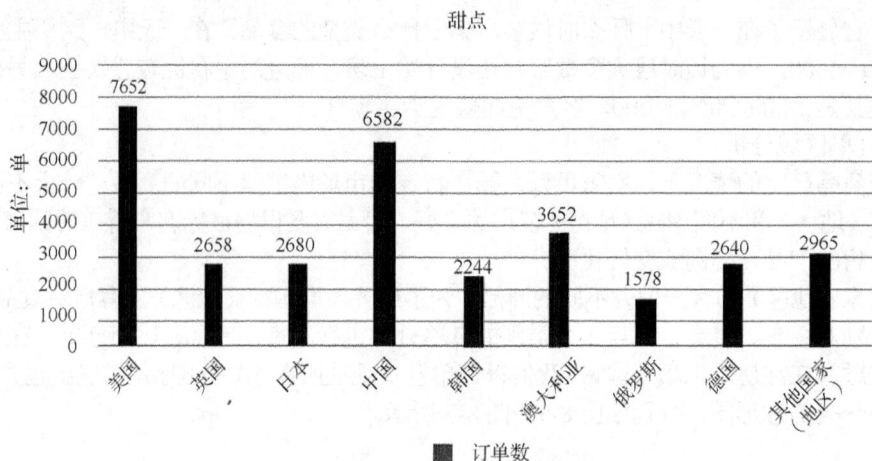

图 8-7　订单和国家（地区）分布（甜点）

从图 8-5 中可以看出，在购买了主食的所有订单中，中国顾客购买的主食最多，高达 22%，其次是俄罗斯顾客，比例为 21%。另外，可以看出日本顾客在该店铺购买的主食较少。

图 8-6 所示为所有购买了零食类别产品的订单和国家（地区）分布。除了未单独计入订单数的国家，美国顾客和中国顾客对零食的需求最为强烈，占比分别为 19% 和 17%，另外澳大利亚顾客也偏爱购买零食。

在图 8-7 中，依然是美国和中国的顾客购买甜点的订单比较多，两个国家顾客的订单总数占总订单数比例的近 45%，意味着将近一半的甜点订单都是发往美国和中国的，其他国家（地区）对甜点的需求比例比较均匀。

5. 评估和部署阶段

从时间角度来看，一般来说，顾客的购物时间主要集中在当地时间的下班时段，尤其在夜晚达到高峰。因此，卖家可以在当地时间的夜晚阶段设置折扣活动，以迎合顾客的需求。

从地域角度来看，作为卖家，首先要分析客户属于哪个国家（地区），这样才能够分析出顾客的主要购物倾向和购物时间。对于不同地区的顾客，店铺应该根据订单的区域分布合理安排商品库存，如在美国和中国这两个订单数庞大的国家，可以部署较多的库存，以防止出现库存不够的情况。